마음밭의 주인은 바로 나!

푸드 아트테라피 집단상담

FOOD ART THERAPY GROUP COUNSELING

백현옥 · 한수연 · 이선희 공저

光文閣
www.kwangmoonkag.co.kr

사람이 살아가기 위해서는 많은 것들이 필요하다. 먹는 것, 입는 것, 사는 장소, 누군가와의 관계 등은 필수적인 요소라는 생각이 든다. 그중 이 책에서는 '먹는 것'과 '관계'에 초점을 두고자 한다.

사람에게 필수적이지만 특히 우리나라 사람들에게 '밥'이란 생존이자 관계를 유지하는 수단이라고 할 수 있다. 다양한 상황을 떠올려 보자. 오랜만에 만난 누군가에게 고마움을 표현하고자 할 때, 누군가에게 조언을 하고 싶을 때, 애정을 표현할 때 등 건넬 수 있는 모든 인사에 '밥'이 들어가는 것이다. 우리나라처럼 밥을 흔하면서도 중하게 대하는 나라가 또 있을까 하는 생각이 들면서도 굉장히 중요한 의미로 다가오기도 한다. 그 인사 안에 들어가는 밥의 의미는 삶, 즉 내 생활의 일부를 공유하고자 하는 의미에서 나온다고 해도 과언이 아니다.

그렇다면 우리나라에서 '관계'는 어떤 의미인지 떠올려 보자. 집단, 모임, 정(情), 공동체, 마을, 동네 등등 여러 의미와 혼용되어 사용될 수 있을 것이다. 인간은 사회적 동물이라는 말이 있듯이 혼자서는 살아갈 수 없는 존재라는 의미도 되지만, 한 집단에 어울리기 위해 노력해야 한다는 의미도 될 것이다. 어떠한 형태로든 다른 사람과 도움을 주고받으며 살아갈 수밖에 없으나 간혹 그 관계의 어려움을 겪는 사람들이 생긴다. 많은 사람이 관계를 맺고 끊는 것으로 상처를 받고 어려움을 겪는다. 이러한 어려움을 어떻게 극복할 수 있을지에 대해 고민해 보고자 한다.

『푸드아트테라피 집단상담』은 어려움을 겪고 있는 사람이 자신을 보다 객관적으로 이해하고 스스로를 진정으로 사랑할 수 있도록 돕는 역할을 한다. 더불어 효율적이고 행복한 대인관계 유지로 삶을 잘 영위해 갈 수 있는 역할도 포함된다고 할 수 있다. 위에서도 설명하였듯이 사회적 동물인 인간은 개인적 치유와 함께 사회적 활동을 하면서 겪을 수 있는 일들을 간접적으로 재구성하여 직접 실습해 봄으로써 효과가 더해진다. 푸드아트테라피 집단상담은 집단원과 함께하는 소중한 시간으로 나를 이해하고 다른 사람을 이해하는 과정으로 도움을 필요로 하는 집단원에게 문제 해결과 힘을 얻을 수 있도록 조력할 수 있다.

이 책은 학부에서 한 학기 동안 푸드아트테라피의 이론과 개인상담을 수강한 학생들이 다음 학기에 『푸드아트테라피 집단상담』 교재로 한 학기 동안 활용할 수 있다. 또한, 푸드예술심리상담사를 양성하기 위한 개인상담 40시간 이후 집단상담 40시간 이수 과정 교재로 활용함은 물론 다양한 상담 현장에서 집단상담에 적용 가능하도록 기획되었다.

그동안 이론과 개인상담에 활용할 수 있는 『푸드아트테라피』 책은 출간되었지만 『푸드아트테라피 집단상담』 책은 처음으로 탄생되었다. 송원대학교 상담심리학과 학생들의 협조와 허락으로 수업 시간에 직접 진행했던 자료들을 바탕으로 제작되었으며, 어디서나 효과적으로 활용할 수 있는 책이다.

이 책은 기본적으로 푸드아트테라피 이론, 개인상담 수업이나 자격연수 기본을 이수한 사람들이 활용하는 책이다. 그래서 푸드아트테라피의 이론은 이미 인지하고 있어서 자세한 이론은 다루지 않았으며, 총 6부로 구성되어 있다. 제1부는 집단상담에 대한 일반적인 집단상담 개요와 푸드아트테라피 집단상담의 개요, 푸드아트테라피 집단상담의 철학과 목표와 푸드아트테라피 집단상담의 과정을 제시하였다. 제2부는 푸드아트테라피 집단상담의 실제적인 진행으로 '내 안의 여행'을 주제로 자기 사랑과 자기 이해 그리고 '나의 비밀 열쇠와 성장점'을 다루었다. 제3부는 '너에게로 가는 길'을 주제로 '상대방에 대한 이해와 수용' 그리고 '우리는 마음밭의 정원사'를 제시했다. 제4부는 '세상을 향해 소리쳐'를 주제로 '이것이 인생이다!' 그리고 '나의 성공 사례를 알리자!'로 구성했다. 제5부는 '마음밭의 기적'을 주제로 '집단원의 마음밭 바라보기'와 '마음 성장점과 해냄 확인'으로 전문가로서 성장하는 자신을 확인하는 프로그램을 제시했다. 제6부는 '온 세상이 나의 스승이다!'를 주제로 '푸드아트테라피 집단 명상'을 활용한 프로그램과 '감사의 시간과 축하의 시간'을 통해 모두에게 감사하는 마음으로 성장할 수 있음을 제시했다. 부록에서는 대상별, 주제별 푸드 집단상담 프로그램 활동일지 예시와 푸드아트테라피 집단상담을 활용한 대학생 진로 개발 및 진로 성숙 프로그램 효과 보고서를 제공하여 현장에서 바로 적용할 수 있도록 구성하였다.

책을 마무리하면서 『푸드아트테라피 집단상담』 과목명은 처음으로 세상에 나오는 책이라 그런지 부담감이 앞선다. 교재를 집필하는 과정에서 그동안 저자들이 송원대학교 상담심리학과 주야간 학생들과 수업 시간에 활동했던 자료들과 또는 자격연수와 학회 활동했던 자료들을 활용하여 교재를 집필하였다. 함께했던 자료들을 사용할 수 있도록 허락해 주고 협조해 준 모든 분께 감사의 마음을 전한다. 특히 개발자이신 이정연 교수님이 계셔서 푸드아트테라피가 탄생하였고, 푸드아트테라피로 좋은 상담을 할 수 있어서 거듭 감사함을 전한다. 끝으로 이 책의 출판을 위해 정성을 모아 주신 광문각출판사 박정태 회장님과 임직원 여러분께 깊은 감사를 드린다.

2021년 2월

공동저자 대표 백현옥

CONTENTS

진리의 노래

이정연

모든 것을 아는 사람은 없네

진리는 이미 우리 앞에 있으니
배워서 깨닫고 서로 끌어주고
진리의 바다에 꽃잎 띄우며 살아가세

작은 돌 하나에 숨어 있고
보이지 않는 먼지에 존재하나니
오고 가는 실타래 순리로 풀어가며
푸른빛 찾아가는 지혜로 살아가세

넘치도록 많아도 부족한 이여
눈이 밝으면 진리의 창고를 찾을 수 있다네
가진 게 없어 시름에 잠긴 이여
빈손으로도 진리의 수레를 끌 수 있다네

함께 사는 지구촌 울타리
더함도 덜함도 없는 평등 세상
어제의 깨달음에 머물지 말고 새롭게 공부하세
오늘의 즐거움에 머물지 말고 새롭게 공부하세

1부

집단상담이란?

FOOD ART THERAPY GROUP COUNSELING

CHAPTER

01

집단상담의 개요

1. 집단상담의 개요
2. 푸드아트테라피 집단상담의 개요

PART **1.**

집단상담의 개요

(1) 집단상담의 정의

- **이장호, 김정희**(1998): 생활 과정상의 문제를 해결하고 보다 바람직한 성장 발달을 위해 전문적으로 훈련된 상담자의 지도와 동료들과의 역동적인 상호 교류를 통하여 각자의 감정, 태도, 생각 및 행동 양식 등을 탐색, 이해하고 이를 보다 성숙된 수준으로 향상시키는 과정이다.
- **강진령**(2009): 정상인들을 대상으로 상담의 기법과 전략들을 적용하여 그들 사이에서 발생하는 역동적인 상호 교류 과정을 통해 문제 해결이나 의사결정 또는 성장을 추구하는 과정이다.
- **노안영**(2011): 전문적 훈련을 받은 집단상담자가 집단에 참여한 구성원들의 자각 확장을 통해 그들의 문제 예방, 발달과 성장, 문제 해결을 돕는 집단 과정이다.
- Mahler(1969): 집단상담이란 자기 이해와 자기 수용을 보다 효과적으로 하고자 집단의 상호작용을 적용하는 과정이다.
- Haney & Leibsohn(2001): 집단원들이 자신의 자각을 증가시키고, 변화의 가능성을 탐색하며, 집단 내에서 변화와 관련된 것을 실행에 옮기기 위해 상호작용하는 것이다.

집단상담이란 전문적인 상담자(들)이 집단을 구성하는 구성원들과 공동 주체로 집단을 운영해 가는 과정을 뜻한다. 즉 이는 집단에서 행해지는 활동들이 문제 예방과 해결, 발달과 성장에 도움을 주므로 삶의 질을 향상하는 과정이라는 의미이다.

여기서 상담자와 구성원들이 공동 주체라는 것은 상담자가 일방적으로 끌고 나가는 활동이 아니라는 의미를 나타낸다. 구성원이 이야기를 하는 것에 다른 구성원이 피드백을 하고, 그에 맞춰 진행되는 과정들을 상담자가 돕거나 상담자의 진행에 맞춰 구성원들이 서로의 이야기를 털어놓음으로써 다양한 장면이 전개되는 등 서로의 노력이 있어야만 이루어질 수 있는 활동이라는 것이다.

그러므로 상담자는 전문적 훈련을 받아야 한다. 이 훈련들은 상담자 자신의 성장뿐만 아니라 구성원들의 성장을 도울 수 있어야 하며, 기본적인 상담 이론에 대한 이해와 적용, 집단을 구성하고 이끌어 나갈 수 있는 기술, 윤리적 문제에 대한 것뿐 아니라 순간적인 상황을 부드럽게 만들어 줄 수 있는 센스와 유머 역시 겸비되어야 할 것이다. 반대로 구성원들은 도움이 필요로 하는 사람이다. 상담을 받으러 오는 내담자(구성원)들은 대부분 도움을 필요하고, 그게 자발적 참여이든 비자발적 참여이든 크게 차이가 없다. 이러한 부분을 놓치지 않고 모든 구성원이 활동에 잘 참여할 수 있도록 도울 수 있어야 한다.

집단상담의 필요성은 '구성원 삶의 질 향상'에 있다. 삶의 질이 향상되기 위해서는 구성원 개개인이 발달 단계에 맞춰 잘 성장하고, 다양한 관계에서 겪게 될 문제를 예측하여 예방하고, 혹은 과거나 현재에 겪었던 문제들을 해결할 수 있도록 도울 수 있어야 한다. 그것이 집단상담을 운영하는 이유이자 구성원들이 참여하는 이유일 것이다.

(2) 집단상담의 유형

① 상담 집단

상담 집단의 구성원들은 대개 대인관계에서 문제를 겪고 있는 일반인들을 대상으로 하며, 구성원들이 원하는 주제(문제)에 초점을 맞추고 해결하기 위한 목표를 가지고 운영되는 집단이다. 물론 해결과 더불어 예방, 교육의 목표도 겸비하고 있으며, 해당 집단의 주제는 학습, 부모 역할, 직업, 종교, 이성관계, 성, 대인관계 등 다양한 것들이 있다. 상담 집단은 대개 10명 내외로 구성되며 문제와 해결 방법에 중점을 둔다.

② 치료 집단

상담 집단과 치료 집단의 차이에 대해서는 많은 논의가 진행 중이지만 큰 틀에서 구분해 보자면 진행되는 회기, 다루는 내용, 구성원들의 정신건강 수준에 따라 구분한다. 즉 치료 집단은 정신건강 수준에 문제가 있는 사람들을 주 대상으로 하며, 그들의 치료를 위해 진행되는 경우가 많으며, 장기적인 시간이 필요하다.

③ 교육 집단

교육 집단은 '교육'에 초점이 맞추어져 있기 때문에 정보를 제공하고 기회를 알아가는 과정에 목표를 둔다. 이 집단에서 상담자는 상담자의 역할보다는 교육자 또는 촉진자의 역할을 더 크게 수용하며, 대개 학교에서 많이 사용하게 되는 집단 유형이다. 교육 집단의 구성원들은 대개 정보를 필요로 하는 사람들을 대상으로 한다.

④ 성장 집단

자발적인 참여가 가장 많은 집단으로 자기 자신에 대해 더 알아보기를 원하거나 경험을 원하는 사람들이 능동적인 참여를 바탕으로 이루어지는 유형이다. 자신의 본래 모습을 알아가기 위하여 자신의 생각, 감정, 행동을 돌아보고 변화시키기 위한 경험을 위해 서로에게 인정과 지지를 보내는 경험을 하게 된다. 이 유형은 또 3가지로 분류할 수 있는데, 조직에 잘 적응하기 위한 인간관계를 강조하는 훈련 집단, 어떤 상황에서든 인간적 성장을 중시하는 참만남 집단, 연이은 회기를 통해 더 집중적인 상호작용을 활용하는 마라톤 집단으로 구분할 수 있다. 성장 집단의 구성원들은 대개 성장을 원하는 일반인들 및 상담 전공자, 집단상담 훈련을 받는 예비 지도자 등을 대상으로 한다.

⑤ 과업 집단

과업 달성이 목표인 집단으로 기업이나 단체에서 과업 달성이 어려운 경우에 도움을 요청하여 진행하는 경우이다. 상담자는 기업이나 단체를 자세히 관찰하여 구성원들 간의 상호작용에 문제점을 찾아 교정하여 과업을 달성할 수 있도록 돕는다.

⑥ 자조 집단

공통된 사안을 중심으로 모인 집단으로 알코올, 마약, 성, 섭식, 체중 조절 등 특정되는 문제가 있는 경우들이 많다. 상담자가 없는 경우도 있으며, 구성원들끼리 서로를 돕고 일으켜 세우는 집단에 속한다. 자조 집단의 구성원들은 대개 공통 주제에서 문제를 겪고 있거나 겪었던 당사자들이 대상이지만, 자살이나 사망과 관련되는 등의 문제가 있을 경우 가족들도 함께 참여하기도 한다.

(3) 집단상담의 목표

집단상담을 하는 이유는 대인관계에서 어려움을 겪는 사람들을 위하여 자신의 모습을 안전한 집단 내에서 정확하게 지각하고 다양한 상호작용을 통하여 변화를 가져오는 데 있다. 효과적인 집단상담의 목표는 집단원들이 자신들이 느끼는 감정에 대한 이해를 돕고, 자신이 겪었거나 겪고 있는 문제를 해결하기 위해서 어떤 기술을 가지고 행동해야 하는 것을 터득하도록 하는 것이다.

집단상담의 목표를 종합적으로 정리하면 다음과 같다.

- 자기에 대한 객관적 이해가 늘어나고 개인적 성장에서 자신감이 향상되도록 조력한다.
- 개인에게 필요한 주체성, 신뢰성, 사회성, 창조성의 향상을 통해 올바른 방향의 '새로운 나'를 키워갈 수 있다.
- 긍정적 자아 개념의 확립으로 성공적인 개인으로 성장하고 원활한 사회생활이 가능하다.
- 자기 통제 및 조절, 문제 해결 및 의사결정 능력을 개발하고 함양하여 가정, 학교(또는 직장) 등의 다른 사회적 장면에서도 필요한 역량을 발휘할 수 있게 한다.
- 다른 사람과의 대화에서 생각, 감정, 행동의 일치적인 자세를 견지하며 공감적으로 경청하는 사람이 된다.
- 타인과의 상호작용에서 자기가 생각하고 믿는 것에 대해 솔직하고 정확하게 표현할 수 있는 의사소통 능력을 증진시킨다.
- 자신에게 필요한 구체적인 행동 목표를 설정하고, 목표 달성을 위한 건설적 실천 과정을 촉진시킨다.

(4) 집단상담의 장점과 단점

집단상담은 개인상담과는 다른 치료적 효과를 얻는 것이 중요하다. 집단상담은 집단에서 얻을 수 있는 힘과 영향력이 매우 중요하며 그로 인한 상호작용과 피드백이 바탕이 되는 장점과 단점을 가지게 된다.

① 집단상담이 가지는 장점

- 개인상담에 비해 효율적: 개인상담은 1:1로 진행되는 상담으로 상담자 한 명이 내담자 한 명만 상담하는 구조이다. 하지만 집단상담은 한 명 또는 두 명의 집단상담자가 여러 구성원을 동시에 상담하기 때문에 상담에 드는 시간과 노력이 절약되고, 효율적이며 비용적인 부담을 덜 수 있다.
- 다양한 자원을 얻기가 쉬움: 구성원은 집단상담에 참여하게 되면 다른 구성원들에게 정보를 얻거나 문제를 해결하기 위한 해결 방안 가능성을 높이거나 다양한 피드백을 얻을 수 있게 된다. 또한, 구성원들이 서로 주고받는 상호작용은 각자의 생각, 행동, 가치관 등을 탐색할 수 있도록 도와주며 상담에 필요한 다양한 자원을 얻을 수 있도록 한다.
- 안전한 경험 학습의 장을 제공 받음: 집단상담은 응집력이 증가함에 따라 구성원이 각자 자신의 문제를 공개하고 해결 방안을 함께 모색해 나가게 된다. 이 과정에서 구성원들은 자신이 생각하지 못했던 경험에 대한 피드백을 받을 수 있으며, 집단 안에서 겪을 수 있는 새로운 학습을 경험할 수 있게 된다. 또한, 실생활에 바로 적용할 수 있는 행동, 기술들을 직접적으로 연습할 수 있는 안전한 학습의 장을 제공하는 역할을 한다.
- 구성원이 갖는 문제에 대한 예방 효과: 구성원은 집단상담을 통해서 상담에 대해 긍정적인 인식을 하게 되며, 경험을 통해 개인상담을 받는 데도 큰 어려움 없이 다가갈 수 있다. 또 집단상담에서 얻는 상호작용을 통하여 자신이 겪는 문제에 대한 해결뿐 아니라 잠재적인 문제에 대한 악화나 발생을 사전에 방지하는 효과도 얻을 수 있다.

② 집단상담이 가지는 단점

- 비밀보장에 대해 제한적: 상담자가 상담 윤리를 잘 지키면 보장되는 개인상담과는 달리 집단상담은 구성원이 많고 다양하기 때문에 비밀보장에 대한 중요성을 아무리 강조하더라도 개인적인 정보가 유출되거나 언급되는 경우가 발생할 수 있다. 집단상담에서는 비밀보장에 대해 수시로 구조화하여 피해를 줄일 수 있도록 집단상담자가 노력해야 한다.
- 집단 압력 등으로 인한 역효과: 집단상담에서 가장 어려운 점은 '집단 압력'을 어떻게 다룰 수 있는지에 대한 것이다. 집단상담에서는 응집력이 매우 중요하다. 그러나 이 응집력이 자칫 잘못 사용되면 집단 압력으로 구성원이 말하고 싶지 않은 비밀에 대해 캐묻거나 이야기하도록 분위기를 조장할 수도 있다. 또는 반대로 집단의 기대에 부응하고자 하는 구성원의 선택으로 원치 않는 행동이 나타날 수도 있다. 이 경우 압력이 부담으로 느껴지는 경우 구성원의 상담 경험을 방해할 수 있다. 또 집단상담에 참여를 원치 않았거나 집단의 상담 주제와 동떨어진 문제를 가지고 있는 경우 상담을 통해 긍정적인 경험을 얻지 못할 수도 있다.
- 구성원 개개인에 대한 관심 부족: 집단상담은 구성원이 여러 명으로 이루어져 있기 때문에 개개인에게 충분한 관심을 주기 어렵다. 특히 다수의 구성원들이 비슷한 문제에 대한 고민을 하게 될 경우 다른 구성원들은 소외감을 느끼게 될 수도 있다.

(5) 집단상담의 치료적 요인

어빈 얄롬(Irvin D. Yalom)은 집단상담의 치료적 경험을 아래와 같이 11가지로 제시하였다. 이 요인들은 상호 의존적이며, 각각 따로 발생하거나 기능하지 않는다.

- 희망을 심어주기: 집단에 대한 긍정적 기대를 강화하고 부정적 선입견을 제거하며 효과에 대한 설명을 들음으로써 희망이 시작된다. 또한, 비슷한 문제를 가진 구성원들이 점점 회복되어 가는 것을 보거나 그에 관한 소식을 듣는 것이 힘이 된다.
- 보편성: 많은 집단원이 자신만 유독 비참하고 문제가 많은 것으로 생각하다가 다른 구성원들도 비슷한 문제를 가지고 있음을 발견하고 위로를 얻고 안도감을 느낀다.
- 정보 전달: 집단원은 집단상담자가 제시해 주는 정신건강, 정신질환, 일반 정신역동에 관한 직접적 강의를 통해 자신의 문제에 대해 보다 명확하게 이해할 수 있다.

또한, 집단 구성원으로부터 직·간접적인 제안, 지도, 충고를 통해 치료적 효과를 얻을 수 있다.

- 이타주의: 집단 구성원들은 서로 간에 위로, 지지, 제안 등을 통하여 도움을 주고받는다. 그 과정에서 자신도 누군가에게 도움을 줄 수 있다는 것을 발견하면 활력이 되고 자아 존중감이 높아진다.
- 원가족과의 관계에서 미해결된 과제의 교정적인 재현: 집단상담 과정에서 초년기에 원가족과의 만족스럽지 못한 경험과 갈등에 대한 교정적인 재현이 일어난다. 즉 과거에 처리할 수 없었던 정서적 체험을 보다 안전하고 우호적인 집단에서 노출하고 처리함으로써 미해결 과제를 해결해 나간다.
- 사회화 기술의 발달: 집단 과정에서 매우 세련된 사회적 기술, 즉 다른 사람들에게 도움이 되도록 반응하는 법, 갈등 해결을 위한 방법, 보다 덜 평가적이며 보다 더 정확한 공감을 체험하고 표현할 수 있는 기술 등을 습득하게 된다. 결과적으로 집단 밖에서는 가리어져 있거나 경험하지 못했던 인간관계 패턴에 대한 자각과 학습이 비교적 안전한 집단 환경에서 이루어질 수 있다.
- 모방 행동: 집단상담자의 자기 개방이나 행동, 사고방식, 집단 구성원을 향한 지지와 같은 특정 행동들이 집단원에게 본보기가 된다. 그뿐만 아니라 다른 집단 구성원의 여러 측면을 모방하게 됨에 따라 집단에서의 모방 과정이 더욱 확산된다.
- 대인관계 학습: 집단원은 집단 구성원 간의 다양한 상호작용 속에서 자신의 대인관계에 대한 통찰을 얻게 된다. 과거에 형성되었던 대인관계의 왜곡을 수정함으로써 자신이 원하는 관계 형성에 대한 아이디어를 가질 수 있다.
- 집단 응집력: 집단 구성원이 집단에 남아 있게 하는 집단의 매력을 읽음으로써 집단 참여가 활성화되고 치료 효과가 증진될 수 있다. 집단원은 집단 내에서 자신이 인정받고 있고, 수용된다는 소속감을 가짐으로써 긍정적인 변화에 영향을 미친다. 이를 위해서는 집단 구성원 간에 높은 수준의 신뢰를 유지하고 서로 관심과 애정을 표현하며 솔직한 자기 개방과 피드백이 활발하게 이루어져야 한다.
- 정화: 집단원은 집단 내의 비교적 안전한 분위기 속에서 긍정적인 것이든 부정적인 것이든 마음속에 있는 것을 털어놓고, 또 그동안 억압되어온 자신의 감정을 자유롭

게 발산함으로써 편안한 정서 상태를 가질 수 있다.

• 실존적 요인들: 집단원은 집단 구성원과의 다양한 경험 공유를 통하여 자기 자신이 다른 사람으로부터 아무리 많은 지도와 후원을 받는다 할지라도 결국 자신의 인생에 대한 궁극적인 책임은 스스로에게 있다는 것을 배우고 그러한 실존적 요인들을 담담히 수용한다.

(6) 집단상담의 과정

집단상담

집단 형성 단계 → 초기 단계 → 전환 단계 → 작업 단계 → 종결 단계

① 집단 형성 단계

집단 형성 단계에서는 크게 집단상담에 대한 홍보와 예비 상담 회기로 나뉘게 된다. 먼저 살펴볼 것은 집단상담에 대한 홍보를 위해 필요한 요소이다.

• 집단의 필요성과 목적: 집단상담자는 개별 면접이나 질문지 등을 활용하여 예비 집단원의 요구 조사를 통해 집단이 어떤 방향으로 나아갈 것인가에 대해 결정한다.

• 목표 달성을 위한 절차와 전략: 집단에서 다룰 주제가 정해지면 세부 목표를 달성하기 위한 구체적인 집단 활동, 시행 절차와 그에 따른 전략을 수립한다.

• 집단의 구조와 구성: 집단의 구조와 구성은 집단원의 유익한 경험 여부와 직결된다. 그러므로 집단의 목적과 유형(개방 집단, 폐쇄 집단)에 맞는 대상 선정, 집단원 선발, 집단원의 수, 집단의 일정, 집단상담자의 수, 집단을 운영할 장소를 정하여 집단을 운영하는 것이 필요하다.

• 홍보 방법: 집단상담 운영에 대해 널리 알려 집단상담 서비스를 필요로 하는 보다 많은 잠재 집단원들이 혜택을 받도록 하는 것이 중요하다. 상담기관의 경우 대중매체(신문, 방송), 온라인(on-line), 기관 방문, 인쇄물(포스터, 리플릿) 제작 배포, 이전 참여자를 통한 홍보 등의 방법을 적용할 수 있다. 학교의 경우는 학교 홈페이지, 학교 게시판, 동료 집단상담자를 통한 교실에서의 안내, 학교 신문 활용,

이전에 참여했던 학생을 통한 홍보, 가정통신문, 안내용 인쇄 자료 등을 활용할 수 있다.

- 기대 효과와 평가: 집단원들이 집단 참여 후에 얻게 되는 이점에 대해 미리 알 수 있도록 기대 효과를 제시할 수 있어야 하며, 집단의 목적 달성 여부에 대해 타당하고 신뢰할 수 있는 평가 방법을 갖춘다.

다음은 첫 회기가 시작되기 전 예비 상담 회기로, 이 회기가 진행될 때 상담자가 어떤 것들에 주의를 기울여야 하는지 확인한다.

- 집단원의 기대를 경청하고 명료화: 집단원들이 집단상담에 대해 기대하는 바를 들어 보고 혹시 비현실적인 기대를 나타낼 경우 그것을 현실적으로 조정하도록 돕는다.
- 집단원의 궁금증과 불안감 해소: 집단상담에 참여하는 것을 불안해하는 집단원이 있을 경우 그들의 집단상담에 대한 궁금증, 부담, 불안 요인을 해소해 줄 필요가 있다.
- 집단 참여의 규칙 설정: 집단상담자와 집단원에게 도움을 주는 기본 규칙을 정한다. 예를 들어 집단상담 참여 시간을 정확하게 지키기, 다른 집단원이 말한 내용에 대하여 비밀 유지하기, 비윤리적 관계 피하기 등을 정한다.
- 비자발적인 집단원의 면담: 비자발적인 집단원의 참여 동기를 높이기 위해 사전에 개인 면담을 통해 관계를 구축하는 등 다양한 전략을 구성해 내야 한다. 의뢰된 집단원의 경우 해당 집단에의 적절성 여부를 결정한다. 적절하다고 판단될 경우 집단원이 궁금해하는 내용과 집단의 성격을 안내하고, 집단의 목표를 명료화한다. 또한, 집단원으로서 지켜야 할 규칙을 강조하고 집단 참여를 위한 계약서를 작성한다.

② 초기 단계

집단상담의 초기(시작) 단계에서 집단상담자가 수행해야 할 주된 역할과 과업은 다음과 같다.

- 집단상담자는 집단원들에게 열린 마음으로 다가가고 성심껏 대한다.
- 집단원들이 생산적인 집단 경험을 할 수 있도록 필요한 지침과 적극적인 참가 방법을 안내한다.
- 집단원들이 집단상담을 통해 얻고자 하는 개인적 목표를 구체적으로 설정하도록 돕는다.
- 집단상담의 기본적인 과정을 안내하고 기본 규칙을 발달시키며 규준을 설정한다.
- 집단원들의 신뢰감을 발달시키고 자신의 두려움과 기대를 표현하도록 격려한다.
- 집단원들이 자신의 관심사와 문제를 마음 터놓고 표현할 수 있도록 돕고 그것들을 다룬다.
- 집단상담자는 치료적 차원에서 집단원들에게 좋은 모델이 되어서 치료 행동을 촉진시킨다.
- 집단상담 진행 과정에서 필요한 책임의 분배를 명확히 한다.
- 집단원들이 집단상담의 나아갈 방향과 성과에 대해 책임을 갖도록 인도한다.
- 집단원에게 적극적인 경청이나 반응하기와 같은 기본적인 인간관계의 기술을 가르친다.

③ 전환 단계

집단상담이 다음 발전 단계인 작업 단계로 발돋움하기 위해서는 반드시 이러한 문제점들을 인식하고 효과적으로 다루어야 한다.

- 두려움과 불안감의 고조: 집단상담의 과도기 단계에서 집단원들은 대체로 사적인 관심사나 문제에 대해서 기꺼이 공개할 마음의 준비가 되어 있지 않은 상태다. 다른 사람들이 자신을 어떻게 볼지에 대한 두려운 마음이 있어서 '혹시 내가 자제력을 잃게 된다면 어떡하지? 만약 그렇게 되면 어떻게 될까?', '저 사람들이 내게 얼마나 관심이 있을까?', '혹시 내 얘기가 웃음거리가 되지는 않을까?'와 같은 불안이 야기된다.
- 자신을 보호하기 위한 저항과 방어적인 태도를 드러냄: 불안하고 두려울 때 집단

원들은 예상되는 상처를 피하거나 자신을 보호하기 위해 저항하고 방어적인 태도를 보인다. 집단원의 방어적 태도를 적절히 다루어 주는 것은 과도기 단계의 주요 과업 중의 하나이다. 그들의 반응에 대해 적극적으로 경청하고 반영해 준다. 집단상담자는 안정된 집단의 분위기를 조성하면서 집단원들이 갖는 저항의 의미와 원인을 파악하고 집단에서 일어나고 있는 것에 대한 집단상담자의 느낌과 생각을 집단원들과 나눈다. 이 과정에서 집단원들이 솔직하고 건설적인 집단 상호작용을 경험하도록 돕는다.

- 자신의 성격 표출과 갈등 야기: 집단 초기에 집단원들이 가면을 쓴 상황에서 다른 집단원에게 보이던 관용이나 포용과 같이 나름대로 최선이었던 모습이 과도기 단계에서는 퇴색되고 자신의 성격적인 모습을 드러냄으로써 오해와 갈등이 싹트게 된다. 이러한 갈등은 전형적으로 집단원들의 신뢰감 부족, 방어적 행동, 적대감에서 비롯된다. 이런 문제에 대해 집단상담자는 집단원이 어려워하는 점과 관련된 감정과 생각을 표현하도록 돕고 다른 집단원으로부터 받은 영향을 탐색하도록 조력한다. 이 과정에서 집단원들은 갈등 해결의 실마리를 찾게 되고, 그것이 해결되면 집단원 간의 신뢰와 응집력이 향상된다.

- 집단상담자에 대한 시험과 도전: 과도기 단계에서는 집단상담자의 권위와 능력을 시험해 보려는 집단원이 등장하며 직접적으로 도전하기도 한다. 예를 들어 집단원이 '이 집단에 참가하여 별로 도움된 것이 없습니다. 선생님이 좀 더 리더십을 발휘하셔야겠어요.'와 같은 반응을 보일 경우 그 내용을 수용적으로 경청하며 불만 내용을 충분히 표현하도록 조력한다. 앞의 예에 대해 집단상담자는 '이 집단이 OO 씨의 기대에 부응하지 못해 실망스러운가 보네요. 혹시 내가 다르게 행동하길 바라는 것이 있다면 무엇인지 말씀해 주시겠어요?'와 같이 집단원의 문제 제기에 대해 공감하고 또 다른 집단원의 반응도 함께 탐색하면서 대안을 논의한다.

과도기 단계에서 집단상담자가 수행해야 할 주된 역할과 과업은 다음과 같다.

- 집단원들이 자신의 불안을 자각하도록 돕고, 그것을 표현하는 것이 중요하다는 것을 가르친다.
- 집단원들이 집단상담 과정에서 일어나는 갈등을 인식하도록 한다. 그리고 그것을 솔직하게 다루는 것이 집단원의 성장에 필요하고 가치 있는 일임을 가르친다.
- 집단원들이 이 단계에서 주로 보이는 방어적인 상호작용과 대처 방식을 깨닫도록 돕고 저항을 적절히 다룰 수 있도록 분위기를 조성한다.
- 집단원들이 무의식적으로 드러내는 저항의 징후를 알아차리도록 하고, 때로 이런 저항의 어떤 것은 누구나 가질 수 있는 자연적이고 건강한 것이라는 것을 알게 한다.
- 집단원들이 통제에서 벗어나려는 행동을 할 경우 그것을 자각할 수 있도록 돕고, 집단에서 분담한 책임을 어떻게 받아들여야 하는지에 대해 가르친다.
- 집단상담자는 자신에게 오는 도전에 대해 진정성을 가지고 직접적이고 진솔하게 다루어 집단원들에게 모범적 모델이 되도록 한다.
- 집단원들이 문제 해결 과정을 통해 능력이 향상되어 자발적이고 독립적이 되도록 조력한다.

④ 작업 단계

생산 단계(작업 단계)에 도달한 집단의 특성이자 집단상담자가 자신이 이끄는 집단이 최적 수준에서 기능하는지를 판가름하는 데 도움이 되는 8가지 진단 준거는 다음과 같다.

- 높은 신뢰감과 응집력: 서로에 대한 신뢰감은 자기 개방의 원동력이 되며, 희망을 갖고 솔직하게 자신을 개방함으로써 더 큰 성장의 경험으로 이어진다. 또한, 친밀한 정서적 유대감은 집단을 매력적이게 하고 집단의 응집력을 강화한다.
- 원활한 자기 개방과 피드백 교환: 집단원들이 자발적으로 자기를 개방하고 명확하고 진솔한 피드백을 자유롭게 교환한다. 또한, 피드백을 받은 집단원은 불필요한 방어나 저항이 없이 진지하게 숙고하려는 모습을 보이며, 특별히 집단상담자의 구조화나 개입이 없음에도 집단이 역동적으로 유지된다.
- 개인차의 존중: 집단원 각자의 문화적 배경이 서로 다른 점과 다양성이 존중되고

경험들을 공유하며 서로 연결고리를 찾는다.

- 집단 규준의 적극적 실천: 집단원은 자신의 문제 해결을 위한 바람직한 행동을 알고 책임 의식을 가지며 원활한 집단을 위해 자신이 어떤 행동을 해야 하는지 안다. 집단 규준을 준수하고 소외된 집단원에게도 적극적 참여를 유도하며 집단에 생산적인 기여를 하고자 한다.
- 갈등의 불가피성 인정과 적극적 해결: 두 사람 이상이 모이면 긴장과 불일치는 불가피하다. 집단원이 서로를 존중하기 시작하면서 갈등의 적극적 해결에 초점을 맞추게 되고 서로에 대한 이해의 폭과 깊이가 더해진다.
- 적극적 집단 참여: 집단의 목적 달성을 위해 집단원이 각자의 책임을 다하고자 하고 적극적 참여의 분위기 조성에 동참하게 된다.
- 회기 간의 지속성: 집단원이 변화하려는 시도를 보이거나 새로운 행동을 위한 의지를 보일 때 서로 격려하고 지지하는 분위기가 고조된다. 또한, 새로 습득한 행동을 실생활에 적용하고자 하는 희망도 늘어난다.
- 실천 가능한 과제 부여: 집단원들에게 실천 가능한 과제를 제시하고 그것들의 실천 결과와 변화에 대해 논의한다. 즉 집단 목표가 달성되고 집단에서 학습한 내용을 집단원의 집단 밖 삶에서 지속적으로 의미 있는 영향을 주게 된다.

작업 단계에서 집단상담자가 수행해야 할 주된 역할과 과업은 다음과 같다.

- 집단상담자는 집단원의 행동을 체계적으로 강화하여 응집력 제고와 생산적인 상담을 촉진할 수 있도록 한다.
- 집단원이 집단상담 과정에서 어느 정도의 일체감을 느낄 수 있도록 공통 주제를 찾는다.
- 집단상담자는 집단원에게 적절한 행동의 모델을 보여 준다. 지지와 직면의 균형을 유지하며 집단원의 보다 깊은 자기 탐색을 돕는다.
- 집단원이 변화와 성장을 위해 위험을 감수하려는 의지를 지지해 주고, 그 의지와 자발성이 집단원의 일상생활로 전이되도록 독려한다.
- 집단원이 집단상담에서 얻고자 하는 것이 무엇인지, 또 집단상담의 바라는 것을

마음에 새기고 집단에 참여하도록 독려한다.

• 집단원의 사고, 감정, 행동의 바람직한 변화가 가능하도록 개입하고, 그 과정에서 획득한 통찰을 행동으로 변화시키도록 격려한다.

⑤ 종결 단계

종결 단계에서 집단상담자가 수행해야 할 주된 역할과 과업은 다음과 같다.

• 집단상담자는 집단원이 상담 종결에 대해 갖는 감정을 잘 정리하고 다스리도록 돕는다.
• 집단상담자는 집단원이 집단 내에서 해결하지 못한 문제를 표현하고 다룰 기회를 주며, 수습할 것은 정리하고 가다듬도록 조력한다.
• 집단상담자는 집단원이 이룬 변화를 강화하고 앞으로도 더 변화할 수 있도록 격려하며 깨달음을 얻은 것에 대해 확인시켜 준다.
• 집단상담자는 집단원이 일상생활의 다양한 상황들에서 구체적 기술을 어떻게 적용시키는지에 대한 효율적인 결정을 돕는다.
• 집단상담자는 집단원의 변화를 위해 구체적인 다짐을 하고 과제 개발과 실천을 위한 방법을 훈습시킨다.
• 집단상담자는 집단원이 집단에서 배운 것에 대한 개념적 구조화를 통해 이해, 통합, 강화하며 일상생활으로의 전이를 돕는다.
• 집단상담자는 집단원이 서로 바람직하고 건설적인 피드백을 주고받을 수 있는 기회를 준다.
• 집단상담자는 집단원이 상담이 끝난 후에도 집단에서 있었던 일에 대해 비밀 유지가 중요함을 거듭 강조한다.

더불어 집단상담이 마무리된 이후에 필요한 경우 추수 지도가 진행될 수 있다. 집단상담의 추수 지도 단계에서 집단상담자가 수행해야 할 주된 역할과 과업은 다음과 같다.

• 집단상담자는 집단원에게 추수 면담이나 개인 면담을 제공하여 집단상담이 미친

영향을 평가하도록 한다.

- 집단상담자는 집단원이 계속 상담받기를 원하면 필요한 자원을 연계하거나 적절한 대책을 마련하도록 한다.
- 집단상담자는 집단원에게 집단의 종결이 자기 이해와 변화를 위한 시작이 될 수 있으며 계속적인 지지와 도전으로 더 많은 방법을 찾도록 조력한다.
- 집단상담자는 공동 지도자와도 만나 집단의 전반적인 효과를 평가한다.

PART 2.

푸드아트테라피 집단상담의 개요

(1) 푸드아트테라피 집단상담의 정의

푸드아트테라피는 말 그대로 '음식'으로 자신이 가지고 있는 생각, 느낌, 감정 등을 여과 없이 풀어내는 작품을 통하여 심리치료를 진행하는 통합예술치료 과정이다. 푸드아트테라피는 별다른 교육 없이도 작품을 표현해 낼 수 있다는 것과 이 과정은 내담자(구성원)에게 방어적 태도를 내려놓고 자신을 자유롭게 표현할 수 있게 해준다는 장점을 가진다. 또 작품을 제작하고, 재구성을 하고 해체하고 섭취하는 과정을 통하여 자신의 성장을 도모하는 데 있어 중요한 경험적 요소가 될 수 있다.

『푸드아트테라피 집단상담』 역시 일반 집단상담과 비슷한 방식으로 진행된다. 그중에서 강조되는 것은 상담자의 전문성이다. 푸드아트테라피는 작품을 제작하는 데서 끝나는 것이 아니며, 재구성과 해체 과정을 통하여 얻어지는 것들이 더 많기 때문에 일반 집단상담에 비해 『푸드아트테라피 집단상담』은 상담에 대한 이론적인 부분과 더불어 푸드아트테라피 철학에 대한 전문 지식을 겸비해야 한다.

『푸드아트테라피 집단상담』 과정에서 다음 두 가지 요소를 동시에 고려하여 전개하는 것이 필요하다. 즉 집단 FAT(Food Art Therapy)의 생명 중심 사상과 장(場)의 흐름을 내담자의 속도에 맞게 진행하는 것이 상담자의 역할이며, 상담을 성공으로 이끄는 비결이라 할 수 있다.

첫째, 생명 중심 사상은 푸드아트테라피 집단상담의 근간을 이루는 상담 철학으로서 인간과 인간, 인간과 생태계와의 관계성을 회복하고 더불어 살아가기 위하여 '생명 존중', '생명 사랑', '생명 살림', 그리고 '생명 지킴' 등의 다음 네 가지 개념을 핵심 개념으로 삼는다(이정연, 2012). '생명 존중'은 모든 생명체가 지닌 보편성을 근거로 하여 모든 생명체를 있는 그대로 맞이하고 받아들이는 '인간 대접'을 의미한다. '생명 사랑'은 모든 생명체에 온정적인 관심을 가지고, 동질적인 유대감을 가지며 정성으로 대하는 '인심 쓰기'를 의미한다. '생명 살림'은 우선적으로 생명체를 살려내는 데 초점을 두고, 생명체의 에너지(氣)가 원활하게 운행되도록 지지하는 '기 살리기'를 의미한다. 그리고 '생명 지킴'은 생태계의 파괴를 방지하고 보호하며 일상생활에서 서로 살피고 보살피는 '나눔과 챙김'을 의미한다.

이러한 핵심 『푸드아트테라피 집단상담』 과정 내내 스며들고 배어나게 되면서 중용의 역동적인 균형을 유지한다면 상담 과정이 『푸드아트테라피 집단상담』 나름의 정체성을 가지고 물 흐르듯이 자연스럽게 추진될 수 있다.

둘째, 『푸드아트테라피 집단상담』 장(場)의 흐름은 상담자와 내담자가 상호작용하는 과정을 의미하며, 장의 흐름은 상담자와 내담자 간의 관계의 질에 의하여 전적으로 영향을 받는다. 상담 장면에서 외부적인 환경과 맥락의 요소도 무시할 수 없으나 가장 본질적인 것은 상담자 자신이 내담자에게 영향을 주는 중요한 요소임을 인식하고 진단과 처방 등의 문제 해결에 치중하기 이전에 치료적 관계를 형성하고 함께 공동 협력하는 자세로 상담을 수행하는 것이다.

성장 모델에서는 인간은 성공적으로 대처하고 성장하는 데 필요한 내면의 자원과 에너지를 가지고 있다고 본다(정문자, 2003:64). 『푸드아트테라피 집단상담』 역시 이러한 성장 모델을 지향하며, 언어적/비언어적인 대화, 심리적/신체적인 반응, 그리고 다차원적인 사고/정서/행동 등 내담자에게서 보이는 특성 중에서 유용한 능력과 자원을 발견하고 생명을 살려나가는 상호작용에 더 주안점을 둔다. 『푸드아트테라피 집단상담』에서는 장의 흐름을 상담 단계의 특성에 맞추어 '애정 어린 시선', '정감 어린 교류', '진심 어린 관심', 그리고 '생기 어린 한마당' 등으로 개념화하고자 한다. 이러한 개념이 추상적이고 모호한 표현으로 들릴지 모르지만, 생태계에서 관찰할 수 있는 자연현상이면서도 본질적인 자연의 섭리를 반영한다. 우리가 속해 있는 생태계는 단편적으로 판단하면

약육강식의 비정한 체계로 보일 수 있으나, 수많은 생명이 상호 의존적으로 연결되어 있는 하나의 거대한 생명 공동체이다. 개개의 생명체들은 생사 소멸의 과정을 거치나, 생태계는 끝없이 만물을 화육 번성하게 하는 원리를 지니고 있다. 따라서 『푸드아트테라피 집단상담』에서는 천지인(天-地-人)이 함께 어울려 상생과 조화를 이루어가는 유기적인 생태계의 흐름을 인식하고, 장의 흐름을 한국인의 일상적인 생활 세계에서 흔히 사용되는 표현으로 개념화함으로써 상담 기술이 더 효율적으로 적용되도록 활성화하고자 한다.

CHAPTER

02

푸드아트테라피 집단상담의 철학과 목표

PART 1.

푸드아트테라피 집단상담의 철학

현대 사회에서 인간성의 회복을 위한 하나의 대안으로써 '생명'이 화두로 떠오르고 있다. 동서양의 경전들이 모두 생명 존중 사상을 기본으로 하고 있으나 실제 생활 세계에서는 자신과 타인의 생명을 살피고 보살피는 일이 뒷전으로 밀리고, 물질 만능주의로 치닫고 있다. 생명 중심 사상은 푸드아트테라피 집단상담의 근간을 이루는 상담 철학으로서 인간과 인간, 인간과 생태계와의 관계성을 회복하고 더불어 살아가기 위하여 '생명 존중', '생명 사랑', '생명 살림', 그리고 '생명 지킴' 등의 네 가지 개념을 핵심 개념으로 삼고 있다.

푸드아트테라피 집단상담은 생명을 살리는 필수적인 푸드를 매체로 하여 집단원이 함께 창의적인 놀이와 예술 활동을 통해 집단 안에서 자신의 내면세계를 표현하고 긍정적인 사고로의 전환, 확장을 해 감으로써 자아 찾기, 자아 초월, 그리고 대긍정에 이르도록 하는 집단 심리치료이다. 푸드아트테라피 집단상담에서 푸드는 그저 매체에 불과한 것이 아니라, 생명 공동체의 구성원으로서 인간에게 생명력, 즉 활기와 생기를 불어넣어 주는 존재로서, 그리고 생명 중심 사상을 이해하는데 유용한 은유, 비유로서 푸드아트테라피 집단상담 과정에 실제적인 영향력을 행사한다.

대부분의 집단 심리치료는 집단 내담자 자신과 세계에 대한 주관적인 관점을 변화시키려는 인지적 관점을 내포하고 있다. 대체로 행동주의적 치료에서는 통찰이나 인식이 없이도 특정 문제와 관련된 상호작용적 일련의 과정에 참여하고 개입함으로써 행동 변화가 일어날 수 있다고 강조하지만, 인지적인 변화가 없는 치료적 변화는 표면적인 변화에 불과하고 재발의 가능성이 높다. 『푸드아트테라피 집단상담』에서는 일상생활에서의 잘못된 신념을 다루면서도 전체적인 관계 차원에서의 인식론으로부터 출발했다. 그리고 부적응이나 갈등을 해결하도록 이끌어간다는 전제가 깔려 있다. 『푸드아트테라피 집단상담』은 무엇이 문제인가, 문제를 어떻게 타협하고 해결해야 하는가에 즉시 개입하여 해결책을 찾는 것보다는 집단원 자신이 문제를 어떻게 규정하고 있는가에 더 초점을 둔다. 집단원에서 규정한 문제는 바로 나 자신의 존재 상태를 반영한다고 보기 때문에 오히려 문제 그 자체보다는 나 자신을 인식하고 마음의 평정을 찾도록 하는 데 초점을 둔다. 푸드아트테라피 집단상담의 철학은 푸드아트테라피 생명 중심 사상의 이론을 기본으로, 동양적 세계관과 유심론 그리고 사회 구성주의 등을 바탕으로 한다.

(1) 동양적 세계관

동양 사상은 현대 사회가 직면한 환경 생태계 위기의 문제와 관련된 해결책으로 제시되기도 한다. 박이문(1997:7)은 이원론적인 형이상학과 인간 중심적인 가치관으로 규정할 수 있는 서양적 세계관에서 벗어나 자연 중심의 동양적·생태학적 세계관으로의 전환을 강조한다.

동양의 전통 사상에 대한 공통적 이해는 다음과 같이 몇 가지로 요약해 볼 수 있다(김세정, 2006:155)

첫째, 동양의 전통 사상은 기계적이며 정태적인 세계관이 아닌 '역동적이며 유기적인 세계관'이다.

둘째, 인간 중심적인 가치관이 아니라 '자연 중심적인 가치관'이다.

셋째, 우주 만물을 개별적 존재로 파악하지 않고 '연속적 존재'로 파악한다.

넷째, 갈등하고 대립하는 배타적 관계가 아닌 '포용적 · 협동적 · 조화적 관계'를 중시한다.

다섯째, 합리적 이성주의보다는 '감성적 · 내면적 · 직관적 체험'을 중시한다.

동양의 세계관은 '유기적'인 연속성과 조화를 큰 줄기로 하여 근본을 잃지 않는다. 모든 사물과 사건은 상호 연결되어 있으며, 별개의 것으로 보이는 삼라만상이 하나의 진리의 여러 표상임을 전제로 한다.

① 전일성

동양 사상의 핵심은 유교, 도교, 불교 모두 '조화', '부분보다는 전체', '사물들의 상호 연관성'이라는 공통 관심사를 가지고 있다. 세 철학에 공통적으로 존재하는 '전일성(holism)'은 우주의 모든 요소가 서로 관련되어 있다는 믿음에 기초하고 있다.

전일성이라는 개념은 공명(resonance) 현상을 떠올리면 쉽게 이해할 수 있다. 현악기의 한 줄을 건드리면 공명에 의해 다른 줄이 울게 되듯이 인간, 하늘, 땅은 서로에게 이런 공명을 일으킨다(최인철 역, 2006:43).

생태학적인 순환에 기초하여 우주 만물이 한 몸이라는 사고는 나와 타인, 인간과 다른 생명체, 나아가서는 인간과 사물 간의 상호 침투적인 교감을 인정하는 것이다. 심리치료 분야에서는 동양적 관점을 부분적으로 인정하거나 수용하는 경향이 늘고 있으며, 그 대표적인 예는 칼 융이다. 융은 동시성 이론을 전개하면서 선행된 관념으로 도(道)와 주역의 사상을 지적하고(이부영, 2005:318), 노자 『도덕경』에 나오는 여러 구절을 인용하면서 도의 본체를 설명하고 결론적으로 도는 전일성 그 자체임을 주장하였다. (이부영, 1981:223-241)

어느 한 부분만을 위해서 인위적인 변화를 조장하는 것은 또 다른 부작용을 낳을 수 있으므로 동양의 사상과 종교에서는 대체로 무위(無爲)의 상태를 바람직하게 보고, 전체적인 차원에서의 많은 구성원들 간의 조화를 바라보는 시각을 잃지 않는다.

도교, 유교, 불교 모두 공통적으로 조화를 중시하나 도가 사상에서는 천화(天和), 인화(人和), 심화(心和) 등을 현실 세계에서의 운영 원리로 강조하며(진고응, 1996), 장자는 전체와의 조화를 자연의 이치나 규범으로 규정하는 데 그치지 않고 심미적인 차원으로 끌어올려 조화의 아름다움을 발견한다. 진고응(1996)의 해석에 의하면, '마음의 조화'는 일종의 예술적 경지이자 일종의 심미적인 경지이다. 장자는 이러한 주관적인 경지와 객관적인 영역을 마음이 자유롭게 노님[游心]이라 한다. 노님이란 심미적인 심리 활동이다. 장자는 이를 "궁극적인 아름다움을 얻어서 궁극적인 즐거움에서 노닌다(得至美而游哱至樂)"라고 멋있게 표현한다(〈田子万〉편).

② 상호 연관성

동양적 관점에서는 인간은 자연의 일부로서 자신을 둘러싼 환경과의 끊임없는 교류 속에서 성장하며, 내부에 고정된 자아가 있는 게 아니라 상황 속에서 형성된다고 본다. 즉 자아는 그 자체로는 존재하지 않으며 다른 사물과의 관계 속에서 형성되는 것이다. 자아를 강조하는 서양적 관점과는 근본적으로 대조를 이룬다. 불교는 자신을 포함한 모든 존재를 관계 속에서 파악한다. 따라서 불교는 자신을 어떤 고정된 실체로 보지 않는다. 이것을 불교식으로 말하자면 연기의 진리라고 할 수 있을 것이다. 여기에서 다시 드러나는 것이 불교의 자기 개방성이다. 모든 존재를 관계 속에서 파악하는 것은 모든 존재에게 자기를 열어 놓는 것이다. (불교교재편찬위원회, 1997:408)

힌두교, 불교, 도교 등에 나타난 동양의 생태학적 세계관은 상대성 이론과 양자역학으로 대표되는 현대 물리학의 흐름과도 맥을 같이 한다. 통일장 이론을 연구하는 이론 물리학자들은 우주의 모든 물리적 실체의 근본이 되는 하나의 힘이 존재할 것이라는 생각을 하고 있다.

20세기의 저명한 물리학자인 닐스 보어(Nils Bohr)는 양자역학에서 자신이 이룬 업적은 동양 사상을 물리학에 접목시킨 덕분이라고 주장한다(최인철 역, 2006:228). 양자역학은 미시세계에서는 물체의 상태를 정확히 알 수 없다는 불확정성 원리를 전제로 한다. 역학에서는 물질의 근원적인 속성을 입자와 파동으로 설명하며, 엄밀히 말하자면 입자와 파동 간의 '관계'라고 정의한다.

물리학에서의 상대성 이론과 유사한 것으로 불교에서는 인식 대상인 사물과 생명체들의 생성 및 변화에 관한 대표적인 이론으로 연기론이 있다.(소광섭, 1999:109) 연기론은 모든 사물과 현상의 절대성을 부정하고, 어떤 사물이든 그것 자체의 고유한 성질이란 있을 수 없으며 다른 사물과의 관계 내에서 상대적으로 존재한다는 존재의 상대성을 강조한다.

(2) 유심론

'일체유심조(一切唯心造)'란 말이 있듯이, 주관적인 행복은 외적인 조건에 결정되는 것이 아니라 내적 충만감에 의해 도달된다.

인간은 존재의 유한성과 허무를 인식하면서도 자신의 존재 가치와 힘을 발견하고 스스로 치유하는 능력을 지니고 있다. 종교의 교리 간에 차이점이 있지만, 공통된 부분 중 하나는 행복과 불행은 외적 조건에 의해 결정되는 것이 아니라 내가 마음먹기에 달렸다는 의지를 강조하는 점이다. 심신의학연구소의 벤슨 박사는 마음은 몸이 가지는 자기 치유의 힘을 극대로 끌어올려서 건강한 상태를 유지할 수 있도록 도와준다고 본다. (장현갑 외 공역, 2003:111-112)

최근에는 마음의 활동을 과학적으로 입증하여 임상에 활용하는 의학연구소와 병원이 늘면서 마음이 몸을 지배한다는 것이 일반화되고 있다. 외적인 자극에 의한 행복은 오래 지속되지 못하여, 아무리 좋은 음식과 영양을 섭취하고 운동을 한다 해도 평온한 마음 자세를 지니지 못하면 그 효과가 제자리로 되돌아온다는 것이다.

『푸드아트테라피 집단상담』에서는 병의 근원은 신체 그 자체가 아니라 마음에 있으며, 긍정적인 인식은 신체의 면역 능력을 길러 준다는 대체의학적 근거를 바탕으로 마음을 조절하는 데 우선순위를 둔다. 구체적으로는 불이(不二), 무위(無爲), 조화(調和), 부쟁(不爭), 상생(相生) 등의 동양 사상의 개념들을 기초로 하여 우리는 이미 많은 자원을 가지고 있다는 인식, 주어진 여건이나 한계도 생각하기에 따라 더 유익한 도전이 될 수 있다는 유연한 사고, 부정적인 면을 제거하기보다는 긍정적인 면을 더 많이 발견하여 부정적인 면의 비중을 줄이는 방법 등을 적용하며, 자아 찾기에서 한 단계 더 나아가 자신을 우주적 존재로 인식하고 자신의 주관이 빚어낸 모순과 대립을 극복하여 대긍정을 자각하는 통찰의 단계로 이끌어간다.

최상의 행복감과 완성감을 느끼는 순간에서 기본적으로 나타나는 인지적 현상들을 매슬로우(Maslow)는 절정 경험이라고 불렀다. 절정 경험은 개인의 인생에서 깊은 몰입과 황홀감을 수반하는 고양된 만족과 환희의 체험을 의미한다. 이 절정 경험에서 인간은 전치된 의식 상태를 경험하게 되는데, 이것은 일시적일지라도 현실적인 생각에서 벗어나 자기 존재의 가치를 인정하게 되는 순간이다.

이러한 경험은 자기실현을 가능케 하며, '나' 자신을 받아들이고 사랑하고, 내면의 갈등이나 불안으로부터 자유로울 수 있고, 체내에 있는 유기적 에너지를 보다 생산적으로 이용할 수 있게 해준다(정현주 외, 2006:51, 재인용).

이와 같이 인식의 욕구에 대한 위계를 연구한 것으로 유명한 매슬로우는 심리학 분야에서 초개인(超個人) 심리학이라는 제4 세력을 형성하였다. 초개인 심리학은 궁극적인 가치, 통합 의식, 절정 경험, 황홀감, 외경, 자아실현, 영혼, 우주적 인식… 그리고 이에 관련된 개념, 경험 및 활동 등에 특히 관심을 가진다. 서양에서도 초개인적 심리학자들은 동양 심리학을 연구하고 도입하는데 개방적이었고, 매슬로우 자신도 동양의 문헌을 폭넓게 탐독하였으며, 건강성에 관한 새로운 개념을 개발하여 약간의 동양 심리학을 자신의 사상에 맞게 동화시켰다. (정옥분, 2003:544 재인용)

매슬로우의 절정 경험은 우리가 흔히 최고의 경지로 표현하는 무아지경과 다르지 않다. 내가 나이면서 내가 아니어도 좋은 상태를 우리는 순간적으로 경험할 수 있다.

동양 문화권에서는 선(禪) 수행 과정에서 알 수 있듯이 깨달음의 순간, 개인의 개성이나 존재 가치 등은 오히려 망각되고, 사물이나 진리 등과 동일시되는 일체감을 경험한다. 만다라를 수행의 방법으로 삼은 석도열(2000:71)은 만다라를 매개로 하여 인간과 신과 서로를 무화(無化)시키고 진정한 하나가 되는 체험을 한다고 주장한다. '나'는 '그' 속에 '그'는 '나' 속에 일체가 되어 신과의 합일을 경험하는 것이다. 칼 융도 불교의 한 유형인 선(禪)의 중요성을 인식하고 "깨달음이란 '자아(自我)'로 한정된 의식이 '무아일자기(無我一自己)'로 발전하는 것이다. 이런 관점은 선(禪)의 본질과도 일치한다." 라고 언급하였다(최정윤·이재갑 역, 2004).

『푸드아트테라피 집단상담』은 작품 활동을 하면서 심리적 · 미적 · 영적 절정 경험은 통해 무아의 경지에 도달하고 그러한 즐거움을 공동체 구성원들과 함께 나누는 과정으로 인도한다. 자신을 잊고 빠져드는 몰입의 과정을 통해 오히려 우주와 자연의 리듬을 회복하고 생산적인 에너지를 재충전 받음으로써 눈앞의 작은 문제에 사로잡히거나 갇히는 일이 줄어들고 건강하고 활기차게 생활하도록 돕는다.

(3) 사회 구성주의(social constructionism)

카프라(1975, 1983)에 의하면, 물질을 뚫고 들어가 보면 볼수록 자연은 어떤 독립된 기본적인 구성체를 보여 주지 않고 오히려 전체의 여러 부분들 사이에 있는 복잡한 그물의 관계로 나타나며, 이러한 관계들은 언제나 그 본질적인 면에서 관찰자를 포함한다는 것이다(이성범·김용정 역, 2002:84).

관찰자와 관찰된 현상과의 관계를 고려하지 않고 실체를 파악할 수 없다는 현대 물리학의 흐름은 사회 구성주의의 과학적 토대가 된다. 그리고 전일성과 상호 연관성을 전제로 하는 동양적 세계관은 심리치료에 있어서 사회 구성주의로의 전환점을 용이하게 한다. 현실이란 사람들이 세상을 어떻게 지각하느냐에 따라 만들어지는 것이며, 절대적이고 영구불변하는 진리는 없다고 보는 관점에서 사회 구성주의는 치료자와 내담자 간의 협력 관계를 통해 의미 재구성을 해나가는 과정을 중요시한다.

인간의 행위란 사회적인 구성 작업과 대화를 통해서 만들어진 현실 속에서 의미가 부여된다. '무엇이 사실인가'에서 '어떻게 바라보는가'의 관점의 문제로 대치된다. 과거의 부정적인 경험 때문에 대인관계에 부적응을 가져온다고 보는 분석 대신 경험에 대한 주관적인 분석에 갇혀 있는 것으로부터 나올 수 있도록 관점을 재구성하는 것이다.

『푸드아트테라피 집단상담』 과정은 만들어진 틀에 맞추는 것이 아닌, 내담자를 알아간다는 자세로, 문제에 관한 대화를 하면서 언어를 매체로 하여 함께 새로운 의미를 구성해 나가도록 한다. 집단원들과 치료자 간의 관계를 강조하고, 내담자의 강점과 자원을 부각시키며, 낙관적이고 미래 지향적인 입장을 취한다(김유숙 역, 2004).

현재 자신을 가로막는 고정관념에 대해서 생각해 보도록 한다.

하나의 사실에 진실로 단정 짓게 되면 고정관념으로 굳어지게 된다. 한 번 굳어지면 판단 기준이 정해져 시야가 좁아지고 다른 사실을 충분히 고려하지도 않고 평가하게 된다.

많은 치료자는 고정관념의 틀을 변화시키는 훈련을 권유한다. 그러나 고정관념의 틀을 깨는 것만이 상담의 목적인가? 파괴를 위한 파괴는 아무 도움이 되지 못한다. 사람은 쉽게 변하지 않으며 함께 사는 배우자를 변화시킨다는 것은 더더욱 어렵다.

열린 마음으로 세상과 만나는 것이 중요하다. 이전의 사실도 부분적으로 진실이었고, 지금의 사실도 부분적으로 진실일 수 있다. 진실이 여러 가지일 수 있다면 모순으로 들리겠지만, 일상생활에서 우리는 모순된 진리와 모순된 조화를 흔히 접하게 된다. 고정 틀에 갇히지 않은 사람이야말로 많은 것을 볼 수 있고, 보이게 할 수 있다.

『푸드아트테라피 집단상담』은 사회 구성주의의 개방적이고 비구조화된 방식을 취하돼, 자아 중심적으로 사물을 인식하는 주관성에서 벗어나 내담자와 치료자가 함께 인지적 지평을 보다 긍정적으로 확장해 가고, 언어로 표현할 수 없는 직관적인 감성 체험을 통하여 치료 효과를 극대화한다.

PART 2.

푸드아트테라피 집단상담의 목표

『푸드아트테라피 집단상담』은 푸드를 이용하여 집단 예술, 집단 놀이로 몸과 마음을 살리는 통합심리치료이다. 식품을 활용한 비구조화, 비지시적, 정서적인 공감과 집단원들과의 나눔을 통해 함께 성장하는 것을 목표로 한다. 놀이와 상담과 문화로 통합치유와 힐링으로 집단 속에서 나와 너와 우리가 함께 성장을 하는 대안적 상담 기법이다. 푸드아트테라피 집단상담자는 촉진자와 조력자로 역할을 하며 너와 나와 우리의 마음밭 성장에 도움을 주는 것을 기본 목표로 하고 있다.

『푸드아트테라피 집단상담』은 구체적으로 다음과 같은 교육적 요소를 포함하고 있으며, 또한 이를 통해 치료 효과가 극대화된다.

- 자발성: 적극적이고 자발적인 행동을 유발
- 유희성: 현실에서의 긴장이 이완되는 놀이 기회 제공
- 창의성: 자유로운 상상 활동을 통해 구성, 해체 그리고 재구성이 시각적으로 활발하게 이루어짐으로써 최상의 정서적 건강 상태에 도달함.
- 집단 역동성: 집단 내 활기가 생기고 공감을 교류하는 공동체 활동을 체험
- "학교 다닐 때 내가 제일 싫어하는 수업이 미술 시간이었는데, 과일과 채소로 만드는 활동은 너무 재미있다. 칼이나 가위를 쓰는 것보다 손으로 만지며, 느끼면서 하는 게 재미있다."
- "단지 소금일 뿐인데, 우주 한 가운데 내가 속해 있는 느낌이 표현된다는 게 놀랍다."

참가자들의 소감을 들어보면, 식품으로 하는 활동인 테라피는 이론이나 설명을 듣고 머리로 깨닫는 활동이 아니라 작품 제작을 하면서 놀이와 교육, 치료가 연속적으로 연결되고 서로의 영역을 확장하는 경험을 주는 것으로 보인다. 다른 예술 치료들이 작업에 적극적으로 뛰어들어 참여하도록 동기부여를 할 수 있는 예비 활동을 준비하는 반면, 『푸드아트테라피 집단상담』은 표현을 촉진하는 별도의 계획을 포함시키지 않는다. 음식은 많은 사람의 공통된 관심 대상인 만큼, 무언가를 표현해 보고 싶은 자발적인 동기를 끌어낸다.

이처럼 『푸드아트테라피 집단상담』의 목표는 궁극적인 교육의 기능을 발휘하면서도 비구조적인 접근을 취하는 치료 기법이다. 흔히 구조화된 집단상담 이론들은 구조화된 개념 틀과 훈련 과정을 체계적으로 갖추고 있으며 일목요연하게 전개해 나간다. 그에 비해 『푸드아트테라피 집단상담』은 비체계적으로 비칠 수도 있다. 전문 강사가 되려고 배우는 사람들조차 이렇게 느슨한 체계로는 문제가 심각한 내담자들을 어떻게 치료하느냐고 불안해한다. 구체적인 행동 강령이 정해져 있는 틀에 익숙해지다 보면 『푸드아트테라피 집단상담』에 무엇이 담겨 있는지, 현실을 어떻게 담아야 할지, 어떻게 치료해야 하는지에 대해 의아해지게 된다.

말 그대로 집단에 참여한 모든 집단원 중심이다. 치료자가 집단원의 역동을 어떻게 해보겠다는 의지가 전혀 있지 않으며, 있는 그대로 받아들이면서, 집단원들이 함께 펼치는 세계로 따라 들어가 함께 공감한다. 무위의 춤이라고 할까? 함께 놀고, 대화하고 집단원들이 만든 작품을 통해 집단 속에서의 세계가 어떠한지를 공감하는 것이 전부이다. 따라서 비지시적이고 비구조적이며, 특별히 문제 중심적인 접근도 아니요, 해결 중심적인 접근도 아니다. 그러면서도 어제까지는 보이지 않던 의미가 지금 보이게 되는 치료적 경험이 푸드아트테라피 집단 안에서 역동으로 이루어지는 과정을 중요시한다.

CHAPTER

03

푸드아트테라피 집단상담 과정

1. 맞이하기
2. 받아들이기
3. 찾아 들어가기
4. 받아내기

『푸드아트테라피 집단상담』 과정은 편의상 네 단계로 구성된다. 즉 맞이하기, 받아들이기, 찾아 들어가기, 그리고 받아내기 등이다(이정연, 2012). 경우에 따라 상담 과정이 네 단계를 다 거치지 않기도 하고, 순서대로 진행되지 않는 경우도 있지만, 대체로 네 단계를 하나의 과정으로 구성하고 그에 적합한 다양한 상담 기술을 적용한다.

대부분의 집단상담 기술은 집단원의 주관적인 세계를 이해하고 장의 흐름을 활성화하는 데 필요한 기법을 사용하는 반면, 푸드아트테라피 집단상담에서는 대체로 개인 활동과 집단 활동을 병행하며 집단의 특성이나 분위기를 고려하여 내용과 순서를 선정하고 진행한다. 단기적으로는 당면한 문제를 해결하는 데 초점을 두고, 장기적으로는 집단 효능감을 증진하여 마음의 감옥에서 자유로워지고 문제로부터 자유로워지도록 한다.

집단원과 함께 트인 마음으로 마음밭의 성장과 해냄을 확인하도록 하여 집단원 모두가 생태계에 넘치는 아름다운 생명력을 즐기는 자유인이 되도록 돕는다. 무엇보다 푸드아트테라피 집단상담을 진행하는 상담자 자체가 중용(中庸)의 덕을 함양하여 지나치거나 부족함이 없이 균형과 시중, 그리고 정성으로 집단원들의 욕구와 능력, 희망 등을 발견하고 생명력을 회복하게 하여 자각, 자립, 자생할 수 있도록 해야 한다.

PART 1.

맞이하기–'애정 어린 시선'

상담은 흔히 만남이라고 한다. 문제와의 만남이기도 하고, 상담자와 내담자 간의 만남이기도 하고, 자기 자신과 만남이기도 하다. 집단상담자는 우선, 자신과의 참만남을 이룬 상태에서 집단원을 맞이해야 한다. 집단상담자는 집단원과 전적으로 평등한 위치에 있으면서 집단원들과 함께 세계를 '알고 싶다', '만나고 싶다'라는 마음이 있어야 한다. 맞이하기는 우선 집단상담자의 그러한 마음자세를 먼저 반영한 것이다. 단순히 치료적 관계를 형성하고, 집단원들의 문제를 파악하여 상담을 성공적으로 이끌기 위한 전략이 아니라 생명체 간의 만남 자체가 집단상담자에게도 의미 있는 영향을 주고받는 일임을 전달하는 것이다.

맞이하기 단계에서의 효율적인 상담 기술은 상담자 자체의 편안한 자세와 태도, 생태학적 감수성, 자연주의 테이블 세팅, 안전한 분위기 조성 등이며, 인위적으로 유도하지 않아도 내면의 감정과 생각이 심리적인 위로와 마음의 안정감으로 심정을 털어놓고 싶은 대화의 장을 조성한다.

PART 2.

받아들이기-'정감 어린 교류'

받아들이기 단계는 무조건적인 포용을 실행하는 단계이다. 포용은 수용이나 공감보다 더 따뜻하게 생명체를 품에 안는 의미를 지닌다. 포용은 생명체의 기능이나 가치를 평가하지 않은 채 '우선 살리고 보자'는 식으로, 생명체에 대한 절대적인 지지를 보내는 것이다. 집단원들이 자신의 이야기를 하거나, 작품 활동을 하게 되면 집단상담자는 오직 집단원을 깊이 이해하려고 집단원을 "알아가는데" 집중한다. 집단상담자는 집단원들의 에너지 상태, 정도, 흐름과 결, 즉 기의 운행(기운)을 전체적으로 감지하고, 자신의 몸과 마음에 와닿는 느낌을 "…하게 느껴진다, …하게 보인다." 등으로 반응을 보낸다. 특히 신체 언어를 사용하는 것은 보다 진솔하게 자신의 느낌을 전달하는 방법이기도 하다.

반응하기는 무반응-무시-습관-예절-정성 등의 수준으로 구분해 볼 수 있으며, 집단상담자는 정성을 다하여 반응해야 한다. 무시하지 않고 경청한다고 해도 심리적인 거리감이 있다면 신뢰는 형성되지 않고 상호작용이 겉돌게 된다. 집단상담자는 집단원들이 본래 지닌 자기 조절 능력을 확신하고 일시적인 불균형으로부터 집단내담자를 지지하기 위해 집단내담자의 사고/정서/행동을 받아주고, 불균형의 상태가 악화되지 않도록 받쳐준다. 생명체가 고집하는 생활습관이나 가치관, 고정된 틀 등도 그대로 인정하고 서둘러 해체하지 않도록 한다.

받아들이기 단계에서 가장 효율적인 상담 기술은 포용이며, 알아가기, 반응하기, 신체 언어 사용하기, 깊은 이해, 받아주기, 받쳐주기 등의 공감과 경청 기술이 포함된다. 이 단계에서 정감 어린 교류가 단순한 반응 수준에서부터 감응(感應) 수준으로 전개되어 갈수록 집단 내담자는 자신의 존재 가치를 인정받으며 자기 사랑과 자기 이해를 하게 된다.

PART 3.

찾아 들어가기-'진심 어린 관심'

『푸드아트테라피 집단상담』의 전 과정이 자기 효능감의 증진을 목표로 하며, 자기 효능감은 자각-자립-자생의 과정을 순환하며 강화되는데(이정연, 2012), 집단상담자는 부분과 전체를 동시에 관찰하면서, 작품에 드러난 내면의 세계와 집단원들의 언어와 행동이 보내는 수많은 정보를 흡수하여 집단원들이 인식하지 못한 부분까지 감지함으로써 집단내담자가 자신에 대한 통찰을 경험하도록 돕는다. 집단상담자는 집단내담자가 자신이 지닌 문제의 전문가임을 인정하고 집단원들에 대해 '알아가는' 자세(김유숙 역, 2004)로 집단내담자의 세계를 탐색하게 된다. 집단상담자는 우선 작품이 지닌 의미가 무엇인지 질문하면서 탐색을 시작한다. 그리고 집단내담자의 세계를 존중하면서도 작품을 만드는 과정에서 발견되는 3불(不), 즉 불일치, 부자연, 불편함의 단서를 발견하고 정서나 태도, 행동 중 필요한 부분에 대화의 초점을 두게 된다.

집단내담자와 함께 느낌을 공유하는 데서 출발하여 집단 내담자의 입장을 명료화하고, 3유(有), 즉, 욕구, 능력, 희망 등 보다 풍부한 자원의 탐색을 함께 진행해 간다. 집단상담자는 집단내담자와의 협력적인 관계를 형성하면서 현재까지 집단내담자를 힘들게 해온 막힘이나 걸림, 갇힘, 맺힘, 닫힘 등 마음상자(이정연, 2012) 안의 여러 가지 장애물을 발견하고 부분적인 의미에서 빠져나와, 전체를 유연하게 바라봄으로써 작품을 재구성해 보도록 제안하고 보다 더 나은 관점을 세우도록 돕는다.

찾아 들어가기 단계에서 작품의 재구성을 통해 관점을 전환하고 확장하며 새로운 대안 찾기를 하는 인지적인 부분을 다루게 되지만, '진심 어린 관심'이 닫힌 마음을 열게 한다는 점이 중요하므로 집단상담자가 집단내담자의 세계 밖에 우월하게 존재하는 것이 아니라 관계의 흐름 속에 함께 하는 자세가 중요하다.

찾아 들어가기 단계에서 대표적인 상담 기술은 재구성이며, 전체를 바라보기, 명료화, 3불(不)과 3유(有), 마음상자 탐색하기, 초점 두기, 대안 찾기 등 다양한 기술이 적용된다. 이 단계에서 집단내담자는 자신과 타인, 세상에 대한 새로운 통찰이 이루어지게 되며, '마음의 감옥'으로부터 나오게 된다. 이미 존재하고 있었지만 가려져 있던 내면의 세계를 새롭게 재발견하게 된다. 그 과정에서 긴장이나 갈등도 경험하게 되지만, 깨달음의 순간 집단상담자와 집단내담자는 일체감의 관계를 경험하게 된다.

PART 4.

받아내기-'생기 어린 한마당'

받아내기 단계는 집단내담자의 참된 욕구를 해결할 수 있는 내면의 능력을 발견하고 이미 해내고 있는 증거들을 확인하며, 현실 가능한 희망을 가지게 되면서 일상생활에서의 구속과 제한으로부터 더 자유롭게 자신을 살리는 대안을 찾을 수 있도록 생명력을 통합하는 단계이다. 집단상담자와 집단내담자는 곤경과 시련 속에 오히려 성장점이 가까이 있음을 확인하게 된다. 이야기 치료에서 언급하는 '공동 진화'나 '공동 창조'(김유숙 등 역, 2009:39)의 기쁨을 경험하게 된다. 집단상담자는 집단내담자가 해냄을 확인하고 축하하며, 모든 공(功)을 집단내담자에게 돌린다. 성장의 경험을 일상생활에서도 일반화할 수 있도록 잘 할 수 있는지 연습하거나 확인 질문하며 다지기를 한다. 또한, 상호 반영하는 과정도 포함된다. 즉 집단상담자와 집단내담자가 상담 과정을 통하여 긍정적인 피드백을 주고받으며 축하한다. 특히 집단상담자 자신이 자기 개방을 하며 자신도 성장하였음을 표현하는 점이 중요하다.

받아내기 단계에서 대표적인 상담 기술은 '해냄을 확인하기'이며, 새롭게 탄생한 세계를 굳히기 위한 전략으로 성장점 확인하기, 다지기, 축하하기, 상호 반영하기, 살피기, 보살피기 등의 기술이 적용된다.

이 단계에서 집단내담자는 닫힌 마음이 열리고 트이게 되며, 장의 분위기도 훈훈하고 화기애애하게 진행된다. 그러나 집단 효능감이 증진되기 위해서는 깨달음(자각)만으로는 부족하므로, 이 단계에서 자발적인 의지(자립)가 생기고, 긍정적인 변화(자생)가 실제 이루어지도록 자신의 내면의 역동을 지속적으로 살피고 보살피는 훈련이 진행되어야 한다.

이상으로 『푸드아트테라피 집단상담』 단계에 따른 집단상담 과정과 집단상담 기술을 언급하였다. 푸드아트테라피 집단상담 회기 중에 어떤 상담 기술을 채택할 것인가를 고려할 때 유의할 점은 다음과 같다.

첫째, 실제적으로 언제 어디서나 효율적인 상담 기술은 없으며, 상황에 맞게 유연하게 적용하여야 한다. 예를 들어 전반적으로 집단원이 마음의 준비가 되어 있지 않다면 어떠한 상담 기술이라도 기대할만한 효과를 거두기 어렵다. 항상 집단원들의 심리적인 면뿐 아니라 신체적인 면, 즉 기운의 생성, 집중, 그리고 확산 등 심신의 변화에 따라 상담 기술의 종류와 정도, 그리고 속도 등을 조절해나가야 한다.

둘째, 단계별 집단상담 기술은 편의상 구분한 것이며, 경우에 따라서는 여러 단계에서 두루 적용될 수도 있음을 인식해야 한다. 예를 들면 명료화는 맞이하기 단계에서부터 받아내기 단계에 이르기까지 전부 필수적인 기술일 수 있으며 한 단계에서도 집중적으로 여러 번 적용할 수도 있다.

셋째, 동일한 집단상담 기술이라도 집단상담 회기마다 다른 효과를 가져올 수 있으므로 세심한 주의가 필요하다. 예를 들면 관찰하기가 일상적으로 반복되는 경우 푸드아트테라피 집단상담의 진행이 정체되고 의존성만 증가하는 역효과를 가져올 수 있다.

우주만물의 운행 원리를 수용하고 천지인(天-地-人)의 합일(合一)을 강조하는 동양사상을 토대로 한 푸드아트테라피 집단상담은 생명체가 본래 지닌 생명력을 서로 찾아주며 생기와 활기를 회복하여 자기 조절 능력을 균형 있게 다루어 일상생활에서 자기 효능감과 집단 효능감을 증진하는 데 상담 목표를 두고 있다. 푸드아트테라피 집단상담에서는 푸드를 매체로 하여 집단 예술놀이를 하면서 작품을 구성하고 재구성하는 일련의 상호 협력적인 집단상담 과정을 거치게 되는데, 생명 중심 사상, 장(場)의 흐름을 고려하여 집단상담 과정을 4단계로 제시하였으며, 한국인의 생활 세계에서 흔히 경험하는 친숙한 상담 기술을 강조한다. 푸드아트테라피 집단상담 적용 과정에서 다시 한번 강조할 점은 푸드아트테라피 집단상담자의 '성품'이다. 직지인심 견성성불(直指人心 見性成佛)이란 불교의 가르침에서 알 수 있듯이 푸드아트테라피 집단상담자가 우선적으로 자신의 진심(眞心)이 집단원들의 진심에 닿을 수 있도록 참된 본래 모습을 유지하면서 깊은 내면으로부터 나오는 직관적인 지혜의 수준을 높이는 마음자세가 중요하다. 집단상담자가 마치 자아가 없는 것처럼 텅 빈 마음으로 평상심을 유지하고 감각 수준에서부터 영성 수준에 이르기까지 생태학적 감수성을 증진하면서 지금-여기에 맞는 가장 적절한 푸드아트테라피 집단상담 기술을 선택하는 것이 바람직하다.

【푸드아트테라피 집단상담 과정에서의 효율적인 상담 기술】

상담 단계	장의 흐름	하위 목표	상담 기술
맞이하기	애정 어린 시선	치료적 관계 형성하기	편안한 자세와 태도, 생태학적 감수성, 자연주의 테이블 세팅, 안전한 분위기 조성
받아 들이기	정감 어린 교류	자기 사랑, 자기 이해 증진하기	포용, 알아가기, 신체언어 사용하기, 반응하기, 받쳐주기, 받들기, 깊은 이해
찾아 들어가기	진심 어린 관심	긍정적인 관점의 전환과 확장하기	전체를 바라보기, 명료화, 3不(불일치, 부자연, 불편함) 관찰하기, 3有(욕구, 능력, 희망) 발견하기, 초점 두기, 대안 찾기, 재구성하기
받아내기	생기 어린 한마당	새로운 세계 창조하기	해냄 확인하기, 성장점 확인하기, 다지기, 축하하기, 상호 반영하기, 살피기, 보살피기

2부

내 안의 여행

우리에겐 선천적으로 밝고 밝은 순수 자성이 있으나 살아가면서 본래의 모습을 잃기 쉽다.
혼자서는 자기(自己)를 제대로 볼 수 없으니 서로 찾아주며 상생과 조화를 실천하는 자유인이 되도록 한다.

– 이정연–

FOOD ART THERAPY GROUP COUNSELING

CHAPTER

04

자기 사랑 자기 이해

1. 마음결 고르기: 마음 속 찌꺼기 바라보기
2. 집단원 능력 찾기
3. 도전 과제와 열쇠

맞이하기

맞이하기 단계에서의 효율적인 상담 기술은 상담자 자체의 편안한 자세와 태도, 생태학적인 감수성, 자연주의 테이블 세팅, 안전한 분위기 조성 등이며 인위적으로 유도하지 않아도 내면의 감정과 생각으로 심리적인 위로와 마음의 안정감을 주는 '집단원과 함께 놀아 볼까요?'를 생각하며 맞이하기를 준비하였다.

어서 오세요, 반갑습니다!

함께할 수 있는 기쁨을 나누어 보아요!

PART 1.

마음결 고르기: 마음속 찌꺼기 바라보기

마음결 고르기는 집단 푸드 활동 체험 전 준비가 이루어지는 과정이다. 워밍업으로 긴장을 완화하기 위한 바라보기와 호흡에 집중하기 위함이다. 마음결 고르기의 마음가짐으로 편안한 호흡, 편안한 몸, 편안한 마음으로 긴장을 완화하고 내면에 집중과 몰입을 하여 존재감을 경험하기 위한 차분한 마음 상태의 결을 살펴본다.

목표

① 마음결 고르기를 통해 지금 나의 마음 상태를 살피고 보살피기를 한다.

② 좋아하는 마음과 싫어하는 마음의 상태와 마음결을 연결 지어 진심의 마음의 소리를 들어 본다.

③ 내가 좋아하는 마음과 싫어하는 마음을 투명 물속에 떨어지는 커피가루가 퍼지는 과정을 따라가면서 느낌을 탐색한다.

④ 내가 싫은 가루덩어리를 받아들이는 과정을 탐색하는 가운데 관계 속에서의 싫어하는 마음속 찌꺼기를 통찰할 수 있다.

⑤ 가루 덩어리가 물에 떨어질 때의 싫은 감정과 좋은 감정의 차이 속에서 닮은 점을 찾아내고 열린 마음으로 받아들이기와 해냄을 확인한다.

⑥ 집단원들과의 역동 속에서 나의 모습의 닮은 점과 공통점을 수용하고 잘 받아들이기 연습을 한다.

⑦ 전체를 보고 바라보기 하는 연습으로 몸과 마음이 닫힘에서 열림으로 트임으로의 단계를 몸소 실천한다.

⑧ 공동체 집단 내에서의 집단 효능감 증진과 투명한 물을 바라보면서 내 마음 안의 마음결을 찾아간다.

⑨ 투명한 물을 내 마음속으로 바라보고 마음에 집중하면서 호흡의 결을 느끼고 숨고르기를 하면서 마음결을 본다.

준비물

원통 모양의 유리병, 녹차가루, 들깻가루 등

작품 활동 안내

① 길고 원통 모양의 투명한 병에 깨끗한 물을 가득 붓는다.

② 깨끗한 물이 담긴 투명한 통을 바라보기를 한다.

③ 내 마음이 깨끗할 때의 결을 오감으로 찾아보기를 한다.

④ 투명한 물위에 가루(녹차가루, 커피가루, 들깻가루)를 떨어뜨린다.

⑤ 집단원들과 각자의 좋아하고 싫어하는 대상에 대해 서로 나눔을 한다.

⑥ 마음 안에 쌓인 찌꺼기를 바라보는 마음을 집단원과 함께 나눈다.

⑦ 나에게 싫은 마음을 받아들이는 과정을 탐색하는 가운데 관계 속에서의 나의 모습을 통찰하도록 집단원들이 조력한다.

⑧ 싫은 것과 좋은 것의 차이 속에서 닮은 점을 찾아내고 열린 마음으로 받아들이기와 해냄을 확인한다.

⑨ 집단 역동 속에서 내 모습의 닮은 점과 다름을 수용하고 잘 받아들이기를 할 수 있도록 집단원들이 서로 지지와 격려를 하도록 장을 활발하게 한다.

TIP

투명한 원통 모양의 유리병에 마음의 찌꺼기라고 할 수 있는 녹차가루나 색깔 가루 덩어리가 떨어지는 순간순간을 집중해서 자세히 볼 수 있도록 조력한다. 가루가 뭉치는 순간, 떨어지는 순간, 흩어지는 순간 등을 내 마음의 찌꺼기로 생각하고 있는 그대로 흘려보낼 수 있도록 함께 감정을 느끼고 통찰할 수 있도록 한다.

주제	마음결 고르기: 마음속 찌꺼기 바라보기
작품 스토리 및 의미	마음의 문을 열고 내 마음속을 찬찬히 들여다보듯이 투명한 물을 바라보며 "무엇을 더해야 할지?", "무엇을 덜어내야 할지?"를 생각하며 마음의 에너지를 있는 그대로 느껴 보았다. 깨끗한 물에 들깻가루를 넣는 순간 마음이 아프고 쓰리다. 이게 나의 통증의 원인인가? 나 스스로 마음의 찌꺼기를 안고 살았다는 알아차림이 들자 바로 비우고 싶었고 비워내는 방법을 통찰한 순간이다.
작품 구성	
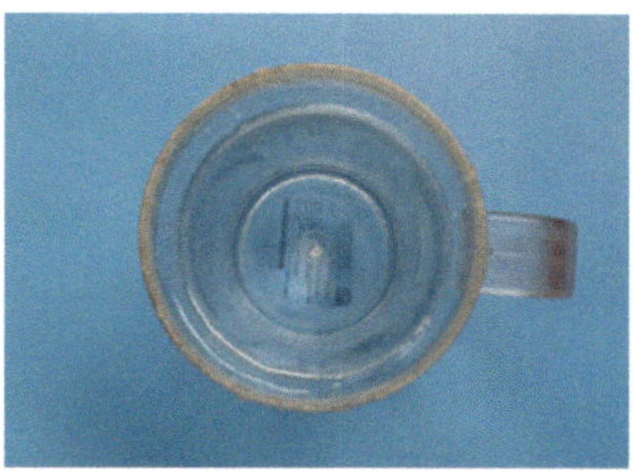	
물처럼 투명한 마음을 바라보다	마음의 찌꺼기 가라앉히기
◈ 작품 스토리 구성 깨끗하게 맑은 물을 바라보니 새삼 물의 소중함을 느껴 본다. 하지만 물에 가루를 넣는 순간 '아!' 하는 마음에 그만 넣으라고 말하고 싶다. 마음이 온통 통증을 느끼면서 아파졌다.	◈ 작품 스토리 재구성 맑고 투명한 물에 들깻가루를 뿌려 보았다. 뿌려진 들깻가루는 무거운 것은 가라앉고 가벼운 가루는 다시 떠올랐다. 시간이 조금 지나자 뿌옇던 물이 위부터 맑아지기 시작한다. 난 이렇게 인생을 살면서 내 마음에 찌꺼기를 비어내는 방법을 모르고 살아와서 지금 나는 비어내는 법을 통찰한다.

◈ 집단 공동체 치유와 성장점의 작품

다른 집단원들도 어떠한 부정적인 것이 들어갔을 때 다들 하는 행동들이 있었다. 비워내고 기다리고 인내하는 행동이었다. 다들 행복해 보이고 즐거워 보여도 안 좋은 상황이 있었던 적이 있었고 스스로를 지켜내는 방법을 터득했을 거라고 생각이 들었다.

다들 다르게 생활하지만 한편으로는 똑같다는 생각이 들고 동질감이 느껴졌다. 힘들어도 열심히 살아가고 지나가면 다시 하얗게 돌아온다는 것에 대해 통찰하게 되었다.

◈ 집단 진행 중 공동체 치유와 성장점에 대한 통찰

A: 내 마음의 힘든 일들이 어쩜 누구나 공통적으로 겪는 일들이었지만, 난 스스로 내 탓으로 돌리고 나 자신이 아픔을 참으면서 생각 없이 바쁘게 살다 보니 이렇게도 많은 찌꺼기가 가득함을 보았다. 집단원들이 나를 안쓰럽게 느끼는 마음들이 전달되면서 찌꺼기를 그때 그때 비우는 방법을 알려 주고 가라앉은 후 맑은 물을 보면서 오늘부터 비우는 나만의 방법을 명상으로 마음을 달래면서 한날의 괴로움은 그날그날 버리는 연습을 해보아야겠다.

B: 나의 마음결의 찌꺼기를 얼마나 쌓아 놓고 살았는지 가늠할 수는 없지만, 차근차근 꺼내어 정화하고 덜어내 줘야 함을 깨닫게 되었다. 집단원들도 각자 나름대로 마음속 찌꺼기 해소를 위해 노력하고 있다는 것도 보았다. 인생의 마음속 찌꺼기가 남지 않는 삶이 어디 있겠는가? 밭에 음식물 찌꺼기로 밑거름을 주듯이, 우리도 그동안의 찌꺼기가 옥토가 되는 마음결의 성장점이 될 것이다.

C : 나의 찌꺼기는 마음속을 아주 잠시 혼탁하게 할 뿐 다시 맑아지게 된다. 그러나 그 찌꺼기들은 비워 주지 않으면 계속 쌓이게 된다. 나에게 있어서 '비움' 작업은 응원, 격려, 지지가 아닐까 싶다.

| 마음결 고르기 – 기타 작품 |

(작품 1) 다르게 바라보기	(작품 2) 근심 버리기

(작품 3) 마음속 찌꺼기 흘려보내기	(작품 4) 맑은 물 바라보기

작품 1 집단상담은 한 가지의 사물을 바라봄에 각자의 생각이 다르고 느낌이 다르다. 아, 그렇게도 생각하겠구나! 마음속 느낌이지만 내가 전혀 예상하지 못한 집단원들의 현재 감정까지도 알 수 있게 만드는 통찰의 계기를 만든다.

작품 2 반대쪽 의자랑 다른 물체들이 보이듯이 깨끗하고 나의 마음의 상태랑 비슷하다는 생각이 들었다. 투명한 물에다 커피랑 미숫가루 등 넣어 보았는데 근심 걱정이 많게 보였다.

작품 3 내 마음속에 쌓인 찌꺼기로 물의 둔탁함을 보고 내 마음의 색깔도 하나씩 꺼내어 알아차려 주고 덜어내는 작업은 마음속 찌꺼기를 잘 흘려보내기 위한 연습이 되었다.

작품 4 가루가 내려가면서 뭉쳐 흐르는 느낌이 여간해서는 펴질 것 같지 않은 답답함에 내 마음속까지도 아픔이 느껴졌다. 사람 마음은 흐르는 물이든 고인 물이든 물의 색깔에 의해 두 갈래로 나누어지듯 변덕이 심해지나 보다. 맑은 물을 바라볼 때는 마음속 찌꺼기가 모두 사라져 편안함과 행복감이 밀려왔다.

PART 2.

집단원 능력 찾기

자기 효능감이 낮은 사람은 의욕이 적고, 목표나 기대 수준을 낮게 잡으며, 실제 성취도가 낮아서 자신의 기대보다 타인의 기대에 부응하려는 삶이 지속되면서 자신감 또한 하락하는 경우가 많다.

반대로 자기 효능감이 높은 사람은 자발적인 의욕이 많고, 목표나 기대 수준을 높게 잡으며, 실제로 성취도가 높고 자신감도 있다.

집단 과정 중에 각자가 생각하는 자신의 능력을 표현하고 자신을 알리는 가운데 기대와 욕구를 집단원이 함께 발견하는 기회가 필요하다.

한 사람이 보아주는 것보다 여러 사람이 찾아 주고 살펴 주어 집단원의 능력을 찾는 과정 중에 긍정적인 사고 전환과 대긍정의 마음으로 집단의 역동 에너지를 함양할 수 있다.

목표

① 나의 능력을 탐색해 보고 내가 이룬 것과 이뤄야 하는 것을 안다.
② 돌아가면서 집단원의 살아온 이야기를 듣는다.
③ 집단원의 강점을 찾아보고 지지하고 격려받기를 한다.
④ 자신의 능력을 찾으면서 자기 효능감 향상으로 집단원에 깃들어 있는 능력을 찾

아 주고 포스트잇에 적어서 긍정적인 지지와 격려를 한다.

⑤ 집단원의 능력을 찾아주고 긍정 전환하는 가운데 자신과 닮은 점을 찾아내고 열린 마음으로 받아들이기와 해냄을 확인한다.

⑥ 집단원들과의 역동 속에서 서로 닮은 점과 공통점을 수용하고 잘 받아들이기 연습을 한다.

준비물

과자, 토마토, 젤리, 화분, 차, 나뭇잎, 마시멜로, 새싹채소 등

작품 활동 안내

① 지금까지의 자신의 삶을 반추하면서 지금 발견한 자신의 능력을 푸드로 표현한다.

② 먼저 집단원이 돌아가면서 한 명씩 자신의 삶을 이야기한다.

③ 집단원의 각자 삶을 들어 주고 받쳐 주기를 통해 집단원의 능력을 발견한다.

④ 집단원들 작품에 대해 스토리를 들은 후 긍정적인 메시지를 포스트잇에 적어서 지지와 격려를 보낸다.

⑤ 피드백을 주고 싶은 집단원의 작품에 필요한 것을 푸드로 추가해서 재구성한다.

⑥ 각각의 집단원들이 재구성해 준 작품과 메시지를 보고 소감을 발표한다.

⑦ 집단 과정에서 성찰된 부분과 치유에 대한 소감을 나눈다. 나에게 싫은 마음을 받아들이는 과정을 탐색하는 가운데 관계 속에서의 나의 모습을 통찰하도록 집단원들이 조력한다.

⑧ 마음을 집단원과 함께 나누면서 열린 마음으로 받아들이기와 해냄을 확인한다.

⑨ 집단 역동 속에서 나의 모습과 닮은 점과 다름을 수용하고 잘 받아들이기를 할 수 있도록 집단원들이 서로 지지와 격려를 하도록 장을 활발하게 한다.

TIP

집단원이 찾아주는 능력이 자신에게 받아들이기 힘든 상황에서도 감사하게 잘 받아내기를 할 수 있도록 집단원들의 진심 어린 지지와 격려가 필요하다. 또한, 집단원 각자가 내면의 마음의 소리에 귀 기울일 수 있도록 에너지의 힘을 주도록 한다. 자신의 능력을 찾기 힘들어하는 집단원을 선정하여 집단원이 함께 작품을 구성하여 찾아준다. 집단원이 함께 재구성해 줄 때는 작품을 만든 집단원의 작품을 그대로 둔 상황에서 푸드 재료를 첨가하여 함께 재구성해 주도록 한다.

<table>
<tr><td>주제</td><td>집단원 능력 찾기</td></tr>
<tr><td>작품
스토리 및
의미</td><td>나에겐 앞으로 나아갈 수 있는 길과 많은 배움이 남아 있음을 알게 되었다. 집단원들의 지지를 받다 보니 과거 속 나의 선택은 잘못된 선택이 아닌, 만족스러운 지금의 나를 만들기 위한 과정이었다는 생각이 문득 들게 되었다. 집단원들이 내 작품에 대한 재구성에 참여했다. 원하는 구성에 감사했고 원치 않는 구성은 한쪽으로 치우고 그 안에서 나의 선택에 대한 능력을 응원해 주었고 순간 강한 떨림으로 다가오게 되었다.</td></tr>
<tr><td colspan="2">작품 구성</td></tr>
<tr><td></td><td></td></tr>
<tr><td>학교 자퇴에 대한 후회</td><td>현재의 내 선택과 자율성 능력 찾음</td></tr>
</table>

◈ 작품 스토리 구성	◈ 작품 스토리 재구성
인문계 입학과 동시에 질풍노도의 시기를 겪으며 자퇴한 후, 중학교 시절 운동을 포기했던 나의 선택이 후회됨을 표현하였다. 학교에 대한 좋지 않은 감정을 울타리를 만들어서 표현하고, 지금도 그때의 선택 중 운동을 선택하지 못한 미련을 나타냈다.	과거 속 학교에 얽매이지 않으며, 넓은 세상을 바라보았으면 하는 문을 만들어 주고 사람들 속에서 자율적인 선택을 할 수 있도록 집단원들의 응원은 나에게 가슴이 떨림으로 다가왔다.

◈ 집단 공동체 치유와 성장점의 작품

우리 모두 긍정 능력 발견한 순간

나에겐 앞으로 나아갈 수 있는 길과 우리 모두 긍정 능력을 발견한 순간 많은 배움들이 남아있다. 과거 속 나의 선택은 잘못된 선택이 아닌, 만족스러운 지금의 나를 만들기 위한 과정이었다는 생각이 문득 들게 되었다.

◈ 집단 진행 중 공동체 치유와 성장점에 대한 통찰

A: '아…!' 집단원이 나의 얼굴 구성을 해주었기에 내가 하고자 하는 의지를 갖게 되었구나. 그럼 그 재료는 치우지 않고 옷 무늬로, 기타 등등 얼마든지 내 것으로 아름답게 감사히 바꿀 수 있겠다는 생각을 했다. 푸드 집단상담을 하다 말로 하지 않고 음식의 구성을 통해서 사람 간 내 안의 내면의 움직임을 물체에 반영하여 만들어 가는 게 새로운 경험이고 놀랍기도 하고 음식으로 구성하고 마음에서 다시 재구성하면서 편안하게 다가온다.

B: 빈손으로 왔다 빈손으로 가는 인생의 종착역의 끝은 다르지 않을 것이다. 많은 것은 없지만 차 한 잔의 여유를 즐길 수 있도록 집단원의 역동의 힘이 지지와 격려로 공동체 치유의 힘을 얻게 되었다.

C: 내가 생각했던 것처럼 다른 집단원들의 능력도 많이 있었다. 시간이 더 있었으면 많은 것을 쓸 수 있었을 것이다. 이번 집단에서 나는 타이밍이 중요함을 알아차렸다.

D: 사람마다 이루고자 하는 생각은 다르지만 현재 감정과 생각의 끝은 알 수 있을 것 같다. 역시 함께하는 푸드 집단상담은 자연스럽게 치유하면서 불안한 감정도 서로 감소시키고 구성원들의 마음에 위안을 가져다 주는 역할을 톡톡히 한 것 같다. 나 혼자보다는 함께 찾아 주고 받아 주기를 통해 발견된 능력에 대해 긍정적인 힘을 얻게 되어 기쁨이 배가 되었다.

| 집단원 능력 찾기 – 기타 작품 |

((작품 1)) 기다려 주는 능력

(작품 2) 안목이 있는 나로 재구성

(작품 3) 꽃과 열매를 맺을 수 있는 능력

(작품 4) 집단원이 찾아준 나의 능력

작품 1 내가 생각했던 능력 말고도 다른 사람들이 봐주는 나는 다른 능력도 가지고 있었다. 기다려 주는 능력은 다른 나를 보는 거 같아 처음에 받아들이기 어색했지만 색다르고 여러 가지 좋은 점이 있는 거 같아 기분이 좋았다. 긍정의 에너지와 함께 타인의 이야기에 귀 기울여 주고 기다려 주는 능력을 찾아준 집단원에게 고마웠다.

작품 2 감고 있는 나의 눈을 집단원이 뜨게 해주었다. 얼굴 윤곽도 만들어 주었다. 나 혼자 구성했다면, 그대로 둘 수도 있었는데 집단원들이 고마웠다. 보기 싫은 것을 보지 않으려고 감은 눈을 동그랗게 볼 수 있는 눈으로 재구성하면서 나의 능력을 전환할 수 있어 감사했다.

작품 3 차분하게 차를 마시면서 다른 집단원에 대해 생각해 보고 능력에 대해 알아가는 시간을 가져 보았다. 내 안에 꽃과 열매를 맺을 수 있는 능력을 찾을 수 있는 시간이 감사함으로 다가왔다.

작품 4 가끔 내가 지금까지 지내 오면서 아무것도 없다고 느낄 때가 있었다. 하지만 이번에 집단상담을 하면서 나보다 덜 가까운 남한테도 보이는 능력이 있는데 나랑 제일 가까운 나인데 못 찾을 리 없다. 더 생각해 보면 나는 항상 어떤 잠재력을 가지고 있고 내가 생각하기에 따라 그 잠재력을 펼쳐낼 수 있는지 정해지는 거라 생각이 되었다.

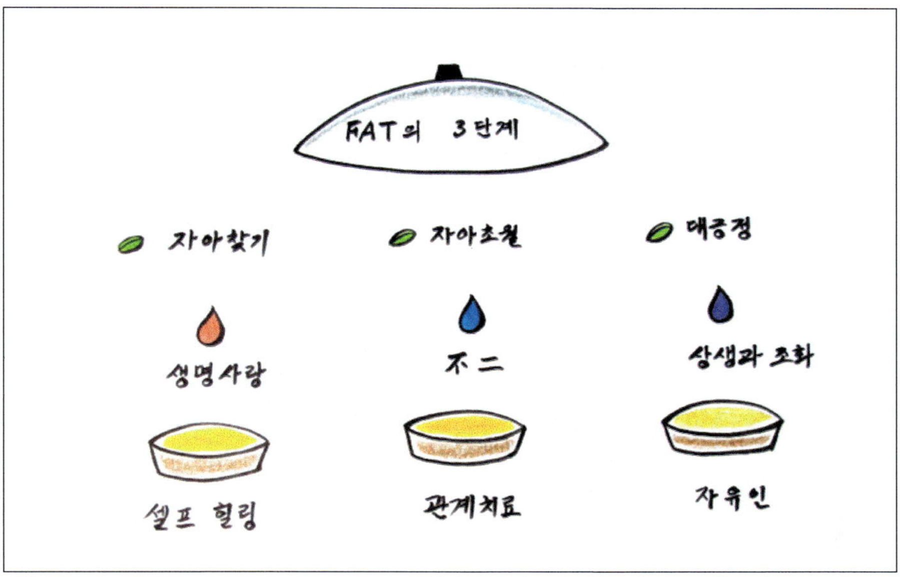

PART 3.

도전 과제와 열쇠

자기 욕구를 모르는 사람은 해결책이 안 보인다. 자기 욕구를 모르고, 자신의 욕구를 무시하고 자기 학대와 반성을 자주 하곤 한다. 자신의 욕구를 보살피고 자기 욕구대로 살아야 효과적인 방법으로 사는 것이다. 그러기 위해 자신에게 도전을 할 준비가 필요하다. 욕구가 나오는데도 무시하다 보면 비난과 폭발적인 행동이 나도 모르게 나오게 된다. 자신의 욕구를 잘 알고 자신의 도전 과제를 찾아 작품을 만들어 보면서 자기 몸의 기운을 파악할 필요가 있다. 내가 필요한 것을 내가 찾고, 내가 먹고 싶은 음식을 통해 내 몸이 무엇을 원하는지를 찾아본다. 그런 가운데 자기 상태를 거침없이 느낄 수 있고 자신을 깊이 이해하는 가운데 도전 과제와 열쇠를 집단원과의 역동 안에서 찾아볼 수 있다.

목표

① 지금 나의 마음 상태를 살피고 보살피기를 통해 나의 욕구에 대해 탐색한다.
② 나의 욕구를 잘 달래고 있는지를 알고 도전 과제를 찾아본다.
③ 도전 과제를 찾은 후 작품으로 표현하는 과정에서 자기 효능감을 향상한다.
④ 집단원들과의 도전 과제에 대한 나눔을 통해 집단원의 지지와 격려로 집단 효능감을 향상한다.

⑤ 집단원과 함께 성장할 수 있도록 지지와 격려의 힘을 줄 수 있는 능력을 함양한다.

⑥ 집단원들과의 역동 속에서 자기 이해와 자기 사랑을 확인하고 수용하면서 잘 받아들이기 연습을 한다.

⑦ 자신의 도전 과제와 열쇠 만들기를 통해 내 인생의 목표를 확립하고 미래의 긍정적인 도전정신을 함양한다.

⑧ 나를 변화시키고 싶은 부분을 탐색할 수 있다.

준비물

양파과자, 캔디, 색지, 과자, 젤리, 이쑤시개, 마시멜로우, 커피콩, 건포도

작품 활동 안내

① 살아오는 동안 도전했던 일들을 떠올려보고 또 다른 도전 과제를 생각한다.

② 해결되지 못했던 사건이나 일을 오감으로 찾아보기를 한다.

③ 해결되지 못했던 사건을 자물쇠로 표현해 본다.

④ 도전 과제를 자물쇠로 표현해 보고 도전 과제가 해결되지 못한 상황에 대한 원인에 대해서도 표현한다.

⑤ 도전 과제를 풀 수 있는 열쇠를 함께 만들어 본다.

⑥ 도전 과제와 열쇠에 대해 집단원들과 나눔을 한다.

⑦ 나에게 싫은 마음을 받아들이는 과정을 탐색하는 가운데 관계 속에서의 나의 모습을 통찰하도록 집단원들이 조력한다.

⑧ 집단원들이 재구성해 준 해결책에 대해 싫은 것과 좋은 것의 차이 속에서 닮은 점을 찾아내고 열린 마음으로 받아들이기와 해냄을 확인한다.

⑨ 집단 역동 속에서 나의 모습과 닮은 점과 다름을 수용하고 잘 받아들이기를 할 수 있도록 집단원들이 서로 지지와 격려를 하도록 장을 활발하게 한다.

TIP

우리는 자화상과 역할을 중심으로 개념적 자기를 지니고 살아간다. 이러한 개념적 자기가 비록 우리의 본성적 자기는 아닐지라도 사회생활을 영위하기 위하여 필요하기 때문에 가능하면 자화상을 긍정적으로 가지고 역할 수행을 잘하는 것이 바람직하다. 원래의 자기가 아니기 때문에 본성을 억압하면서까지 지나치게 집착하는 경우 심신에 지장을 줄 뿐만 아니라 진실한 인간관계를 해치고 생산적인 삶에도 문제를 일으킬 수 있다. 그러므로 우리는 본성적 자기를 바로 이해하고 이에 따라 살아갈 필요가 있다.

본래의 자기로 산다는 것은 '배고플 때 밥을 먹고 피곤할 때 잠을 자는 식의 삶'이라고 할 수 있다. 우리가 무엇을 할려고 할 때 '잘해야 한다', '다른 사람들이 어떻게 보겠는가?'와 같은 비교적인 분석, 판단 평가의 의식 없이 있는 그대로 행동하는 것이 바로 본래적인 행동이며, 그렇게 할 때 심적인 에너지를 행동 자체에만 사용할 수 있어 충분히 기능하는 삶을 살아갈 수 있다

주제	도전 과제와 열쇠
작품 스토리 및 의미	나에겐 앞으로 나아갈 수 있는 길과 많은 배움이 남아 있음을 알게 되었다. 집단원들의 지지를 받다 보니 과거 속 나의 선택은 잘못된 선택이 아닌, 만족스러운 지금의 나를 만들기 위한 과정이었다는 생각이 문득 들게 되었다. 집단원들이 내 작품에 대한 재구성에 참여했다. 원하는 구성에 감사했고 원치 않는 구성은 한쪽으로 치우고 그 안에서 나의 선택에 대한 능력을 응원해 주었고 순간 강한 떨림으로 다가오게 되었다.

작품 구성

웅크리고 있는 자물쇠 마음

평온하고 조화로운 열쇠

◈ 작품 스토리 구성

예쁜 마음이고 싶은데 웅크려 있는 내 마음의 자물쇠가 풀려 있는 모습으로 표현했다.

◈ 작품 스토리 재구성

내 마음을 예쁘고 조화롭게 표현했다.

바로 표현된 것이 아니라 중간 과정도 있었지만 마음에 든다. 도전 과제를 편안하게 풀 수 있는 열쇠로 변신하였다.

◈ 집단 공동체 치유와 성장점의 작품

집단원들의 도전 과제와 열쇠

주제를 주고 구성과 재구성을 하고 다시 통찰하는 시간을 갖게 되어 감사하다. 내가 구성을 할 때 무엇 때문에 내 마음이 웅크리고 있는지, 어떻게 웅크린 마음을 해결할 수 있을까 보다는 작품을 예쁘게 표현하고자 하는 나의 마음을 집단원들과 함께 하는 가운데 알게 되었다. 또한, 집단원의 지지와 격려가 마음에 와닿지 않는 것을 표현했더니 집단원의 성의의 메시지가 느껴졌다.

오르락내리락하면서 새로운 마음 여행을 하고 있음에 감사하다.

집단원들 모두 다양한 일들을 겪고 대처하였던 방법을 들었을 때 새로운 배움으로 다가왔다.

내 미래에 있을 어떠한 일들을 현명하게 해결할 수 있다는 자신감을 갖게 되는 시간이었다.

◈ 집단 진행 중 공동체 치유와 성장점에 대한 통찰

A: 나중에 겪을 다양한 일들을 여러 모양의 자물쇠로 표현하고, 이 일을 현명하게 해결할 수 있다는 자신감을 열쇠로 표현하였고, 사랑의 마음으로 경청하고 존중해 주는 자물쇠로 만들 수 있었다.

B: 집단 진행 내내 잠기지 않은 자물쇠로 있었는데 열쇠에 대한 비밀을 이야기하는 가운데 집단원의 지지와 격려, 경청이 자물쇠를 하트 모양으로 만들게 되었고 열려 있는 자물쇠를 닫을 수 있었다.

C: 밝고 활기차게 생활하였던 내가 하루하루 살아가다 보니, 활기찼던 모습은 마음속으로만 갖고 있었음을 알았다. 세상은 희망과 열정으로 열심히 살아야 한다고 생각한다. 집단원들도 자신의 열망을 이루고 있고, 개인이 원하는 변화를 향하여 달리는 중이다. 집단 활동을 통해서 배웠던 것을 알아차림의 행동으로 실천해야 할 때임을 깨달았다. 내 마음의 탄력성이 유연하도록 변화되어야 한다. 누구나 불쑥 편안하게 다가오게끔 마음 한편의 공간을 열어 두는 넉넉함을 연마해야겠다는 통찰이 되었다.

| 도전 과제와 열쇠 – 기타 작품 |

(작품 1) 구성: 홀로인 나!	(작품 2) 재구성: 여자 친구 만들기 도전

(작품 3) 잠기지 않은 자물쇠	(작품 4) 사랑의 마음으로 경청하고 존중해 주는 자물쇠

작품 1 여자 친구가 없어서 항상 혼자 노래방에서 놀고 있는 나. 내 마음은 여자 친구를 원하고 있었다.

작품 2 도전 과제를 여자 친구 만들기라고 정해 보았다. 그리고 내가 좋아하는 여자 친구로 머리를 넘기는 찰랑 머리를 하고 장난꾸러기에 활동적이고 노래방을 좋아하는 바람으로 구성해 보았다. 집단원들은 나와 여자 친구가 함께 나란히 앉아서 같은 곳을 볼 수 있도록 벤치를 만들어 주었다. 그리고 지지와 격려의 글이 사랑의 열쇠로 이루어지는 느낌이 들었다.

작품 3 나의 도전 과제를 잠기지 않은 자물쇠로 표현하면서 자물쇠를 생각하는데 네모 반듯한 노란색 자물쇠만 떠올라서 손이 가는대로 표현해 보았다. 잠기지 않은 자물쇠에 귀 모양과 아이를 구성해 보았다.

작품 4 경청하지 못한 것을 귀로 표현했고, 존중해 주지 못한 것을 마시멜로우로 표현했다. 그런데 작품 설명을 하던 중에 예정에 없던 네모 반듯한 틀이 내 눈에 들어왔고 갑자기 눈물이 터져나왔다. 애들 아빠한테만 그렇게 한 줄 알았는데 아이들한테도 지금 그렇게 하고 있는 내 모습, 모르는 척하고 싶었던 걸까? 재구성할 때는 하트 자물쇠가 떠올랐다. 아! 하트 모양 자물쇠도 있었지, 이런 나의 깨달음에 집단원들이 회기를 거듭해 갈수록 찾아 들어가는 모습에 응원과 격려를 보낸다는 메시지 속에 통찰한 문제를 잘 해결해 나갈 거라고 지지해 주어서 든든한 마음을 갖게 되었다.

CHAPTER

05

나의 비밀 열쇠와 성장점

1. 마음결 고르기: 상대방 맞이하기
2. 나만의 비밀 서랍
3. 미래의 비밀 서랍

맞이하기

맞이하기 단계에서의 효율적인 상담 기술은 상담자 자체의 편안한 자세와 태도, 생태학적인 감수성, 자연주의 테이블 세팅, 안전한 분위기 조성 등이며 인위적으로 유도하지 않아도 내면의 감정과 생각으로 심리적인 위로와 마음의 안정감을 주는 "상대에게 따뜻한 말을 건네는 나"로 맞이하기를 준비하였다.

주관적인 행복은 외적 조건에 결정되는 것이 아니라

내적 충만감에 의해 도달된다.

PART 1.

마음결 고르기–상대방 맞이하기

마음결 고르기는 집단 푸드 활동 체험 전 준비가 이루어지는 과정이다. 워밍업으로 긴장을 완화하기 위한 바라보기와 호흡에 집중하기 위함이다. 마음결 고르기의 마음가짐으로 편안한 호흡, 편안한 몸, 편안한 마음으로 긴장을 완화하고 내면에 집중과 몰입을 하여 존재감을 경험하기 위한 차분한 마음 상태의 결을 살펴본다.

목표

① 2인 1조로 상대방을 맞이하고 감사한 마음을 전한다.
② 나의 내면 속 감사함을 상대방과 공유한다.
③ 상대방을 맞이하기 위해 대접하는 마음으로 준비한다.
④ 평소 고마웠던 상대방을 위한 맞이하기를 통해 고마움을 전달한다.
⑤ 편안한 마음으로 집단원과의 마음과 마음을 주고받는다.
⑥ 감사함을 표현한 것에 대한 집단원의 마음을 읽어 주고 서로의 존재감을 확인한다.
⑦ 상대를 통해 나의 내면을 들여다보고 함께 마음결 고르기에 집중한다.

준비물

빵, 호박씨, 과자, 마이구미, 토마토, 음료, 부추 꽃, 천 리본, 잣방울

작품 활동 안내

① 집단을 대상으로 진행하는 과정으로 집단을 시작하기 전 마음을 가라앉힌다.
② 상대방에 대한 예의를 갖추고 함께 맞이하기를 한다. 2인 1조로 상대방 맞이하기를 한 후 감사한 마음을 표현해 보도록 한다.
③ 상대방에 대해 감사함을 전하고 난 후 추가하고 싶은 부분은 서로 재구성을 해 준다.
④ 상대방이 준 마음을 있는 그대로 받아들인 후 표현한다.
⑤ 집단 구성원을 위해 표현한 내 마음을 전하고 다른 집단원과도 같은 마음으로 정성껏 받아들이기와 해냄을 확인한다.
⑥ 집단원의 역동과 하나 된 마음을 인지하고 서로서로 격려해 준다.

TIP

우리의 만남이 우연이 아니듯이 만남 또한 인연이며 필연이 아닐까 한다. 이렇듯 우리는 우주 만물 간에 상호 교류하면서 맞물려 순환한다. 보편성에 바탕을 두고 인간이 인간을 이해할 수 있다면 우리는 하나이다. 서로가 자신을 알리고 생명체를 받아 주고 생명체를 받쳐 주는 상호 존중을 통해 사이가 가까워진다. 몸과 마음을 다하여 상대방을 알아가고 상대방을 존중하며 긍정적 반응하기와 맞이하기로 상대를 위함이 곧 자신을 위함이라는 것을 서로 지지와 격려를 통해 집단원들이 알아차림 할 수 있도록 한다.

주제	마음결 고르기 - 상대방 맞이하기
작품 스토리 및 의미	상차림을 하면서 상대방에게 무엇을 대접할까? 생각하며 차려 보았고, 상대방이 나에게 주고 싶은 정성스럽고 고마운 마음을 진심으로 감사하게 받았다는 의미를 담았다.

작품 구성

건강한 즐거움

주고받는 하나 된 마음

◈ 구성

오직 귀함으로 정성을 다한 차림이다. 먹는 즐거움도 있지만 눈으로 보는 즐거움 또한 마음을 건강하게 만든다.

◈ 재구성

주는 마음과 받는 마음과는 일치성을 띤다. 그 즐거움, 나를 위해 베풀어 주는 하나하나에 정감 어린 교류는 집단상담에서 갖는 큰 의미로 다가오는 것 같다.

◈ 집단 공동체 치유와 성장점의 작품

주는 마음 받는 마음에 잔잔한 위안

나를 생각하며 정성스러운 손길로 건강까지 생각하며 준비했다는 마음을 전해 받으니 대접받음에 잔잔한 위안을 얻는 느낌을 받았다. 나와 연결된 사람들과의 상호작용은 서서히 마음으로 들어오는데, 집단에서 받은 감정 교류는 밀물처럼 밀려옴을 느꼈다. 같이 주고받는 에너지에 힘이 생긴다. 상대방과 대접함을 통해서 준비한 손길과 마음까지 정성스럽게 잘 받았음이 진심으로 전달되어야 함도 깨닫게 되었다.

◈ 집단 진행 중 공동체 치유와 성장점에 대한 통찰

A: 집단의 구성을 통해서 서로 다름을 인정하게 되고 서로 그들이 할 수 있는 위로와 대접하는 각각의 모습에서 진실의 모습을 보았다. 어려울 때 돕는 마음에 감사를 그리고 미래를 응원하는 대접하기를 통해서 서로 표현하여 채워가는 시간을 갖게 되어 정신적 풍성함으로 다가왔다.

B: 사람은 모두가 좋아하는 것을 마음의 풍선에 담아 들고 다닌다고 합니다. 사실 저는 삶의 풍선을 여러 개 지니지 못하는 편입니다. 아주 큰 풍선 하나, 작은 풍선 몇 개를 같이 들고 다니는 편이지요. 그러다 보니 큰 풍선이 잘못되어 터지면 아주 길고 긴 날을 고통스러워하고 새 풍선을 찾지 못해서 들고 다니던 작은 풍선마저 놓쳐 버리기 일쑤였습니다. 그런 저에게 이번 활동을 통해 여러 사람에게 받은 글들은 적어도 이제는 그렇게 큰 풍선 하나에 내 모든 소망을, 애정을, 관심을 다 집어넣고서 그게 없어지면 주변에서 저를 걱정하여 계속 지켜보도록 만들지 않아야겠다는 다짐을 하게 해주었습니다.

C: 그동안 감사함을 표현하지 못했던 마음을 표현한다는 것은 한 번 더 생각하고 마음이 전달되길 바라며 대접하는 마음으로 꾸몄다. 좋은 인연으로 받아 주셔서 감사했고 함께 할 수 있음에 좋은 시간으로 앞으로도 가꾸어 가고 싶다.

D: 집단원이 자연 친화적인 것을 좋아해 풀과 초록색 식물들을 많이 배치하고 차, 건강한 음식을 그릇에 대접하였다. 서로를 위해서 만들어 준 집단원끼리 끈끈한 정과 친근감을 느꼈다. 그리고 집단상담이 진행될 때마다 집단원들과 상호작용하여 협동심을 키워 주었다. 이렇게 같은 팀, 집단이라는 걸 느낄 때 편안함이 마음의 긴장감을 치유시켜 주고 같이 공동체 작품을 할 때 함께라는 느낌이 좋았다.

| 상대방 맞이하기 – 기타 작품 |

(작품 1) 따뜻한 말 한마디가 주는 행복

(작품 2) 시작하는 젊음

(작품 3) 감사한 마음 표현

(작품 4) 이심전심

작품 1 나에게 위로, 응원, 지지를 아끼지 않고 해주었지만 그중 가장 감사한 집단원을 위해 맞이하기를 준비하였다. 집단원들 모두가 감사함, 행복감 등 긍정적인 감정들을 느끼고 있다는 모습 자체가 기분을 좋게 만든다. 나뿐만 아니라 모두가 에너지 넘치고 미소를 띠고 있는 모습을 발견하게 되었다.

작품 2 아침 해가 찬란히 떠오르는 것처럼 이제 시작하는 젊음을 표현한 집단원이 사랑하는 사람과 함께 앉아 있는 모습, 뻥뻥이로 밝은 미래를 표현해 보았다. 조개는 화폐가 나오기 전에 화폐로 사용되었던 것처럼 훗날 멋지게 살아갈 세계의 화폐를 표현해 보았고, 돈을 버는 것도 중요하지만 새어 나가지 않게 지키는 것도 중요하기에 돈을 지키는 나뭇가지를 표현해 보았다.

작품 3 늦은 나이에 만학도로서 대학은 낯설고 어색했다. 몇 년째 손을 놔버린 교재, 과제물은 나에게 있어 너무 버거운 일이 되었다. 몸도 어찌해야 할지 막막할 때 "제가 도와줄까요?" 하며 살며시 손을 내밀어준 집단원의 말은 천군만마를 얻은 듯한 느낌이었다.

그 친구는 과제물, PPT 작업, 영상 업로드 등등 모든 부분에서 한결같이 함께하는 고마운 동기, 이 시간을 통해 감사함을 표현해 본다.

작품 4 집단원들끼리 돌아가면서 서로에게 감사한 점이나 해주고 싶은 말들을 푸드로 표현해 보았다. 상대방이 만든 나를 위한 맞이하기는 웃는 얼굴로 꽃길만 걸었으면 좋겠다는 마음을 표현했다고 하였다. 요즘 스트레스 상황들이 많은 나의 마음을 알아주는 것 같아서 통하는 느낌을 받았다. 나도 집단원이 평소에 많이 이야기했던 돈방석을 주제로 푸드를 꾸며 보았고 "저의 이야기를 잘 들어주어서 감동이었다"라는 상대방 피드백을 받고 뿌듯했다. 집단원이 해준 맞이하기 나의 작품을 다시 보니, '내가 해주고 싶은 말이 내가 원하는 것이었구나!' 하는 깨달음이 왔다. 사랑하는 사람과 많은 돈(성공), 행복한 시간들, 나의 마음을 다시 한번 보게 된 시간이었다.

PART 2.

나만의 비밀 서랍

지금까지 살아오면서 마음속 깊이 자리하고 있는 나만의 비밀 서랍에 대해 탐색하고 오늘 이 시간을 통해 소중하게 간직했던 의미 있는 그 무엇인가를 잘 수용하고 비밀 서랍을 열어 스스로 치유하는 능력을 경험한다.

푸드아트테라피에서 병의 근원은 신체 그 자체가 아니라 마음에 있으며, 그 영적인 인식은 신체의 면역 능력을 길러 준다는 대체의학적 근거를 바탕으로 마음을 조절하는 데 우선순위를 둔다.

우리는 이미 많은 자원을 가지고 있다는 인식, 주어진 여건이나 한계를 생각하기에 따라 더 유익한 도전이 될 수 있다. 그동안 묻어 두었던 나만의 비밀 서랍에 대해 열고 닫기를 해본다.

목표

① 나만의 깊은 비밀스러운 곳을 바라보고 탐색해 본다.
② 해결되지 않은, 걸린 것을 꺼내어 흘려보낸다.
③ 집단원들의 미해결 과제에 대해 알아보고 서로의 미해결 과제를 해소한다.
④ 비밀 서랍을 열어 해결하고 싶은 나의 문제를 탐색해 본다.
⑤ 현재 진행 중인 나만의 비밀을 살며시 꺼내 보고 닫는 과정에서 알아차림을 한다.
⑥ 내면에 숨어 있던 나의 '비밀'을 열어 본다.

준비물

과자, 국수, 고구마, 호박씨, 고추, 고춧잎, 쌀 튀밥, 보자기, 세잎클로버, 리본

작품 활동 안내

① 내 안에 풀어내지 못한 감정을 찾을 수 있도록 한다.
② 내면 깊이 자리한 얘기하지 못한 비밀스러운 감정을 어떻게 표현할지 생각해 본다.
③ 소중하게 간직했던 것, 의미 있는 나만의 비밀스런 그 어떤 것을 열린 마음으로 통찰할 수 있다.
④ 비밀 서랍에 무엇이 들었는지 긍정적, 부정적인 감정을 모두 수용한다.
⑤ 비밀 서랍을 열어보고 알리고 싶은 것은 알리고 알리고 싶지 않은 것은 두도록 한다.
⑥ 표현된 작품에 대해 집단원들과 지지를 주고받으며 다시 한번 정리할 수 있는 기회를 가지게 한다.
⑦ 집단원들의 비밀을 있는 그대로 들어 주고 집단원의 마음을 온전히 수용하도록 한다.

TIP

인격은 그 사람의 마음밭의 상태를 말한다. 풍성한 밭이면 많은 것을 나눌 수 있고 허황한 광야면 나눌 것이 없다. 이런 마음의 정원이 운명으로 정해진 것이 아니라 나의 선택에 의해 정해진다. 곧 자신이 자기 영혼의 일급 정원사이며 자기 삶의 책임자임을 깨닫게 된다.

-마음정원-

<table>
<tr><td>주제</td><td colspan="2">나만의 비밀 서랍</td></tr>
<tr><td>작품
스토리 및
의미</td><td colspan="2">나의 서랍에는 수년 동안 알리고도 싶고 알리고 싶지 않은 내 삶의 세월이 담겨 있다. 한 장 한 장 펼쳐 읽노라면 내 모습이 파노라마가 되어 실경을 보는 듯 희로애락이 담겨 있다.</td></tr>
<tr><td colspan="3">작품 구성</td></tr>
<tr><td colspan="2"></td><td></td></tr>
<tr><td colspan="2">무의식</td><td>네잎클로버</td></tr>
<tr><td colspan="2">◈ 작품 스토리 구성
아직 열고 싶지 않아 망설이며 눈을 감고 있다.</td><td>◈ 작품 스토리 재구성
아… 나를 엄마로 만들어 준 아들! 태어난 날을 행운이 온다는 네잎클로버로 표현! 마지막 느낌, 서랍에 잘 간직하고 싶다.</td></tr>
<tr><td colspan="3">◈ 집단 공동체 치유와 성장점의 작품

우리들의 감추어 둔 비밀 서랍</td></tr>
</table>

집단 활동 시간을 통해 그동안 거의 들어 보지 못한 응원을 주고받으니 서로에게 힘이 되는 새로움을 경험했다. 어린아이에서 지금의 나로 보게 해주고, 최선을 다해 살아온 삶에 칭찬을 해준다. 집단원들이 마음의 열쇠를 선물하여 나만의 비밀을 담아둘 수 있는 금고를 가질 수 있어 좋았다. 서로를 보듬어 안아줄 수 있다는 게 어느덧 나와 집단원들이 성장해 가고 있음이 느껴진다.

◈ 집단 진행 중 공동체 치유와 성장점에 대한 통찰

A: 사랑스러운 딸이 어른이 된 날도, 아들이 국가의 부름을 받고 당당한 모습으로 경례하고 떠나던 날도, 인생은 내가 주인공이 되어 만들어나가는 드라마처럼 해피엔딩으로 잘 마무리 지어 보련다. 지금 현재 내가 이 자리에 있다는 것만으로도 감사하고 싶다.

B: 나에겐 소중한 추억의 비밀 서랍이 있었다. 서랍에는 아기자기한 비밀들이 들어 있음을 알았고, 비밀의 내면을 더 들여다보니 참 소중하게 잘 간직하고 있었다. 추억이 하나씩 나와 주어 고마워서 자연스럽게 미소가 지어진다. 집단원들과 소통하고 나누니, 비밀 서랍이 내 마음의 보물 상자였고, 내 인생을 서랍에 차곡차곡 담아가고 있음을 알게 되었다. 앞으로 고단함도 있겠지만, 견디어 내면서 소중한 가치가 있는 비밀 서랍으로 채워나갈 것이다. 비밀을 공유하면 자연스럽게 끈끈한 결속력도 생긴다는 것을 집단 활동을 통해 알게 되었다.

C: 테두리를 예쁘게 만들어 서랍을 만들었다. 비밀 서랍을 열 때 편안함을 얻고 싶어서 주변에 라인을 자연적으로 꾸몄다. 집단원들의 비밀 상자 안에 있던 다양한 사연들을 통해 긍정적이든 부정적이든 내 안의 감정과 맞설 용기가 생겼다. 공동체 작품을 합쳐서 만들어 보니 행복함, 편안함, 안도감이 들었다. 집단원들과의 합이 잘 맞아 감사하게 느껴졌다.

D: 스스로의 비밀 상자 안에 무엇이 있는지 살폈을 때 나는 스스로에 대한 불신, 과거의 사람들에 대한 미련, 두려움 같은 것들이 있었다. 집단 활동을 통해 알아차림을 한 가장 근본적인 것은 해낼 수 있을 거라는 긍정적인 생각, 모든 생각을 받쳐주면서 힘을 내고 있는 용기, 과거의 사람들에 대한 미련이 아닌 그들과의 좋은 추억과 기억, 무수히 많은 고민과 실패의 경험이 쌓여 만들어진 교훈들, 그 모든 것들 위에 존재하면서 외부의 무엇도 온전히 받아내는 나의 강인한 정신이 비밀 서랍에 담겨 있음을 알아차렸다.

| 나만의 비밀 서랍 – 기타 작품 |

(작품 1) 미해결 과제

(작품 2) 내 마음의 보물 상자

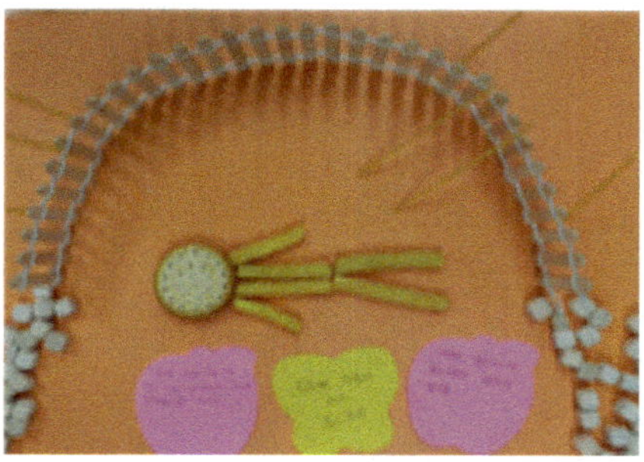

(작품 3) 내 마음의 울타리

(작품 4) 번호키

작품 1 집단 과정을 하던 중 나는 내가 아직도 귀에 꽂혀 있다는 것을 발견하게 된다. 겉으로는 괜찮다고 애써 부정하려고 했던 나의 모습은 아닌지 고민하게 됐다. 비밀 서랍을 열어보라고 했을 때 이제는 꺼내 놓고 해결하고 싶다는 마음이 커서 주저 없이 귀를 표현하게 되었다. 꾸미다가 갑자기 나도 모르게 터져 나오는 눈물에 작품을 마무리할 수 없을 지경까지 가게 되었는데, 진정을 하고 다시 작품을 마무리할 수 있었다. 다른 집단원의 이야기를 듣는 와중에도 이 말을 할까 말까를 고민하게 되어서 온전히 집중할 수가 없었다. 그러나 나의 미해결 과제를 해결하고 싶었고, 집단원들을 믿는 마음이 컸기에 용기 내어 이야기할 수 있었다. 작품을 꾸밀 때 눈물을 주체할 수 없었던 나와는 다르게 담담하게 이야기하고 있는 또 다른 나를 발견하게 되었다. 나의 이야기가 끝나고 엄마 잘못이 아니라는 집단원들의 말과 치료할 수 있음에 감사한다는 응원의 메시지, 엄마의 사랑과 노력에 박수를 보낸다는 지지에 한결 나의 미해결 과제가 해소된 느낌을 받았다.

작품 2 나는 하루의 일과를 걷기로 마음의 정화를 하며 마무리한다. 걷는 공간은 열린 공간이지만 자연과 소통하면서 나의 소중한 '시간의 공간'이기도 하다. 집단원들도 자신들의 공간에서 정신적인 휴식과 에너지를 충전하고 있음을 알았다. 오늘 비밀 서랍을 열어보면서 무수히 많은 스토리가 있음을 알았다. 양보, 배려, 편견, 받아들임 등등 비밀 서랍에 꼭 가두어 두기보다 앞으로는 나만의 것, 소중한 것은 가끔씩 꺼내 보아야 한다고 생각했다. 내가 소중한 만큼 타인을 대함에 있어 나의 편견을 조금씩 놓고 상대방을 주는 만큼 받아야 함을, 서로 느낌의 크기가 다른 것이라는 것을 깨닫게 되었다.

작품 3 얘기하지 못한 비밀스러움을 어떻게 꺼내어 표현할지 잠시 생각해 보았다. 많은 일로 지쳐 있는 내 모습을 꾸며 보았더니 많은 생각에 잠긴다. 서로 오해로 인한 비난과 내가 해야 할 일을 돌들이 쌓인 것들로 가득 차 있어 피곤하고 힘들어서 그냥 누워 있고 싶다. 이렇게 잠시나마 내게 시간을 주고 싶어서 누워 있는 모습을 표현했다. 집단원들이 다리를 만들어 울타리를 넘어가라고 만들어 준 게 인상 깊었다. 포스트잇에 "잠시 쉬자고, 그리고 일어나길 바란다"라는 응원에 감사하다.

작품 4 비밀이 담겨 있는 서랍을 나는 잊어버려 열 수 없는 자물쇠로 걸어 채웠다. 그랬더니 집단원들이 언제든 열 수 있도록 열쇠가 아닌 번호키를 만들어 주었다. 우리가 아는 '비밀'은 많은 의미를 담고 있는 것 같다. 믿음, 불안, 통쾌, 시원 등. 비밀의 서랍을 여는 순간 집단원 모두의 표정에서 시원하고 통쾌한 기분의 카타르시스를 경험하고 서로의 믿음이 전달되는 것만 같았다. '우리'라는 단어는 치유제의 효과를 지니고 있나 보다.

PART 3.

미래의 비밀 서랍

인간은 존재의 유한성과 허무를 인식하면서도 자신의 존재 가치와 힘을 발견하고 스스로 치유하는 능력을 지니고 있다. 행복과 불행은 외적 조건에 의해 결정되는 것이 아니라 내가 마음먹기에 달렸다는 의지를 강조하는 점이다. 나의 마음에 또 어떤 비밀을 간직하고 싶은지, 어떤 비밀을 서랍에 넣어 두고 싶은지, 나의 내면을 탐색해 본다. 무엇이 사실인가에서 어떻게 바라보는가의 관점의 문제로 대치된다. 과거의 부정적인 경험 때문에 부적응을 가져온다는 분석 대신 경험에 대한 주관적인 분석에 갇혀 있는 것으로부터 나올 수 있도록 관점을 재구성하는 것이다.

목표

① 미래의 비밀 서랍에 담아 놓고 싶은 나의 내면을 탐색해 본다.

② 현재도 진행 중인 나만의 비밀을 재조망해 본다.

③ 해결되지 않은, 걸린 것을 알아차림 한 후 잘 보관한다.

④ 해결하고 싶지 않은 소중한 비밀을 잘 넣어 두는 작업을 한다.

⑤ 집단과정에서 통찰하여 열린 마음을 잘 닫아 보기를 한다.

⑥ 미래의 비밀 서랍에 새로운 무언가를 잘 넣어 두고, 희망을 갖는다.

준비물

뻥튀기, 미니 초콜릿, 커피콩, 고래 피규어, 말린 꽃잎

활동 내용

① 잠시 눈을 감고 나의 내면을 들여다본 후 미래의 비밀 서랍에 넣을 새로운 것을 찾는다.
② 미래의 비밀 서랍에 새로이 담고 싶은 것을 정리한다.
③ 정리한 후 내면을 탐색한 후 마음 깊숙이 숨겨 두고 싶은 비밀을 구체화한다.
④ 비밀 서랍 안에 새로이 채워 넣고 싶은 것은 푸드로 만든다.
⑤ 집단원들에게 알리고 싶은 만큼만 나눈다.
⑥ 집단원들의 미래 비밀 서랍에 넣고 싶은 것과 버리고 싶은 것들에 대해 듣고 모든 것을 수용해 주고 지지와 격려를 보낸다.
⑦ 집단원들에 대한 새로운 비밀이 내 안에 또 다른 비밀로 있을 수 있음을 통찰한다.

TIP

사람은 누구나 자기만의 비밀 서랍이 있다. 사랑하는 사람, 배우자는 물론 신으로부터도 결코 간섭받고 싶지 않은 자기만의 비밀 공간이다. 무언가를 숨기고자 해서 갖고 있는 공간이 아니다. 나에게도 소중한 비밀 공간이 있듯이 집단원들 각자의 비밀 공간, 비밀 서랍을 서로 존중하고 존중받는 시간을 가진다. 그리고 스스로 열 때까지 기다려주는 시간이 필요하다. 기다리면 어느 순간 빛나는 보물이 별처럼 쏟아져 나올 수도 있을 것이다.

주제	미래의 비밀 서랍
작품 스토리 및 의미	인생은 누구나 소중한 것이고 아름다운 것이다. 내가 중요하게 여기는 의미가 무엇인지를 알며 내면을 자세히 들여다보고 있음을 표현하였다. 비밀을 꺼내니 내게 '소중하게 보관된 비밀이 많구나!' 비밀 서랍을 소중히 가꾸고 간직해야겠다.

작품 구성

흐트러진 마음	행복한 기억 금고
◈ 작품 스토리 구성 다섯 식구의 사랑이 나누어짐.	◈ 작품 스토리 재구성 스트레스가 쌓여 답답한 가슴의 응어리를 해결해 미래의 비밀 서랍에는 행복한 기억만 가득 담아 두고 싶다.

◈ 집단 공동체 치유와 성장점의 작품

집단원들의 비밀 이야기

집단 푸드 활동을 통해 저마다 풀어내는 비밀이 다양했다. 피드백 종이를 소중히 간직한 작품, 어린 나로 갇힌 나를 깨어버린 작품, 받아들이기 두렵지만 한 발짝씩 걷는 용기 있는 작품, 나를 사랑할 수 있기를 집단원들이 응원하는 작품을 통해서 저마다 미래의 비밀 서랍에 간직해 두었던 것을 열었을 때 의미를 준 것처럼 미래 서랍 안에 있는 무언가가 그리되길 웃음 지어 바라본다.

◈ 집단 진행 중 공동체 치유와 성장점에 대한 통찰

A: 마음의 복잡하고 답답한 슬픈 마음을 저 바다 밑에 있는 소금처럼 보이지 않는 비밀 서랍을 만들었다. 작은 막대로 스트레스를 겨우 풀고 있었는데, 집단원이 산소 호흡기로 숨쉬기를 표현해 줄 때는 가슴이 뭉클해서 숨 쉬는 것만 같았고, 천국 시온산을 바라며 소망의 마음을 담아준 분들에게 감사했다.

B: 가족이 흩어졌다가 함께 다시 산 지도 벌써 10년이 되어 간다. 하지만 마음의 상처는 치유가 되지 않았는지 조그마한 일에도 서운하고 서러운 마음이 불쑥 올라온다. 지금까지 살아온 삶이 대단하다며 머리에 티아라를 씌워 주니 세상을 다 가진 것 같다. 진심으로 내가 원하는 것은 이제 더 이상 가족들이 상처받지 않고 함께 행복했으면 하는 바람이다. 그러려면 나 자신이 먼저 아름답고 좋은 생각으로 하루하루 최선을 다해야겠다.

C: 관계를 어떻게 풀어갈지에 대해 고민하는 요즘, 누구에게 말할 수 없어서 혼자만 간직하고 있는 고민이었다. 그런데 집단에서 집단원이 나와 비슷한 고민을 하는 모습을 보면서 여러 가지 생각이 들었다. 가족이 당장은 함께하지 않지만 다시 함께한다는 부분에 대해 여러 가지 생각이 들었다. 그런데 작품 설명을 하면서 수컷 돌고래 피규어(남편)를 의식적으로 위로 올려주어 존중을 표현해 주었고, '한 곳을 바라보고 앞으로 나가면 아이들도 자연스럽게 따라오지 않을까'라는 말을 하는 나를 발견했다. 집단원들이 재구성을 할 때 사랑으로 가족이 한 곳을 보고 가면 될 것 같다고 하는 말을 들었을 때 집단원을 통해 나를 보고, 집단원을 통해 배우게 되는 것을 느끼게 되었다.

D: 집단원들이 나에게 준 메시지들을 언제든 꺼내 볼 수 있게 나만의 비밀 상자에 보관하는 마음을 나타내었다. 차가움 속에 숨어 있는 따뜻함을 표현하며, 나 자신을 조금 더 드러냈으면 좋겠다는 것을 알아차림 했다. 집단원들과 함께하면서 피드백을 통해 마음속 서랍은 부정적인 것이 아닌, 긍정적인 것을 담는 공간이라는 것 또한 깨닫게 되는 귀한 순간이었다.

| 나의 미래 비밀 서랍 – 기타 작품 |

(작품 1) 화수분 열쇠와 자물쇠

(작품 2) 나와의 약속

(작품 3) 마음의 부자

(작품 4) 차가움 속의 따뜻함

작품 1 주변 사람들의 피드백을 듣고 알아차림을 한 후 내 마음속에 간직했다가 언제든지 꺼내 보자는 표현으로 자물쇠와 열쇠를 표현했다.

작품 2 미래의 비밀 서랍에 넣어두면 힘이 될 만한 것은 하트에 근육질 팔을 만들었다. 강한 마음의 힘은 의지를 표현한 것이다. 나와의 약속을 지키기 위해서는 의지가 필요하고, 그것은 마음이 할 수 있다고 생각하면 된다고 생각하여 만들게 되었다.

작품 3 미래의 비밀 서랍에 오래 간직하고 싶은 것만 남겨두고 내가 무엇을 소중하게 여기고 있었는지를 재구성을 통해 알아차리게 되었다. 오늘 비밀 서랍을 닫으면서 나만의 것, 소중한 것을 새로이 가득 담아 마음의 부자가 되어야겠다.

작품 4 내가 소중한 만큼 타인을 대함에 있어 나의 편견을 조금씩 내려놓고 상대방에게 주는 만큼 받아야 함을, 서로 느낌의 크기만 다른 것이라는 것을 깨닫게 되었다.

3부

너에게로 가는 길

내 안에 네가 있고
네 안에 내가 있어

숨 쉴 수 있는 이유
하나만으로 충분하다.

-좋은 글 좋은 아침-

FOOD ART THERAPY
GROUP COUNSELING

CHAPTER

06

상대방에 대한 이해와 수용

1. 마음결 고르기: 푸드로 만들어 가는 관계도
2. 상대방에 대한 이해와 수용 증진: 관계 맺기
3. 집단원과 하나 되기

맞이하기

마음이 여유롭고 풍성함으로 가득 차는 가을! 힘들고 어렵고 답답한 일이 있어도 잠시 내려놓고 사랑하는 분들과 행복한 시간 보내시면 어떨까요? 이 시간 이후 '모든 일이 술술 풀리기'를 생각하며 맞이하기를 준비하였다.

모든일이 술술풀리는 기쁨속에서 피는 행복함을 누리자!

PART 1.

마음결 고르기: 푸드로 만들어 가는 관계도

마음결 고르기는 집단 푸드 활동 체험 전 준비가 이루어지는 과정이다. 워밍업으로 긴장을 완화하기 위한 바라보기와 호흡에 집중하기 위함이다. 마음결 고르기의 마음 가짐으로 편안한 호흡, 편안한 몸, 편안한 마음으로 긴장을 완화하고 내면에 집중과 몰입을 하여 존재감을 경험하기 위한 차분한 마음 상태의 결을 살펴본다.

목표

① 첫 만남의 시작을 관계도를 통해 상대방을 알 수 있다.
② 서로의 관계 맺는 방식에 대해 알아보고 상대방에게 어떻게 다가가는지 생각해 본다.
③ 낯선 사람과 친밀함을 맺는 관계도를 그리는 동안 관계 맺는 방법을 알고 마음결을 바라본다.
④ 낯선 타인과의 만남에 '나는 어떠한 마음으로 다가가는가?'를 알 수 있다.
⑤ 낯선 사람을 대할 때 나의 내면을 탐색한다.
⑥ 만나는 사람을 대하는 마음을 탐색해 본다.
⑦ 내가 타인을 대할 때 어떠한지 푸드로 표현한다.

준비물

쌀 튀밥, 밤, 대추, 부추꽃대

작품 활동 안내

① 처음 타인과의 관계를 어떻게 맺고 있는지 잠시 생각해 보도록 한다.
② 타인에게 다가가는 나의 방식을 푸드로 나타낸다.
③ 대추를 시작으로 첫 만남을 어떤 관계로 맞이하는지 쌀 튀밥으로 관계도를 표현하도록 한다.
④ 타인을 대할 때 나의 대처 방법을 표현하고 집단원들과 나눔을 한다.
⑤ 집단원들에게 필요한 부분을 푸드로 재구성해 연결해 주도록 한다.
⑥ 집단원들을 통해 나의 관계 맺는 방식을 통찰하고 새롭게 인식한 부분을 관계 맺는 방법에 대해 함께 이야기한다.

TIP

미음 열기는 마음을 치유하는 푸드 마음 여행 카드 20장을 통해 나의 내면을 탐색하고 내 안에 걸림돌이 무엇이며, 그 걸림돌이 누구로부터 시작되었는지 현대 사회에서의 구조적 갈등과 관계적 갈등을 탐색한다. "나는 나"와 "관계 속의 나"사이에 균형을 유지하면서 적절한 관계 맺기와 적당한 거리 두기를 적절하게 행한다.

<table>
<tr><td>주제</td><td colspan="2">마음결 고르기: 푸드로 만들어 가는 관계도</td></tr>
<tr><td>작품
스토리 및
의미</td><td colspan="2">내가 낯선 사람을 처음 만날 때 어떻게 하면 불편하지 않은 만남이 될까를 생각하며, 편안한 만남을 전제로 표현해 보았다. 다른 집단원들처럼 편하게 다가가고 다가올 수 있도록 마음의 빗장을 열어 두고 먼저 다가가기를 시도하고 먼저 말도 걸어 보고 싶다.</td></tr>
<tr><td colspan="3">작품 구성</td></tr>
<tr><td colspan="2">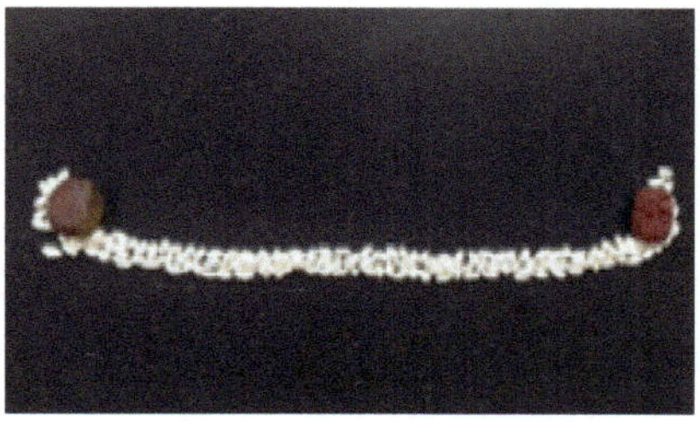</td><td>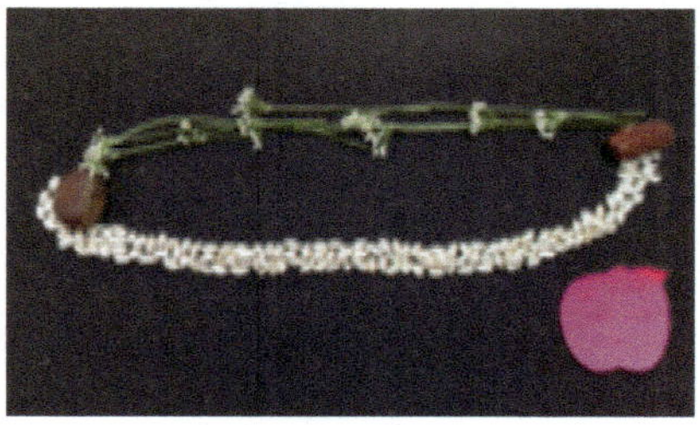</td></tr>
<tr><td colspan="2">◈ 작품 스토리 구성
낯선 사람에게 다가가려니 ‘잠깐 멈춤!’ 하여 잠시 서 있다가 앞으로 가고 있다.</td><td>◈ 작품 스토리 재구성
친밀한 관계 맺기를 위해서 부추꽃을 연결하여 편안하게 다가간다는 재구성을 하였다.</td></tr>
<tr><td colspan="3">◈ 집단 공동체 치유와 성장점의 작품

집단원의 관계 속의 치유</td></tr>
</table>

집단원 각기 성향이 달라서 표현하는 것도 가지각색이다. 신중하게 멀리 보고 탐색 후 친해지는 경우에는 시간이 걸리나 좋은 친구가 될 것 같다. 울타리를 치고 바라보고 나와 마음이 맞으면 내 사람이고 맞지 않으면 함께 못 하는 분도 있었고, 처음 만나는데도 진실하게 만나는 분의 작품도 보았다. 저마다 살아가는 이면의 모습이다. 각자의 삶에서 행복을 찾아가길 웃음 지으며 바라본다.

◈ 집단 진행 중 공동체 치유와 성장점에 대한 통찰

A: 낯선 사람을 바라보고 관찰하며 다가가는 나를 작품 구성하면서 알았다. 내가 힘든 시기에 친밀했던 친구의 이야기가 가슴 아팠던 기억으로 남아, 예전엔 불필요한 낯선 사람과의 만남을 종종 회피하기도 하였다. 집단원의 타인에 대한 경계심에 대해 들었을 때, 그때의 내 감정이 투사되어 '얼마나 힘들까?' 하는 생각에 가슴 아프고 뭉클하였다. 그러나 그런 마음도 시간 속에서도, 다른 사람을 통해서 위로를 받는다. 집단 활동을 통해서 앞으로 진중하게 타인의 감정을 잘 살펴보고 다가가야 함을 다시금 깨닫게 된다.

B: 처음 만나는 사람을 대할 때도 나는 스스럼없이 인사하는 편이다. 일단은 내 바운더리 안에서 처음 만나는 사람을 지켜보지만 마음속의 간격은 있는 것 같다.

C: 타인과의 어색함을 없애고 친밀감으로 다가가기 위해서는 나의 마음을 먼저 열어두고 상대방을 수용할 수 있는 마음보자기를 활짝 펴고 기다리는 마음이 진심으로 필요함을 알아차렸다.

D: 이쪽저쪽으로 이어진 여러 갈래 길처럼 서로를 맺는 인연은 실타래만큼이나 누구나가 연결이 된다. 모든 사람과의 만남은 인연이며 관계는 내가 어떻게 노력하느냐에 달려 있는 것 같다. 더불어 사는 사회이기에 혼자보다는 둘이 좋음이다.

| 푸드로 만들어 가는 관계도 – 기타 작품 |

(작품 1) 내 마음의 스탬프	(작품 2) 내 마음 여는 정도

(작품 3) 교집합	(작품 4) 두 마음

작품 1 처음 만나는 사람을 대할 때의 '나는 어떤 마음이지?'를 통찰해 보는 시간이었다. 검은 색종이에 쌀 튀밥과 대추라는 한정적인 재료를 갖고 작품을 만들었는데 집단원마다 다른 모양과 스토리가 나오는 것을 보고 놀라웠다. 옆에 앉은 집단원의 작품을 보고는 '사람을 지켜보는 데 오래 걸리지만, 길의 경계가 단단하지 않은 것을 보고 나의 경계에 대해 겉으로는 쾌활하고 친근하게 대하지만, 속마음은 내가 더 닫혀 있는 건 아닌가?' 하고 생각해 보게 되었다. 평소 모든 사람에게 두루두루 친근한 이미지로 다가서는 나…, 하지만 진짜 내 마음을 열어 보이는 사람은 정해져 있는 모습, 친한 사람들에게는 모든 것을 한없이 주고 이해하려 하는데 마음의 스탬프가 쌓여서 터지면 나의 바운더리 밖으로 내보내 단절을 하는 나의 모습을 보고 나의 대인관계 패턴을 다시 생각하게 되었다.

작품 2 처음 사람을 대할 때 살짝 관심과 애정으로 마음을 연다. 그리고 기다린다. 한편으로 서로 바라보고 머물기도 한다. 살아오면서 좋은 관계도 상처가 된 인간관계도 경험에서 터득한 나의 방식인 것 같다. 앞으로 좋은 관계를 맺기 위해 나를 표현하고 오해되는 일이 없도록 하려는 사랑하는 마음을 표현하였다.

작품 3 저는 사람과 사람 사이의 관계가 돈독해지고 오래가게 되는 비결은 '서로의 다름'과 '서로의 공통점'을 잘 아는 것이라고 생각합니다. 다툼이 있을 때에 '네가 틀리고 내가 맞아'가 아니라 '너와 나는 다르구나'를 깨달을 수 있을 때에 진정한 화해를 할 수 있는 것처럼 말입니다. 그래서 저는 이렇게 두 원이 겹쳐지고 그 교집합이 채워지는 형태를 표현해 보았습니다. 너에게로 가는 길, 그것의 처음은 너와 나의 교집합을 알아내는 일이라고 생각하기 때문입니다. '틀린 것'이 아니라 '다른 것'이라는 말은 이해하기는 쉽지만 마음으로 받아들이기엔 어려운 말이라고 생각합니다. 그래서 언제나 저것을 염두하고 살아가자고 다짐하는 저조차도 다툼이 일어나고 속이 상할 때면 다름을 이해하면서도 '나의 다름을 포용해 주지 못하는 상대의 잘못'이라고 생각해 버리기 때문입니다. 이번 작품을 만들면서 다시 한번 더 다름을 인정하는 것, 그리고 그 사이에서 서로의 공통점과 합의점을 찾아내는 것이 이루고자 하는 관계에 있어서 가장 중요함을 통찰하는 시간이었다.

작품 4 사람을 만난다는 게 왠지 쑥스럽다. 자신감도 없고 상대방이 나라는 사람을 어찌 생각할지도 모르기에 다가가기가 쉽지만은 않다. 그래서 내 마음이 사람을 만남에 있어 불안함에 두 마음으로 나타난다. 하지만 그건 내 마음이지 상대에 대한 배려는 아니다. '우리 만남은 우연이 아니다'라는 노래 가사와 같다면 얼마나 좋을까. 처음 사람을 만난다는 것에 대한 불안함이 앞선다. 그것은 아마도 어릴 적 기억에 의도치 않는 만남을 경험했기 때문인가 보다. 지금도 사람을 처음 만나면 나를 좋아할까 아니면 혹 싫어하진 않을까 하는 두 마음이 나를 머뭇머뭇하게 한다. 난 나이고 넌 너이기에 망설이지 말고 좋은 사람을 많이 만나련다. 내가 좋은 사람이 되면 되지 않을까 싶다.

PART 2.

상대방에 대한 이해와 수용 증진: 관계 맺기

인간은 독립적인 존재이면서도 늘 관계 속에서 살아가게 된다. 가족과의 관계, 친구들과의 관계, 직장 동료들과의 관계, 사회적인 관계 등 관계 속에서 자신의 정체성을 찾아가고 자신의 역할을 다하며 살아간다. 곧 사람이 사람답게 살아가는 것은 다른 사람들과의 관계 속에서만 가능하다. 타인에 대한 이해와 수용 정도가 얼마큼인지 특히 자신이 어떻게 관계를 맺고 있는지 관찰하고 형성된 관계 속에서 자신의 모습을 인식하고 통찰하는 것은 건강한 삶을 살아가면서 인격적으로 성장하기 위해서 꼭 필요한 과정이다.

목표

① 상대방의 마음을 들여다본 후 서로의 감정을 공유할 수 있다.
② 친밀한 관계를 위해 상대방의 마음을 살펴본다.
③ 상대방에 대한 이해와 수용을 증진한다.
④ 함께 공유하고 함께한다는 관계의 중요성을 새롭게 인식할 수 있도록 한다.
⑤ 공동체 의식을 갖게 한다.
⑥ 상대방의 내면 이야기 숨은 의미와 감정을 탐색한다.
⑦ 상대방에게 어떻게 다가가는지 생각해 본다.
⑧ 참여하는 집단원들의 마음을 이해하고 지지와 격려를 통해 친밀감을 증진할 수 있다.

준비물

솔방울, 조개껍데기, 소나무 가지, 종이, 방울토마토, 초코송이, 빼빼로, 항아리, 비틀즈

작품 활동 안내

① 큰 전지에 관계도 시작을 긍정적인 감정 표현으로 집단원 중 한 명이 시작한다.
② 구성원들의 단합과 화합의 시간으로 하고 싶은 말을 글로 써보는 과정을 통해 작품을 구성한다.
③ 내 마음의 빗장을 풀고 앞사람 말에 댓글을 다는 식으로 롤링페이퍼를 A-E 집단원이 함께 작성한다.
④ 내가 오늘 하고 싶은 얘기와 물어보고 싶은 말, 다른 사람의 주제에 연결할 수 있는 마음의 글을 서로 연결해 간다.
⑤ 집단원들이 써 내려간 롤링페이터를 보고 불편한 마음을 감정으로(포스트잇) 써서 재구성을 한다.
⑥ A의 시작 멘트와 마지막 멘트의 의미를 알아차림 하고 집단원끼리 지지와 격려를 해준다.

TIP

상대방에 대해 무조건 존중과 수용을 하기는 어려운 일이다. 관계에 있어서 객관적이고 전문적인 이해 능력이 있어야 하며 언어적, 비언어적 메시지를 파악하는 공감적인 능력 또한 있어야 한다. 우리는 혼자서는 살 수 없기 때문에 관계 속에서 나타나는 자신의 모습을 알아차림 해본다.

<table>
<tr><td>주제</td><td colspan="2">상대방에 대한 이해와 수용 증진</td></tr>
<tr><td>작품
스토리 및
의미</td><td colspan="2">내 마음의 빗장을 풀고 앞사람 말에 댓글을 다는 식으로 완성된 집단원과 함께 작성한 롤링페이퍼 집단원들이 돌아가며 롤링페이퍼를 작성했다. 날씨 이야기를 시작으로 "사랑합니다"라는 말이 나오기까지의 과정이다.</td></tr>
<tr><td colspan="3">작품 구성</td></tr>
<tr><td colspan="2">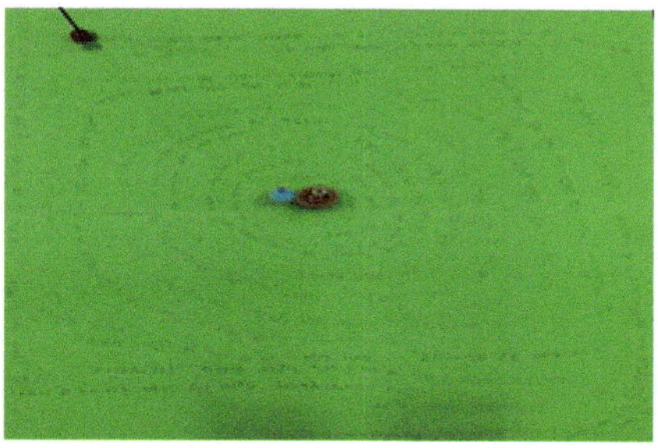</td><td></td></tr>
<tr><td colspan="2">◈ 작품 스토리 구성
다섯 집단원에 스토리텔링을 시작한다. 앞사람의 글에 댓글을 다는 형식으로 써 내려감.</td><td>◈ 작품 스토리 재구성
왠지 공허하게 느껴져 무언가로 채워넣고 따뜻한 한마디를 적었다.
"우리 함께 여행가요."</td></tr>
<tr><td colspan="3">◈ 집단 공동체 치유와 성장점의 작품

집단원의 말 이어 가기</td></tr>
</table>

롤링페이퍼를 돌아가면서 작성하다 보니 내 글에 어떤 댓글이 달릴지도 기대되고, 집단원들이 함께하면서 내가 생각지도 못한 기발한 멘트들을 보게 되면서 마치 중·고등학교 때로 돌아간 듯 다 함께 웃고 떠들었던 즐거운 시간이었다. 가능하면 "라떼는 말이야…"와 같은 꼰대 멘트를 사용하지 않으려고 어떻게 하면 한 줄을 재미있게 써볼까? 하는 생각을 하였고, 20대의 기발한 멘트를 보면서 흐뭇한 마음과 언니들의 멘트를 보고는 뭉클한 마음도 들었다. '나도 혼자 잠시 가을을 느끼고도 싶다'라는 말이 가장 마음에 와닿았는데, 혼자 훌쩍 떠나서 쉬고 싶은 나의 마음인 것 같다.

◈ 집단 진행 중 공동체 치유와 성장점에 대한 통찰

A: 자연스러운 말로 시작하면서 서로의 마음에 대한 이야기나 가벼운 일상생활의 얘기를 하면서 글을 썼다. 집단원 전부가 한 집단원이 참여를 하지 못할 때 챙기고 싶은 마음으로 다들 자연스럽게 대해 주었다. 이것을 보면서 집단상담에서 다들 하나가 되는 것이 느껴졌고 보이지 않는 따스함이 느껴져 마음이 편안해지고 기분이 좋아졌다. 그리고 불편한 마음과 긍정적 마음이 고르게 나온 것을 보아 알맞게 마음을 나누고 있다고 생각했다.

B: 롤링페이퍼에 "혼자 여행 다니는 게 좋은데…"라는 문구가 유독 눈에 띄었다. 왜 그런지는 모르겠지만 '혼자'라는 단어가 나에겐 자유, 편안함을 연상시킨다. 그러나 갑자기 외로움이란 감정이 떠오르게 된 순간이었다. 내면에 숨겨져 있던 감정을 느끼게 되는 시간이었다.

C: 처음 해보는 롤링페이퍼 집단 활동에 다양한 연령대가 같이 말을 이어간다는 게 색깔이 많이 다름을 알았다. 나도 주제에 맞는 말보다는 하고 싶은 말을 하고 있다는 것을…. 내가 사람들을 만날 때, 대화할 때의 나 자신을 돌아보게 되었다. 집단 활동은 어느 순간 여행 이야기로 하나가 되고 함께 여행을 가는 이야기꽃을 피우고 사랑과 감사로 마쳤다. 기억에 남는 추억으로 마음에 남을 것 같다.

D: 우리 집단원들은 20대부터 50대까지이다. 지금은 함께하고 있는 이 시간이 아주 고맙고 어린 친구들과 한 공간에서 함께 서로의 감정을 느낄 수 있음이 더욱더 소중하고 귀한 시간이다. 여행이란 단어는 긍정적으로 다가와 따사로운 가을을 느끼면서 익어가는 가을 여행을 떠나고 싶다.

| 상대방에 대한 이해와 수용 증진 – 기타 작품 |

(작품 1) 추억 여행

(작품 2) 내면의 감정

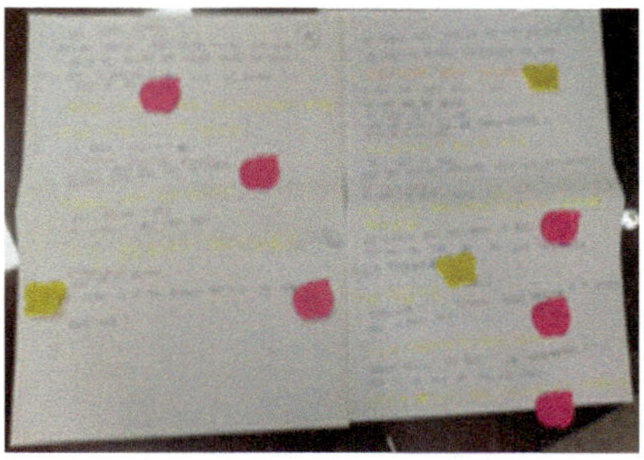

(작품 3) 두리안의 맛

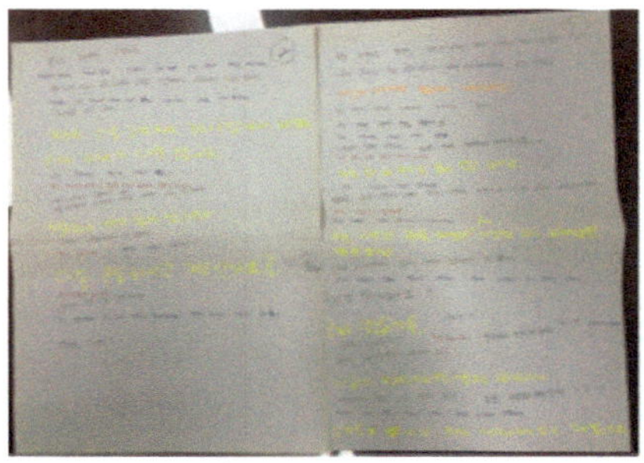

(작품 4) 따스한 마음

작품 1 롤링페이퍼를 통해 집단원들이 한 명씩 순서대로 돌아가며 전하고 싶은 말 그 말에 말을 이어가기를 했다. 오늘 아침 날씨로 기분이 좋다는 말로 출발하였다. 처음 해보는 롤링페이퍼 집단 활동에 다양한 연령대가 같이 말을 이어 가는데 색깔이 다르게 나오기도 했다. 나도 주제에 맞는 말보다는 하고 싶은 말을 하기도 했다. 내가 사람들을 만날 때, 대화할 때 나 자신이 이렇게 하기도 하는 부분도 있나 살펴보게 되었다. 집단 활동은 어느 순간 여행 이야기로 하나가 되고 함께 여행을 가는 이야기꽃을 피우고 사랑과 감사로 마쳤다. 기억에 남는 추억으로 마음에 남을 것 같다.

작품 2 "처음 하는 이 시간이 기뻐요."라는 글에 공감하여 나는 하트로 표시하였다. 계속된 집단원이 써 내려간 롤링페이퍼 중 "저는 혼자 여행 다니는 게 좋은데…"라는 문구가 유독 눈에 띄었다. 왜 그런지는 몰라도 내 마음에 '혼자'라는 단어가 나에겐 자유, 편안함을 연상시킨다. 그러나 한편으로 갑자기 외로움이란 감정이 떠오르게 되었다. 집단의 역동과 내면의 깊이 자리하고 있는 무언가를 느끼는 시간이었다.

작품 3 서로 마음의 바톤을 주고받으면서, 때로는 잠시 생각의 시간을, 때로는 민첩하게 받아내는 감정의 릴레이를 협동해서 완주했다는 느낌을 받았다. 롤링페이퍼 작업을 통해서는 '두리안'이라는 문구가 마음에 와닿았다. 두리안이 천국의 맛, 지옥의 냄새를 지녔듯이 사람과의 관계에서도 양면의 마음을 잘 들여다보아야 함과 서로의 마음결을 골라 주는 의미 있는 시간이었다. 지금의 나는 잠시 정체된 멍한 상태임을 알고 있으니, 나와의 친밀을 위해서 "그래! 그래도 잘살고 있다."라고 말하고 스스로를 다독여본다.

작품 4 집단원들과 자유로운 얘기를 하면서 마음을 이해하려고 노력하였다. 자연스러운 말로 시작하면서 서로의 마음에 대한 이야기나 가벼운 일상생활의 얘기를 하면서 글을 썼다. 각각의 이야기들에서 스스로 느껴지는 부정적인 (불편한) 감정이나 긍정적인 감정을 적으면서 피드백을 해보았다. 집단원 전부가 한 집단원이 참여를 하지 못할 때 챙기고 싶은 마음으로 다들 자연스럽게 대해주었다. 이것을 보면서 집단상담에서 다들 하나가 되는 것이 느껴졌고 보이지 않는 따스함이 느껴져 마음이 편안해지고 기분이 좋아졌다. 그리고 불편한 마음과 긍정적 마음이 고르게 나온 것을 보아 알맞게 마음을 나누고 있을 거라고 생각했다.

PART 3.

집단원과 하나 되기

우리나라는 문화적으로 학연이나 지연에 대해 많은 애착을 갖는 경우가 있다. 그것은 무언가를 함께 공유했다는 공동체 의식 때문이라 생각되며 그것을 부정적인 것으로만 치부할 필요는 없다. 오히려 같은 공간에서 함께 있었다는 느낌은 강한 결속력이나 수용과 이해의 폭을 넓히기도 한다. 또한, 자신이 속해 있는 집단에 대한 이해는 집단원들에게 유익한 정보를 제공하기도 한다. 자신이 속해 있는 집단원들의 특징과 장점 등을 서로 나누고 찾아보면서 집단원에 대한 감사함을 느껴본다.
효과적인 반응의 예: 사이가 가까워진다. 고마운 생각이 든다. 살맛이 난다.

목표

① 첫 만남에 있어 나는 어떤 대처 방법을 사용하는지 알아본다.
② 집단원과 하나 되는 마음을 생각해 공동체 의식을 갖게 한다.
③ 타인과의 관계 맺기를 위해서 나에게 무엇이 필요한지를 알아본다.
④ 처음 사람을 만났을 때 나는 어떤 행동을 취할 수 있을까를 탐색해 본다.
⑤ 함께 공유하고 함께한다는 관계의 중요성을 새롭게 인식할 수 있도록 한다.
⑥ 낯선 사람을 대하는 태도와 스스로 다가가는 법을 알 수 있다,

준비물

나뭇가지, 초코볼, 장독대, 야생화, 당근, 삶은 달걀, 콩, 새송이버섯, 강아지풀, 질경이, 들풀, 전지, 소금

작품 활동 안내

① 타인과의 첫 만남에 대해 내 느낌은? 자신의 성격이나 성향에 대해 생각해 본다.
② 처음 본 사람과 친밀감을 표현할 때 주로 하는 말이 무엇인지 자신을 돌아본다.
③ 말로 하든지 표정으로 때론 행동으로 나를 탐색한 후 첫 만남의 장면을 푸드로 표현하도록 한다.
④ 표현한 작품에 대해 나눈 후 집단원들의 작품 활동 중에 어떤 느낌이 들었는지 무슨 생각을 했는지를 이야기한다.
⑤ 집단원 중 마음에 든 대처 방법에 대해 지지와 격려를 보낸다.
⑥ 새로운 방법에 대해 재구성 후 집단원들과 나누기를 한다.

TIP

생명 중심 사상의 핵심으로 생명 존중과 생명 지킴을 다하기 위한 나눔과 실천을 해보고 집단 상담에 있어 결손력을 다지는 시간을 가져본다. 자신을 낮추지도 말고 타인을 주눅 들게 하지 않으면서 생명력을 살리고 기를 살려낼 수 있어야 한다.
아하, 이런 내 모습이 있었구나! 자기를 살리는 식의 표현과 타인도 함께 살려내는 표현을 해야한다.

주제	집단원과 하나 되기
작품 스토리 및 의미	집단원 중에 오늘이 생일이라 생일 케이크를 가운데 두고 작품을 이어갔다. 햇빛을 비추고 사랑 구름에 풀 꽃다발을 만들어 주었다. 작품으로 표현을 예쁘게 할 수 있어서 기분이 좋았다. 메마른 내 마음도 예쁘게 펼쳐지는 모습을 그려 본다.

작품 구성

함께하고픈 힐링

감사

◈ 작품 스토리 구성

함께 만드는 우리들의 힐링 공간이다.

◈ 작품 스토리 재구성

함께하는 집단원의 깜짝 생일 축하 파티

◈ 집단 공동체 치유와 성장점의 작품

생일 축하 파티로 하나 된 우리

케이크에 촛불을 켜고 생일을 축하해 주었다. 생일인 집단원의 마음이 감동된다고 쑥스럽게 진심을 담아 감사 인사를 꺼냈다. 서로 집단 활동을 함으로써 감정을 공유할 수 있어 감사했다. 집단원들이 들풀과 꽃잎으로 우리들의 힐링 공간을 만들었다. 배 위에서, 숲속에서, 꽃밭에서, 노을 앞에서, 대나무숲에서 힐링을 하였다. 나도 집단원과 함께할 수 있음에 가을의 풍성함을 느낀다.

◈ 집단 진행 중 공동체 치유와 성장점에 대한 통찰

A: 작품을 꾸미면서 너무 즐겁고 생각만 해도 좋았다. 생각해 보니 작품 속의 나처럼 해본 적이 언제인지 기억이 나지 않음에 또 놀라웠다. 작품을 만들고 다음 날 점심을 먹고 공원으로 나가 보았다. 작품 속의 나처럼 자연 속으로 하나 됨이 조금은 어색하고 낯설었지만 마음을 먹고 시도해 보니 힐링이라는 것이 큰 것이 아니구나! 잠시 짬을 내서 이렇게 있어도 내 안에 생명력이 다시 차오름을 느끼게 되었다.

B: 집단원이 준비한 케이크가 우리 작품과 어우러져서 너무 뿌듯했다. 집단 과정 초기 우리가 이렇게 친밀해질 것이라고는 예상하지 못했는데… 한마음으로 한자리에서 웃고 함께 하는 우리의 모습… 이번 집단 과정을 통해서 나는 우리 집단과 더욱더 가까워진 마음이었고 나만의 힐링 정원과 모두 연결되어 있다고 생각하니 든든한 마음이 들었다.

C: 집단원들 서로가 아껴주는 것을 알고 있었는데 생각보다 더 많이 아껴주고 있는 것을 깨닫게 되었다. 이 집단에 있으면 편안하고 점점 재미가 있는 게 느껴져 좋았고 나도 긍정적인 기운을 내뿜는 집단원이 될 수 있으면 좋겠다는 마음이 들었다.

D: 불교에서 사람과 사람의 만남은 만 번 이상을 스쳐서 만난다고 했듯이 많고 많은 사람 중에 오늘 나와의 만남을 통해 크나큰 인연이 되었으니 이 만남을 소중하게 여겨 서로의 살아온 세월을 이야기하고 싶다.

| 집단원과 하나 되기 – 기타 작품 |

(작품 1) 편안하고 싶은 마음

(작품 2) 조화로운 하나 되기

(작품 3) 스치는 인연의 소중함으로 하나 되기

(작품 4) 다르게 받아들임과 하나 되기

작품 1 스트레스는 쌓아 두지 말고 바로 정리하여 편안하고 싶은 마음이 작품에 나왔음을 알았다. 지금은 나만의 다른 스트레스 해소법을 찾는 중이다. 푸드 작품을 보면서 편안한 마음으로 행복하게 살고 싶음을 또 확인하게 되었다.

작품 2 타인과 조화롭게 관계하기를 원하는 내 마음을 담아 어색함을 놓고 편안한 분위기에서 시작하고 싶은 마음을 담아 보았다.

작품 3 요즘 마음이 복잡하여 스트레스를 해소하고 싶은 욕구가 있다. 나와 연결된 인연들이 소중하다는 것을 더욱 느끼게 된다. 현재 집단원들이 주는 정서적인 지지와 격려가 마음의 큰 위안이 된다.

작품 4 나만의 방식을 타인에게도 적용하려는 나를 반성하게 되었으며, 상대가 나에게 다가오는 방식이 틀린 게 아니라 다르다고 받아들일 수 있는 시간이 되었다.

CHAPTER

07

우리들은 마음밭의 정원사

1. 마음결 고르기: 내 안에 너와 우리가 있다.
2. 스토리텔링: 우리는 구성작가!
3. 우리들의 휴식 공간

PART 1.

마음결 고르기: 내 안에 너와 우리가 있다

마음결 고르기는 집단 푸드 활동 체험 전 준비가 이루어지는 과정이다. 워밍업으로 긴장을 완화하기 위한 바라보기와 호흡에 집중하기 위함이다. 마음결 고르기의 마음가짐으로 편안한 호흡, 편안한 몸, 편안한 마음으로 긴장을 완화하고 내면에 집중과 몰입을 하여 존재감을 경험하기 위한 차분한 마음 상태의 결을 살펴본다.

목표

① 마음결 고르기를 통해 지금 나의 마음 상태를 살피고 보살피기를 한다.

② 좋아하는 마음과 싫어하는 마음의 상태와 마음결을 연결 지어 진실한 마음의 소리를 들어 본다.

③ 낯선 모습 안에 있는 나와 친밀감을 함께 수용해 주고 바라봐 주기를 한다.

④ 내가 타인과 친밀함을 받아들이는 과정을 탐색하는 가운데 관계 속에서의 나의 모습을 통찰할 수 있다.

⑤ 집단원의 서로 다른 관계 맺기를 통해 싫은 감정과 좋은 감정 속에서 나의 마음밭을 찾아내고 열린 마음으로 받아들이기와 해냄을 확인한다.

⑥ 집단원들과의 역동 속에서 나의 마음밭과 집단원들의 닮은 점과 공통점을 수용하고 잘 받아들이기를 통해 서로의 마음밭을 보아주고 찾아주기를 한다.

⑦ 마음 상태를 순간순간 알아차림 하는 마음밭의 정원사가 될 수 있도록 한다.

⑧ 선택할 작품을 구성할 때라도 생각의 흐름을 놓치지 않고 에너지를 모아 본다.

⑨ 자신을 먼저 돌보고 주변 사람과의 관계로 그리고 내가 속한 집단원과 사회에 알아차림을 끌어내는 방법을 알 수 있다.

⑩ 우리 모두는 알아차림의 씨앗을 갖고 있음을 알고 물을 주어야 한다는 것을 실천할 수 있다.

⑪ 집단원의 작품 안에서 어색함이나 불편함이 보이면 그 안에서 자신의 모습과도 적용해 볼 수 있다.

⑫ 타인과 관계 맺는 방식에서 자신의 마음에서 버려야 할 것, 간직해야 할 것을 정리할 수 있다.

준비물

테이블보, 다과, 포도즙, 당근, 감태, 약과, 꿈틀이, 꽃잎, 나뭇잎, 쟁반, 물, 꽃잎, 향초, 차.

작품 활동 안내

① 짝꿍을 정한 후 내 안에 있는 모습 중 짝꿍과 유사한 모습을 찾아본다. (2인 1조, 4인 1조)

② 짝꿍과 유사한 점을 표현하면서 너와 내가 함께 떠나는 마음의 여행 기분으로 작품을 구성한다.

③ 짝꿍 맞이하기를 한다. 나와 공통된 밝은 면과 사색하는 면을 찾아주고 다르지만 공통점을 찾는 과정에서 동행의 시간을 갖는다.

④ 서로의 맞이하기 작품에 대해 소중한 부분을 공개할 때 집단원들은 적극적인 지지와 격려를 할 수 있도록 한다.

⑤ 나에게 싫은 마음을 받아들이는 과정을 탐색하는 가운데 관계 속에서의 나의 모습을 통찰하도록 집단원들이 조력한다.

⑥ 짝꿍이 구성한 작품 속에서 닮은 점을 찾아내고 열린 마음으로 받아들이기와 해

냄을 확인한다. 예) 당신 안에 이런 모습이 보여요.

⑦ 짝꿍들의 작품을 보고 긍정적인 마음으로 강점을 찾아준다.

⑧ 집단 역동 속에서 나의 모습과 닮은 점에 대한 다름을 수용하고 잘 받아들이기를 할 수 있도록 한다.

⑨ 집단원들이 서로 지지와 격려를 하도록 장을 활발하게 한다.

⑩ "내 안에 있는 열정이 당신 안에도 빛나는 모습으로 환하게 보입니다."라고 메시지를 전달한다.

⑪ 재구성을 한다. 2인 1조 짝꿍끼리 작품 안에서 발견한 공통점, 서로 맞장구친 공통점을 이야기한 후 함께 재구성하여 성장하는 시너지 효과를 낼 수 있도록 한다.

⑫ 함께 구성된 열정과 소통을 통해 하나의 작품으로 완성한다.

TIP

우리들은 마음밭의 정원사

대부분의 사람들은 복잡한 도시를 떠나 산 좋고 물 좋은 곳에 전원주택을 지어 여유롭게 살고 싶어 하는 마음속의 소망을 지니고 있다. 넓은 마당에 푸른 잔디를 깔고 계절마다 알록달록 꽃과 나무를 심어 예쁜 정원을 가꾸며 멋있는 인생을 즐기며 살고 싶어 한다. 그런데 실제로 전원생활을 하다 보면 그게 말같이 쉽지 않다는 사실을 알게 될 것이다. 조금만 게으름을 피워도 잡초들이 무성해져서 잡초 밭으로 변해 버린다. 꽃이나 나무들도 계속해서 잡초를 제거해 주어야 하고 가지치기를 해주지 않으면 뒤죽박죽 볼품없는 모양이 된다. 급기야는 푸른 잔디밭의 마당을 갈아엎고 시멘트로 뒤덮는 경우도 생긴다. 결국 아름다운 정원을 감상하며 멋있는 삶을 살기 위해서는 쉼 없이 관심을 갖고 부지런해야 하는 것을 알 수 있다.

우리의 마음도 전원주택의 정원과 같다. 아름다운 정원을 만들기 위해 부단한 노력과 수고가 들어가는 것처럼 우리의 마음도 평생 잘 가꾸고 다듬어야 한다.

주제	마음결 고르기: 내 안에 너와 우리가 있다.
작품 스토리 및 의미	집단원과 나의 공통된 부분을 발견하는 과정에서 짝꿍과 내가 같이 떠나는 심리 여행을 떠나는 기분으로 작품을 구성해 보았다.

작품 구성

짝꿍과 닮은 활기찬 꿈틀이와 음표

짝꿍과 연결된 작품

◈ 작품 스토리 구성

집단원의 밝고 활기찬 모습이 나와 닮아 보여 꿈틀이로 꿈틀대는 활기와 음표로 밝음을 표현했다.

◈ 작품 스토리 재구성

내 짝꿍은 밝은 모습 뒤에 사색하는 모습이 나와 닮았다고 하였다. 고개가 끄덕여졌고, 그런 닮은 모습을 연결하여 재구성하였다.

◈ 집단 공동체 치유와 성장점의 작품

집단원과 함께 떠나는 심리 여행 안에 나와 너와 우리가 있다.

내 안의 풀리지 않는 숙제를 안고 있으니 참으로 답답하고 힘들다. 그냥 단순하게 살고 싶다. 하지만 그런 모습보다 그렇지 않은 모습을 더 보여주며 살고 있다. 그런데도 '고단하지 않은 인생은 어디에도 없다' 생각하며, 나를 다독여 본다.
집단원들의 지지의 말들이 정말 고맙고 감사했다. 나와 공통된 밝은 면과 사색하는 면을 찾아주고, 다르지만 같음에 나의 응원군을 얻은 기분이 들었다. 오늘의 집단 프로그램은 내게 잊을 수 없는 추억의 사진첩이 될 것 같다.

◈ 집단 진행 중 공동체 치유와 성장점에 대한 통찰

A: 다른 집단원 팀은 화려함이 보여 서로 통해서 응집력이 보였고 그것을 알아내는 것이 조금은 신기했다. 같은 집단상담을 하면서 서로에 대해 많이 이해하고 파악해서 서로가 보이는 것이 느껴졌다. 그리고 서로 알아보고 이해하고 수용하는 느낌이 같이 의지할 수 있고 함께하는 마음의 방이 생긴 것 같아서 기분이 좋았다.

B: 남을 먼저 배려하는 마음은 바로 나의 존재를 깨닫게 만드는 일이다. 더불어 잘사는 지름길은 배려와 베풂이 필요함을 알게 한다. 다른 이의 존재가 있기에 내 존재가 빛이 나듯 오늘은 나보다 너를 먼저 생각하고 의미를 찾으려고 하니 좀 더 성장한 느낌이 든다.

C: 집단원들의 손은 마술을 부리듯 나뭇잎 하나만 보자기에 덩그러니 올려놓아도 동기 부여가 되고 마음을 채우는 작품 세계가 된다. 즉흥적으로 주제를 정하고 자기의 기분마저도 음식으로 활용을 하면서 글이 아닌 말이 스토리가 되어 회기를 마칠 때마다 모든 게 소중함을 알아차린다.

D: 짝꿍의 마음결을 보면서 소반에 물을 담아 원하는 꽃잎을 띄우고 받아들이기와 찾아 들어가기로 서로의 해냄과 서로 맞이하기로 긍정 전환을 하였다. 같은 작품 속에 나와 짝꿍에 대한 꽃의 느낌 말하기는 스며드는 꽃향기가 마음을 편안하게 하였다. 상대의 분홍 꽃잎을 보며 사랑이란 느낌이 들었다. 마음 안에 사랑을 꽃 피우고자 하는 것처럼 느꼈다. 나도 처음에 선택하려 했던 게 분홍 꽃잎이었는데, 이야기꽃을 피우는 사이 하나로 연결된 작품을 통해 서로를 맞이하고 받쳐 주는 가운데 어느덧 쉼과 힐링이 되고 있었다.

| 마음결 고르기: 내 안에 너와 우리가 있다 – 기타 작품 |

(작품 1) 초롱초롱 싱그러운 짝꿍 마음

(작품 2) 싱그러움과 짠 내음의 마음 연결

(작품 3) 자몽 껍질 안에 표현된 여유로움

(작품 4) 그리움 안에 물든 여유로움

작품 1 자세히 보면 꽃잎에 물방울이 맺혀 있다. 한 방울의 물방울 때문에 초록 잎이 더 초롱초롱 빛이 난 것 같다. 싱그러움이 나와 짝꿍에게 있는 마음이다.

작품 2 주는 즐거움과 받는 즐거움으로 편안함이 느껴진다. 하나를 둘로 만드니 모양이 이쁘다. 표주박의 잎새는 자연스레 떨어지는 낙엽으로 자연의 아름다움을… 의자에서 바라보고 있는 어떤 이의 넓은 바다 내음마저도 조화를 이루고 있다.

작품 3 자몽 껍질에 초를 담아 띄움으로써 배를 표현했으며 서로가 공통으로 필요하다고 느끼는 여유로움을 함께 표현해 보았다.

작품 4 작품의 의도는 '그리움'이었다. 짝꿍은 작품을 보며 '깊은 연못에서 숨 쉬는 나'라는 문구가 떠올랐다고 한다. 처음엔 의문이 들었지만 생각해 보니 하루하루 바쁘게 생활하는 내 모습이 스쳐 지나가며 어떤 뜻인지 이해하게 되었다. 짝꿍 또한 자신의 여유로운 모습을 보고 싶은 마음이 통했다고 하였다. 짝꿍과 서로 연결된 작품 안에 가끔은 여유를 가져야겠다는 통찰을 할 수 있었다.

PART 2.

스토리텔링: 우리는 구성작가!

【구성】

작품을 구성하기 전에 생각나는 동화에 대해 집단원과 함께 이야기를 함께 나눈다.

예: 콩쥐 팥쥐, 해와 달, 선녀와 나무꾼, 백설 공주 등 패러디하고 싶은 동화책을 선정한 후 책 내용에 대해 집단원과 이야기를 나눈다. 내용 중 집단원이 패러디하고 싶은 주제를 정할 수 있도록 하고, 푸드로 패러디를 하도록 한다. 작품 구성한 후 표현된 작품에 관한 내용을 서로 나누는 과정을 통해 스토리텔링을 한다.

【재구성】

추가하고 싶은 내용이나 덜어내고 싶은 곳을 집단원에게 묻고 작품을 재구성한다. 재구성할 때는 푸드를 활용하여 추가하거나 피규어를 놓아서 재구성하고, 재구성한 부분에 대해서 피드백을 주고받는다. 전체적인 작품에 대한 스토리텔링을 한다.

작품의 완성도를 위해 추가하고 덜어낸 후 전체적인 느낌을 집단원과 함께 나눈다.

목표

① 집단에서 다루고 싶은 주제를 깊은 이해로 받아들이고, 찾아 들어가기, 받아내기와 해냄을 확인할 수 있다.

② 관심 있는 주제를 담은 동화책 내용에 대해 새롭게 바라보고 주제를 패러디화하

여 집단원의 친밀감을 함께 수용해 주고 바라봐 주기를 한다.

③ 패러디 주제를 다루는 가운데 집단원의 역동을 면밀하게 살펴보고 해결되지 않고 걸린 것을 꺼내어 흘려보낸다.

④ 동화 속의 내용을 전혀 다른 내용으로 집단원이 함께 재구성해 본다.

⑤ 구성한 내용을 푸드로 재구성하고 스토리를 지혜로 통찰한다.

⑥ 모든 집단원과의 역동 속에서 나의 모습과 너의 모습을 볼 수 있도록 해냄을 확인한다.

⑦ 집단원이 구성하는 작품 안에서 어색함이나 불편함이 보이는 주제 안에서 나의 모습과도 적용해 본다.

⑧ 푸드를 활용하여 동화를 재구성하는 가운데 타인과 관계 맺는 방식에서 마음에서 버려야 할 것, 간직해야 할 것을 정리한다.

준비물

스토리텔링과 관련된 주제의 동화책, 당근, 오이, 만쥬빵, 커피가루, 건빵, 꽃잎, 울타리, 버섯, 소금, 색지, 버터와플, 웨하스, 약과, 파스타면, 마이구미, 당근, 브로콜리, 상추, 커피콩, 밤, 꽃잎, 나뭇잎.

작품 활동 안내

① 집단에서 다루고 싶은 주제를 함께 선택한다.

② 관심 있는 주제를 담은 동화책 내용을 집단원과 함께 공유한다.

③ 공통된 주제를 정한 후 구성하고자 하는 내용을 집단원과 나눈 후 푸드를 정한다.

④ 구성작가가 되어 동화 속 스토리를 집단원과 함께 재구성하면서 푸드로 작품을 만든다.

⑤ 구성한 내용을 푸드로 재구성하고 스토리에 대해서 나눔을 한다.

⑥ 구성작가로서 집단원과의 역동 속에서 내 모습과 너의 모습을 볼 수 있도록 서

로 지지와 격려를 하는 가운데 해냄을 확인한다.

⑦ 집단원이 구성하는 작품 안에서 추가하고 싶은 내용은 푸드로 재구성하고 스토리텔링하여 작품 내용의 완성도를 향상할 수 있도록 한다.

⑧ 푸드를 활용하여 동화를 재구성하는 가운데 타인과 관계 맺는 방식에서 마음에서 버려야 할 것, 간직해야 할 것을 정리한다.

⑨ 구성작가가 되어 패러디한 동화 속의 한 장면을 스토리텔링한다.

TIP

'결'

오늘도 결대로 흘러갑니다.

억지를 쓰거나 왜곡하거나 부풀리지 말고 있는 그대로.

순리대로 가다 보면 결 고운 우리가 거기 있을 것 같습니다.

-장요원-

<table>
<tr><td>주제</td><td colspan="2">스토리텔링: 우리는 구성작가!</td></tr>
<tr><td>작품 스토리 및 의미</td><td colspan="2">선녀와 나무꾼의 이야기를 패러디하여 '수갑 든 선녀와 나뭇꾼이 사랑에 빠지다' 라는 제목과 이야기로 꾸며 보았다.</td></tr>
<tr><td colspan="3">작품 구성</td></tr>
<tr><td colspan="2"></td><td></td></tr>
<tr><td colspan="2">선녀와 나무꾼</td><td>경찰관인 선녀와 나무꾼의 사랑</td></tr>
<tr><td colspan="2">◈ 작품 스토리 구성
선녀들이 목욕하고 있는 모습을 나무꾼이 몰래 훔쳐보고 있는 장면.</td><td>◈ 작품 스토리 재구성
알고 보니 선녀는 경찰이었지만 나무꾼이 진실을 말하자 선녀는 나무꾼에게 반하게 되었고, 결혼을 하게 되며 아들을 낳고, 마당에서 강아지도 키우면서 행복하게 살았다고 재구성</td></tr>
<tr><td colspan="3">◈ 집단 공동체 치유와 성장점 작품

수갑을 든 선녀와 무릎 꿇고 잘못을 빌면서 청혼하는 나무꾼</td></tr>
</table>

선녀와 나무꾼을 표현해 보고 패러디를 하면서 상당히 재미가 있었다. 내 안에 나도 모르는 창의력과 상상력이 뿜어 나오는 것을 알아차리게 되어 성장한 느낌이 들었다.

◈ **집단 진행 중 공동체 치유와 성장점에 대한 통찰**

A: 잘못을 뉘우치고 자신에게 깨달음의 기회를 준 선녀에게 청혼을 하고, 알콩달콩 아이를 낳고 잘 살았다는 내용으로 재구성을 하면서 내 안의 행복함을 볼 수 있었다.

B: 집단과 함께 '콩쥐팥쥐' 공동 작품을 만드는 데 서로 만족해했다. 얄미운 계모와 팥쥐가 웃고 있는 것과 호미가 부러져 울고 있는 모습, 깨진 항아리를 두꺼비가 막아 주는 재구성을 했다. 집단 과정 중에 한 집단원이 소를 팔아 이러한 현실에 얽매이지 않고 독립을 할 것이라고 했다. 그림 속에 국한되지 않고 극복할 수 있음에 깜짝 놀랐다. 그리고 시원했다.

C: 신데렐라를 다른 집단원 두 언니가 생각했다고 했을 때, 나는 한국판 신데렐라인 콩쥐팥쥐를 생각하고 있음에 놀라서 의견을 말했는데, 언니들이 "나도 콩쥐팥쥐를 생각했었다. 그러면 콩쥐팥쥐로 하자."라고 나의 의견을 공감하고 수용해 주어서 존경받는 듯한 기분이었다. 모두 하나가 되어 작품을 꾸몄는데 혼자서 꾸밀 때보다 부담도 없고 아이디어도 많이 나와서 즐겁게 활동할 수 있었다. 마지막에 작품을 보고 느낀 점에서 "사랑받는 데는 그만한 이유가 있다.", "콩쥐야 옆에 도와주는 사람들이 있구나. 넌 혼자가 아니야, 힘내!", "그래도 계모는 나빠", "내가 콩쥐면 소 팔아서 지긋지긋한 집구석을 나갈 거다."라는 의견들을 듣고 "편애하지 말자."라는 나의 교훈은 나의 관점(상황)에서 느끼는 것이라는 걸 다시 한번 더 알게 되었던 즐거운 활동이었다.

| 우리는 구성작가! – 기타 작품 |

(작품 1) 일만 하는 콩쥐	(작품 2) 콩쥐팥쥐 재구성

(작품 3) 토끼와 거북이 구성	(작품 4) 결승점이 화려한 거북이 재구성

작품 1 콩쥐가 나무 호미가 부러져서 자갈밭을 매지 못하고 울고 있는데, 황소가 나타나서 도와주는 모습, 새엄마와 팥쥐는 집에서 놀고 있다.

작품 2 부러진 호미를 초코송이로 재구성, 두꺼비가 막고 있는 장독을 만들고 안심하는 작품, 나 혼자 구성했다면 그대로 둘 수도 있었는데 집단원들이 고마웠다. 재구성할 수 있어 나의 능력을 전환할 수 있어 감사했다.

작품 3 토끼와 거북이가 경주하던 중 토끼는 거북이를 무시하고 그늘 밑에서 잠들었다가 일어났을 땐 거북이가 결승점에 도착한 장면을 표현하였다. 자신의 능력을 믿고 남을 무시하는 토끼보다는 조금은 느리지만 꾸준한 성실함을 보이는 거북이를 응원하고 싶은 마음을 표현해 보았다.

작품 4 노력한 거북이를 반기는 결승점이 초라해 보여 화려하게 결승점을 꾸며서 재구성하였다. 거북이와 토끼의 장점을 살리고 함께 우승할 수 있도록 경기 방식을 육지와 바다 두 개의 공간에서 경주를 하고 함께 협력하는 모습으로 우승하는 모습을 재구성해 보고 싶다.

PART **3.**

우리들의 휴식 공간

우리들의 휴식 공간을 찾기 위해 찾아 들어가기, 받아내기를 통한 공동 작업을 한다.

【구성】은 집단원 각자의 휴식과 힐링에 대한 나눔을 한다.

내가 원하는 휴식은 어떤 공간에서 어떤 음식으로, 누구와 테이블 세팅을 할 것인가와 필요한 것들을 각각의 힐링 방식에 대해 함께 나눈다. 그리고 집단원 각자의 휴식 공간, 힐링 공간에 필요한 푸드 재료를 준비한 후 힐링 공간을 만들어 본다.

【재구성】은 집단원의 공동 힐링 공간에 힐링하고 있는 나의 모습을 표현하여 보고 실제 상황으로 연출해 보도록 한다. 필요한 것들로 재구성하여 작품을 함께 만들어 본다. 통찰한 성장점 중에 누구와 함께 힐링 공간을 나누고 싶은가를 함께 나눈다.

목표

① 우리들의 휴식공간에 대해 함께 찾아가기와 받아내기를 할수 있다.

② 집단원들과 휴식공간에 대한 나눔을 통해 힐링방식을 함께 공유한다.

③ 휴식공간을 집단원들과 함께 만들고 휴식에 필요한것에 대해 나눔을 하면서 편안함을 느낄수 있다.

④ 집단원이 만든 휴식공간에 필요한 것들이 무엇인지 나눔과 챙김으로 재구성을 하고 완성해가는 기분을 느낀다.

⑤ 내 안에 있는 휴식공간의 모습을 집단원과 나눔을 한다.

⑥ 집단원의 작품 안에서 어색함이나 불편함이 보이면 그 안에서 나의 모습과도 적용해 본다.

⑦ 휴식 공간을 만들면서 집단원들이 자신을 치유하고 쉬는 시간을 가질 수 있도록 찾아주고 받아주기를 한다.

준비물

삶은 고구마, 나뭇잎, 국화꽃, 오이, 꽃, 집 피규어, 고구마, 이쑤시개, 쌀과자, 강아지풀, 질경이, 들풀, 새송이버섯, 찐달걀, 전지, 소금

작품 활동 안내

① 나와 우리의 힐링 공간에 대해 이야기를 함께 나눈다.

② 어디를 가야 마음이 힐링되는지를 떠올려 본다.

③ 상대방과 유사한 점을 표현하면서 너와 내가 함께 떠나는 마음 여행의 기분으로 작품을 구성한다.

④ 나와 공통된 밝은 면과 사색하는 면을 찾아주고, 다르지만 공통점을 찾는 과정에서 함께하는 동행의 시간을 갖는다.

⑤ 내가 편히 쉴 수 있는 휴식처를 만들어 보고 구성원들끼리 공동체 작업으로 마무리한다.

⑥ 작품에 대한 스토리를 들은 집단원들이 구성한 작품에 각각 필요한 부분에 대해 구성과 재구성을 반복한다.

⑦ 휴식 공간에 집단원과 서로의 힐링 맞이하기 작품에 대해 소중한 부분을 공개할 때 집단원들은 적극적인 지지와 격려하고 함께 힐링을 나눔 할 수 있도록 한다.

⑧ 서로의 힐링된 마음을 확인하면서 감정 공유와 함께 집단원들과 작품을 함께 연결해 본다.

⑨ 너에게 주는 즐거움은 어떤 기분으로 우리에게 전달이 되는지 정성을 다해 보자.

TIP

몸을 쉬게 하는 것이 '잠'이라면 소화기관을 쉬게 하는 것이 '단식'이다.
위를 쉬게 해야 진정한 의미의 완전한 휴식과 치유가 가능하다.
인생의 정답을 찾기 위해 부단히 노력하고 있는 우리들, 정답을 만들어 가는 시간을 즐기는 것도 힐링이다. 정답이라는 틀을 정해 놓지 않고 다르지만 나만의 방식으로 인생을 즐기는 삶을 살자. 오늘도 남을 부러워하면서 비교하고 나만 힘든 것 같아 불행하지는 않았는지 살펴보자. 갈등의 원인은 나 자신이 만들고 있지는 않은지, 또한 내가 만들어 놓은 정답과 다르다고 생각하여 스트레스를 받고 있지는 않은지 살펴보는 시간이 필요하다. 나의 단점 또한 내 안에 있는 것이다. 내 안의 단점을 수용하고 있는 그대로의 나를 잘 쉴 수 있도록 솔직한 감정 표현으로 집단원과 함께 힐링할 수 있는 휴식 공간의 장을 함께 만들어 보자.

<table>
<tr><td>주제</td><td colspan="2">우리들의 휴식 공간</td></tr>
<tr><td>작품
스토리 및
의미</td><td colspan="2">정자와 벤치를 만들어 휴식 공간과 오이 소주를 만들어 힐링과 쉬는 시간을 가지고 입구로 들어가는 예쁜 길을 만들었다. 집단원이 함께 힐링 공간을 찾아주고 함께 구성을 하다 보니 에너지가 더욱더 충전되었다.</td></tr>
<tr><td colspan="3">작품 구성</td></tr>
<tr><td colspan="2"></td><td></td></tr>
<tr><td colspan="2">오이와 쌀과자로 만든 힐링 벤치</td><td>정자가 있는 힐링 공원</td></tr>
<tr><td colspan="2">◈ 작품 스토리 구성
가끔 쉼이 필요할 때 정자와 벤치가 있는 곳에서 마음이 맞는 사람과 맛있는 음식을 먹으면서 휴식을 취하는 휴식 공간을 구성하고, 오이와 쌀과자로 자갈과 힐링길을 만들었다.</td><td>◈ 작품 스토리 재구성
집단원 간의 작품을 이어서 하나의 정자 힐링 공원을 만들었다. 뒷부분에 산도 있고 음악이 있는 스피커와 침대 등 휴식 공간을 이어서 만들었고 입구부터 해서 작품들을 길로 통과하였다.</td></tr>
<tr><td colspan="3">◈ 집단 공동체 치유와 성장점의 작품

쉼과 힐링이 함께하는 우리들의 휴식 공간</td></tr>
</table>

이런 힐링 공원이 있으면 여자 친구와 가고 싶어서 작은 피규어로 집단원들을 표현해 보았다. 편안하게 쉬고 싶은 공간도 있었고 내가 사진을 좋아해서 사진도 찍고 음식도 먹고 정자에서 편안하게 소주를 마시면서 쉬는 시간을 가졌을 것이다. 쉬고 싶은 공간에 같이 오면 좋겠다는 생각을 하고 기분이 좋아졌다. 회기를 진행할 때마다 편안함을 자주 느껴 긍정적인 사고를 더 쉽게 할 수 있고 자신의 힐링에 대해 알아볼 수 있는 시간이 되었다.

◈ 집단 진행 중 공동체 치유와 성장점에 대한 통찰

A: 내가 지치고 힘들 때 누구에게나 방해받지 않고 갈 수 있는 공간을 힐링 공간으로 꾸며 보았다. 오롯이 나만을 위한 힐링 공간이다. 충분히 혼자서 힐링한 후 집단원의 힐링 공간이 궁금해지게 되었다. 역시 함께 하는 공간이 넉넉해서 좋았다. 서로 지지와 격려의 공간이고 함께 즐거움을 찾아주는 그런 공간이 힐링 공간으로 탈바꿈하여 기분 좋은 힐링이 된 듯한 느낌이 들었다.

B: 합동으로 작품을 구성했을 때의 이야깃거리는 무궁무진하다. 각자의 작품이지만 구성원들의 생각으로 이야기 흐름을 연결해 내고, 이야깃거리를 만들고, 듣고 있는 나로서도 힐링 공간인 그곳에 가 있는 듯한 느낌을 받았다.

C: 서로 집단 활동을 하면서 감정을 공유할 수 있어 감사했다. 집단원들이 들풀과 꽃잎으로 힐링 공간을 만들며 저마다 힐링을 하고 있었다. 물 위에 떠 있는 배 위에서, 숲속에서, 꽃밭에서, 노을 앞에서, 대나무숲에서 힐링을 하였다. 집단원 모두 다양한 힐링을 하고 있는 것 같아 가을의 풍성함을 함께 느꼈다.

D: 집단원의 작품을 보고 '여기서 저기까지 가면 얼마나 행복할까?'라는 생각을 하였고, 지금 휴식 방법도 좋지만 여러 가지 자기의 힐링 방법을 찾아서 나를 힐링할 수 있는 시간이 되었다. 서로의 힐링 방법을 찾아주고 알아주는 과정에서 나 또한 또 다른 힐링을 할 수 있었다.

| 우리들의 휴식 공간 – 기타 작품 |

(작품 1) 나만의 힐링 정원

(작품 2) 홀로 몸과 마음의 쉼을 얻다.

(작품 3) 우리들의 힐링과 휴식 공간의 연결

(작품 4) 함께하는 마음의 힐링 꽃

작품 1 나만의 힐링 공간. 한 편에는 꽃잎이 둥둥 떠 있는 작은 호수가 있고 초록색 풀들과 이름 모를 꽃들로 뒤덮인 그곳, 커다란 나무 그루터기에 편히 누워서 선선하고 시원한 가을바람을 맞으며 땅에서 올라오는 싱그러운 풀냄새를 맡으며 맑은 가을 하늘을 바라보고 있는 나. 대나무와 넓은 평상이 있는 곳에 살랑거리는 바람과 따스한 햇볕이 비추는 공간에서 마음 편한 친구와 함께 꿀잠을 즐기는 공간.

작품 2 학교 공부하랴 실습하랴 집안일에 쉴 시간도 없이 하루하루를 정신없이 보내고 있다. 마음도 몸도 지쳐 쉬고 싶어서 꽃이 만발한 집 근처 공원을 생각했다. 홀로 자연의 향기를 맡으며 심신의 안식을 하고 나만의 숲속 힐링을 표현해 본다.

작품 3 휴식 공간에 대한 서로의 이야기를 듣고 집단원과 서로의 힐링 맞이하기 작품에 대해 소중한 부분을 공개할 때 집단원과 함께 힐링 공간에 함께 있는 기분이 들었다. 한 공간에는 가을의 풍성함을, 다른 공간에는 차와 음악과 자연의 향이 어울리는 공간, 또 다른 공간에는 옹기종기 아이들을 지켜보는 포근한 엄마의 마음까지 함께하는 힐링 공간이다. 집단원의 휴식 공간이 함께 연결되어 있다고 생각하니 편안한 쉼으로 힐링을 할 수 있었다.

작품 4 집단원과 함께하는 마음을 담는 초록 오이꽃으로 연결하여 더불어 쉼과 함께 휴식 공간이 되었다. 찻잔의 아름다움과 초록으로 물든 자연을 닮은 생기가 불어오는 공간에서 사색과 힐링을 즐기는 공간이다.

4부

세상을 향해 소리쳐

행복에 길들여져서는 안 된다. 지나가는 것이기 때문이다.
행복을 가진 사람은 그것을 잃는다는 생각에, 그리고 행복한 사람은 괴로워진다는 생각에 길들여져야 한다.

–쉴러–

FOOD ART THERAPY GROUP COUNSELING

CHAPTER

08

이것이 인생이다!

1. 마음결 고르기: 짝꿍 이미지 표현하기
2. 이것이 인생이다
3. 성공한 인생 스토리

맞이하기

맞이하기 단계에서의 효율적인 상담 기술은 상담자 자체의 편안한 자세와 태도, 생태학적인 감수성, 자연주의 테이블 세팅, 안전한 분위기 조성 등이며 인위적으로 유도하지 않아도 내면의 감정과 생각으로 심리적인 위로와 마음의 안정감을 주는 '세상을 향해 소리쳐!'를 생각하며 맞이하기를 준비하였다.

세상에 소리치고 싶은 나를 바라보면서

넌 세상의 중심이야!

PART 1.

마음결 고르기: 짝꿍 이미지 표현하기

마음결 고르기는 집단 푸드 활동 체험 전 준비가 이루어지는 과정이다. 워밍업으로 긴장을 완화하기 위한 바라보기와 호흡에 집중하기 위함이다. 마음결 고르기의 마음가짐으로 편안한 호흡, 편안한 몸, 편안한 마음으로 긴장을 완화하고 내면에 집중과 몰입을 하여 존재감을 경험하기 위한 차분한 마음 상태의 결을 살펴본다.

목표

① 마음결 고르기를 통해 지금 나의 마음 상태를 살피고 보살피기를 한다.
② 짝꿍의 마음 상태와 마음결을 연결 지어 짝꿍의 이미지를 표현할 수 있다.
③ 짝꿍과 나와 친밀감을 갖고 함께 수용해 주고 바라봐 주기를 할 수 있다.
④ 짝꿍을 받아들이는 과정을 탐색하는 가운데 관계 속에서의 나의 모습을 통찰할 수 있다.
⑤ 짝꿍의 이미지를 표현하면서 타인의 마음밭을 탐색하고 긍정적인 자원을 찾아내고 열린 마음으로 받아들이기와 해냄을 확인할 수 있다.
⑥ 집단원과의 역동 속에서 나의 마음밭과 집단원의 닮은 점과 공통점을 수용하고 잘 받아들이기를 통해 서로의 마음밭을 보아주고 찾아주기를 한다.
⑦ 짝꿍의 이미지를 작품화하면서 주로 사용하는 에너지를 찾아줄 수 있다.
⑧ 서로의 이미지 작품을 구성과 재구성을 통하여 잘 찾아갈 수 있도록 배려할 수 있다.

준비물

양파, 빵, 감태, 쌀 튀밥, 고사리잎, 견과류, 소금, 원두, 찹쌀, 꽃잎, 향초, 차.

작품 활동 안내

① 짝꿍을 정한 후 친밀감으로 다가갈 수 있도록 하고 먼저 살펴주고 보살펴주기를 한다. (2인 1조, 4인 1조)

② 짝꿍의 이미지를 알맞은 푸드 재료로 표현한다.

③ 표현한 작품을 보이면서 "저는 이런 당신의 이미지를 표현해 보았어요. 마음에 드신가요?"라고 하면서 찾아 들어가기를 하도록 한다.

④ 짝꿍이 언제 가장 많이 웃는지를 알아보고 감정으로 이야기를 나눈다.

⑤ 이미지 작품이 마음에 별로 안 들면 지금 솔직한 심정을 이야기하게 하고 자신의 심정에 가까워질 때까지 짝꿍의 작품을 표현해 준다.

⑥ 짝꿍이 구성한 작품 속에서 닮은 점을 찾아내고 열린 마음으로 받아들이기와 해냄을 확인한다. 예) 당신 안에 이런 모습이 보여요.

⑦ 참여한 집단원과 함께 작품에 대한 이야기를 들으면서 집단원이 서로 지지와 격려를 하도록 장을 활발하게 한다.

⑧ 집단 역동 속에서 짝꿍의 이미지를 잘 찾아주고, 다름을 수용하고, 집단원의 이미지에 깃들여진 인생 스토리를 듣고 통찰할 수 있도록 한다.

⑨ 표현된 작품에 대해 상대방이 원하는 것을 구성하고 만족할 때까지 집단원이 서로 지지와 격려를 하고 상대방의 마음이 편안해질 때까지 작품의 구성과 재구성을 반복하도록 한다.

TIP

나는 성공의 열쇠는 모른다. 그러나 실패의 열쇠는 모두의 비위를 맞추려 하는 것이다.
-빌 코스비-

TIP

인생, 친구, 짝꿍, 우정, 사랑, 아픔, 행복, 슬픔, 두려움을 삶 그 자체로 슬퍼하고, 기뻐할 줄 알고 살아갈 수 있을까? 시련과 마주하게 되더라도 있는 그대로를 받아들이고 당당하게 앞으로 나아가는 용기와 지혜를 집단원과 함께 찾아보자. 한 사람이 볼 때는 보이지 않은 것도 짝꿍이랑 함께 보면, 또는 집단원이 함께 보아주면 더 잘 볼 수 있을 것이다. '세상의 중심은 나다!'를 외칠 수 있도록 집단원이 함께 지지와 격려를 해보자.

<table>
<tr><td>주제</td><td colspan="2">마음결 고르기: 짝꿍 이미지 표현하기</td></tr>
<tr><td>작품 스토리 및 의미</td><td colspan="2">짝꿍을 잘 살펴보니 검은 피부에 다크서클이 진하게 보이는데 자세히 보니 판다를 닮았다. 장난스러운 판다를 닮은 짝꿍의 모습 표현을 한 후 이미지에 대한 스토리 구성을 해보고, 짝꿍이 원하는 작품으로 재구성을 하였다.</td></tr>
<tr><td colspan="3">작품 구성</td></tr>
<tr><td colspan="2"></td><td></td></tr>
<tr><td colspan="2">내 짝꿍은 이목구비가 뚜렷한 판다</td><td>유칼리잎을 먹고 있는 판다</td></tr>
<tr><td colspan="2">◈ 작품 스토리 구성
검은 귀, 눈, 코를 표현하였고 눈 밑에 다크서클이 진하게 보여서 아래에 검은 과자로 표현하였더니 판다를 닮았다.</td><td>◈ 작품 스토리 재구성
눈과 귀, 입 등이 더 생생하게 표현하려고 하얀 얼굴을 쌀로 표현하였고, 짝꿍이 원하는 눈썹과 판다가 좋아하는 유칼리잎 대신 대나무를 먹고 있는 모습으로 표현하였다.</td></tr>
</table>

◈ 집단 공동체 치유와 성장점의 작품

따스한 에너지 충전이 된 짝꿍 이미지 표현

나에 대해 짝꿍이 잘 알고 표현해 주어서 고마웠다. 그리고 짝꿍에 대해 표현해 보기 전에 파트너의 얼굴을 유심히 보았다. 그렇게 자세히 오래 본 것이 처음이어서 어색하기도 했고 신기하기도 했다. 서로가 원하면서 편안해지는 작품을 보니 서로에 대해 많이 느껴지기도 하고 서로를 알고 있는 집단원끼리의 힘이 보여서 따스한 에너지 충전을 하게 되었다.

◈ 집단 진행 중 공동체 치유와 성장점에 대한 통찰

A: 파트너의 눈을 몇 분간 지그시 쳐다보면서 어색하기도 하였지만, 평소에 안 보였던 상대방의 모습이 보였고 작품의 의미를 들을 때 '내가 이런 사람으로 보였구나' 하고 생각하는 시간과 앞으로 사물과 사람을 자세히 관찰하여 평소에 안 보였던 모습까지 보기 위해 노력이 필요함을 자각하였다.

B: 파트너를 생각하는 집단 구성원들 작품에 매료가 된다. 잘 살펴보고 그 사람의 현재 생각은 어떤지 무엇 때문인지, 내 생각과 어울리는지, 눈 맞춤의 효과는 큰 것 같았다. 짝꿍 이미지 표현을 하기 위해 찾아 들어가기와 받아들이기를 하기 위한 정감 어린 교류로 포용, 알아가기, 반응하기, 신체 언어 활동, 깊은 이해의 공감과 경청이 필요함을 알아차렸다.

C: 짝꿍을 마주하고, 바라보기가 어색하였지만, 천천히 외면과 내면이 지닌 참모습에 집중해 보니, 가을 들녘처럼 넉넉한 짝꿍의 마음을 보았다. 짝꿍도 내가 지닌 모습을 표현해 주셨는데, '나를 잘 읽어 주셨구나!' 말하지 않아도 마음과 마음이 소통되는 이심전심을 느꼈다. 바쁘다는 핑계로 타인에게 너무 소홀하게, 때로는 관심을 주지 않는 내 모습을 발견한다. 푸드아트테라피의 '애정 어린 관심'이란 단어가 떠오르면서, 앞으로 진심으로 애정 있는 관심과 시선으로 짝꿍을 바라보아야 함을 깨달았다.

D: 짝꿍도 나의 이미지를 꽃받침대 위에 눈과 눈썹 꽃잎으로 표현했고 잎사귀에 열매를 올려놓았다. 나의 이미지를 사랑스럽게 웃는 모습으로 꾸며 줘서 감사했다. 다른 집단원은 오리로 표현하는데 병아리들이 뒤를 따르는 모습, 책에 아이들을 담는 모습, 화가 난 모습을 각각 표현하였다. 저마다 서로를 표현한 것에 인정을 하였다. 매일 보는 나를 내가 알고 타인은 한 번만 보고도 안다. 그러기에 지금도 앞으로의 내 모습도 내가 책임져야 함을 마주보게 되었다.

| 짝꿍 이미지 표현 – 기타 작품 |

(작품 1) 초롱초롱 싱그러운 짝꿍 마음

(작품 2) 환한 미소와 결실의 여왕

(작품 3) 가을 들녘을 담은 풍성한 짝꿍

(작품 4) 독서에 대한 열정과 자녀에 대한 사랑

작품 1 가슴 한가운데 사랑과 강렬한 힘이 있어 보이고 음식에 두루 사용되어 없어서는 안 될 식재료처럼 달콤하면서도 넘치는 짝꿍의 눈 속에는 외로움도 느껴졌다. 외로움을 하트 모양 안에 향초를 넣어서 짝꿍과 함께 재구성을 하고 나니 초롱초롱 싱그러운 짝꿍의 마음이 잔잔하게 전해짐을 느꼈다.

작품 2 지난 회기와는 다른 밝아짐을 노란 색종이로 표현, 얼굴을 태양으로, 미소 띤 입술을 표현해서 생동감을 표현해 보았다. 눈과 속눈썹으로 동그랗게 눈을 뜨고 알아차림 해 갈 수 있는 내면을 가진 집단원, 꽃도 좋아하고 자연도 사랑하는 사람인 것 같아 꽃잎과 나뭇잎을 주변에 배치했다.

작품 3 가을 들녘처럼 넉넉하고 풍성함과 푸근한 마음을 과일과 곡식으로 표현하였다. 짝꿍의 내면에서 뿜어 나오는 화려하고 편안한 마음은 꽃잎과 나뭇잎으로 표현하고 짝꿍의 만족스러운 모습을 전체적으로 표현하였다. 다행히도 짝꿍은 가을을 무척 좋아한다고 하셨다. 또한, 내면에 지닌 화려한 모습을 피드백 받아 꽃으로 풍성하게 채워 주는 재구성을 하였다.

작품 4 나의 짝꿍은 중간 회기에서는 많이 힘들고 지쳐 보였는데 회기가 진행될수록 문제를 해결하기 위한 에너지가 생긴 것을 보게 되었고, 오늘은 밝아진 모습으로 집단에 참여하는 것 같아서 변화가 눈에 보인 집단원이다. 내가 꾸민 작품에 대해 맘에 든다고 수용해 주는 것도 기뻤고, 다른 집단원이 나의 이미지를 꾸며주는데 일단 내가 좋아하는 풍으로 꾸며 줘서 맘에 들었다. 내 작품에 책이 있어서 '나는 항상 책을 보고 있었나?'라는 생각을 다시 한번 해보게 되었다. 나는 놀기도 좋아하는데 집단원 눈에는 책만 읽게 보였나 하는 생각이 들어서 조금 찔렸다. 2주 후에 자격증 시험을 보게 되는데 그것도 잘 보길 바라는 마음으로 작품을 만들었다고 해서 요즘 나의 힘든 마음을 알아주는 것 같아서 위로받는 기분이었고, 책 보면서도 아이들 생각을 한다는 말을 듣고 너무 잘 알고 있어서 놀라웠다.

PART 2.

이것이 인생이다!

'이것이 인생이다!'라고 단정 짓는다는 것은 어려운 일이다. 그러나 지금까지 살아온 날 중에 성공한 일도 있고 실패한 일도 있을 것이다. 집단원이 생각하는 인생에 대해 스토리를 듣다 보면 나의 인생의 한가운데 함께하고 있음을 알 수 있을 것이다. 자신이 살아온 인생만큼 길 떠나는 젊은 친구들에게 인생의 선배로서 경험담을 들려주고 집단원과 각자의 인생을 푸드에 비교해서 조금 더 즐겁고 행복하게 의미 있는 인생으로 간접 경험의 기회를 갖는다. 스토리를 나누는 가운데 '아! 나도 잘살아왔구나!'를 체험할 수 있도록 한다.

목표

① 살아가는 세월 속에 있는 지금의 나를 돌아볼 수 있다.
② 길 떠나는 젊은이에게 표현하고 싶은 말을 푸드로 표현한다.
③ 푸드로 이야기가 담긴 인생을 표현한다.
④ 인생을 과일이나 채소로 표현하면서 집단원이 생각하는 인생 스토리를 들어 줄 수 있다.
⑤ 집단원이 생각하는 인생을 푸드로 표현하면서 푸드의 결을 살리고 푸드를 면밀하게 관찰하여 인생과 푸드의 공통점으로 긍정 전환할 수 있다.
⑥ 이것이 인생이다! 길 떠나는 젊은이에게 인생의 선배로서 경험담을 들려주면서

집단원과 함께 인생 의미를 재구성할 수 있다.

⑦ 앞이 보이지 않은 상황에서 힘들어할 때 '나에게만 이런 일이 있는 것은 아니구나'라는 간접 경험으로 효능감을 갖는다.

준비물

과일(사과, 토마토, 포도), 고구마, 당근, 꽃무늬 받침대, 대추, 잎사귀, 뻥뻥이, 바나나킥, 레몬 접시, 색지, 초록색 색지, 귤, 소면, 커피콩, 당근, 과자.

작품 활동 안내

① 지금까지 자신의 살아 온 이야기를 집단원과 함께 공유하는 시간을 잠시 갖는다.

② 길 떠나는 젊은이에게 인생을 과일이나 채소에 비유하여 인생 스토리를 구성한다.
예) "여보게 인생이란 고구마처럼 굵고 단단하며 달콤하다네!"

③ 인생을 과일과 채소로 비유하고 의미 있는 스토리로 작품을 구성해 본다.

④ 인생 스토리를 집단원과 함께 재구성하면서 통찰한 부분에 대해 이야기를 나눈다.

⑤ 집단원 전체가 구성한 내용 중 푸드로 재구성하고 역동적인 스토리에 대해서 나눔을 한다.

⑥ 집단원이 구성하는 작품 안에서 추가하고 싶은 내용은 푸드로 재구성하고 스토리텔링하여 작품 내용의 완성도를 향상할 수 있도록 한다.

⑦ 인생의 선배가 되어 뒤따라오는 후배들에게 해주고 싶은 말을 하면서 인생 의미를 재구성할 수 있도록 한다.

⑧ 푸드로 이야기가 담긴 인생을 표현하고, 길 떠나는 젊은이에게 들려주고 싶은 말을 푸드로 표현하면서 내가 살아왔던 길은 어떠한 길이었을까를 생각해 보는 시간을 갖는다.

⑨ 집단원 모두 인생을 푸드로 표현한 작품에 대해 이야기를 나누면서 서로 피드백한다.

TIP

길 떠나는 젊은이에게 인생의 선배로서 생각하고 꼭 해주고 싶은 말을 푸드로 비유해서 하다 보면 푸드에 대해서도 깊은 이해와 받아들이기를 할 수 있을 것이다. 인생에 대해 서로 다른 집단원의 생각을 함께 볼 수 있을 것이고, 결국 길 떠나는 젊은이가 바로 나임을 알 수 있는 장이다. 인생은 달콤하지만은 않다는 사실에 직면하고 달콤함을 찾아 떠나는 진정한 나를 응원할 수 있도록 집단원의 격려와 지지가 필요하다.

<table>
<tr><td>주제</td><td colspan="2">이것이 인생이다!</td></tr>
<tr><td>작품 스토리 및 의미</td><td colspan="2">인생은 사과처럼 새콤달콤하고, 배고플 때는 허기를 채워 주고, 수분도 있어서 목마름도 채워 준다. 아삭거리기도 하지만 잘못 고르면 푸석이기도 하고, 인생을 살아가면서 내가 잘못한 것에는 빠른 사과를 해야 한다. 사과는 멀리서 보면 좁을 것 같고 굴곡이 심할 것 같은 길, 바위가 가로막혀 있을 것 같은 길, 그러나 가까이서 보면 커다란 바위로 시원한 그늘을 제공해주는 안식처가 될 수도 있다. 인생이란 사과를 해야 할 때는 빠른 인정과 사과를 하는 것이 필요하단다.</td></tr>
<tr><td colspan="3">작품 구성</td></tr>
<tr><td colspan="2"></td><td></td></tr>
<tr><td colspan="2">인생은 사과처럼 새콤달콤하단다.</td><td>지금 걷고 있는 길이 꽃길이야!</td></tr>
</table>

◈ 작품 스토리 구성	◈ 작품 스토리 재구성
인생은 사과처럼 새콤달콤하고, 배고플 때는 허기를 채워 주고, 수분도 있어서 목마름도 채워 준다. 아삭거리기도 하지만 잘못 고르면 푸석이기도 해!	멀리서 보면 좁을 것 같고 굴곡이 심할 것 같은 길이, 바위가 가로막혀 있을 것 같은 길, 그러나 가까이서 보면 커다란 바위는 시원한 그늘을 갖춘 침대가 될 수도 있다. 지금 걷고 있는 길이 꽃길이야!

◈ 집단 공동체 치유와 성장점의 작품

서로 다른 인생길

고속도로를 운전하고 가다 보면 저 앞에 보이는 길이 꺾여 있어서 '핸들을 많이 꺾어야겠다'는 생각이 들지만, 막상 그 길을 가면 핸들을 꺾지 않아도 되는 직선 구간이다. 멀리서 볼 때는 커다란 바위가 길을 막고 있는 것처럼 보이지만 가까이 가보면 그 바위는 내가 잠시 쉬어갈 수 있는 그늘이 될 수도 있고, 주위를 둘러보면 앉아서 쉴 수 있는 곳도 많다. 길 떠나는 젊은이야! 생각을 어떻게 하느냐에 따라 인생은 달라지더라. 집단원 모두가 각자 가장 소중하게 생각하는 생각들을 꺼내어 놓는다. 작품을 꾸미고 집단원의 이야기를 듣고 다시 내 작품을 보니, 길 떠나는 젊은이가 아닌 나 자신에게 하고 싶은 이야기라는 것을 알게 되었다. 그래서 재구성을 할 때는 지금 내가 걷고 있는 이 길이 바로 꽃길임을…, 행복과 성공은 바로 지금 이 길과 이어진 길임을 알게 되는 시간이었다.

◈ 집단 진행 중 공동체 치유와 성장점에 대한 통찰

A: 서로 여행하는 젊은이에게 인생의 스토리를 들려주었는데 인생에는 쓴맛, 단맛, 짠맛 등 다양한 맛이 있다는 이야기가 마음에 와닿았던 것 같다. 여러 가지 일을 겪기도 하고, 좋은 시간도 있고 힘든 시간도 있고 여러 가지의 사건이 있을 것이다. 이것들을 다 겪으면서 먹어 봐야 무슨 맛인지 아는 것처럼 여러 가지를 다 느껴보면서 성장하는 시간을 보내야겠다고 생각이 되었다. 무서워서 다른 것을 하지 못하면 여러 가지를 놓치게 된다는 것을 통찰할 수 있었다.

B: 집단원의 접시에 송편을 잘라 올려놓은 것은 인생에 우여곡절이 있지만 결국 달콤한 인생을 표현하였고, 인생은 선택의 결과가 있는 것이고, 과정으로 구성하기도 하였고, 구불구불한 길을 가다가 장애물로 보이지만 가보면 길이 있고 쉬어갈 수도 있다고 구성하였다. 집단원 한 명 한 명 인생을 표현할 때마다 내가 미처 내 안의 발견하지 못한 내 마음을 읽는 것 같아 시원했고 집단상담을 경험하고 있음에 감사했다.

C: 길 떠나는 젊은이들에게 인생의 선배로서 무슨 말을 해 줘야 하는지 고민을 해본다. 가보지 않은 인생을 살다 보면 돌길, 가시밭길 등 힘들고 지치고 포기하고 싶을 때가 있겠지만 그래도 인생은 슬픔과 아픔만 있는 것이 아닌 달콤한 인생도 기다리고 있으니 주저 말고 젊음을 사랑하면서 앞으로 멋진 인생을 힘껏 살아보라고 하고 싶다. 나 또한 그러한 삶을 위해 오늘에 최선을 다하고 있음을 알아차림 한다.

D: 인생을 살아봄에 논할 자격이 된다면 희로애락을 겪으면서 상처도 있고 후회도 앞서지만 이 또한 인생의 참맛이요 내가 받아들여야 할 몫이다. 젊은이들에게 말을 해보면서 나의 인생살이도 되새겨 본 계기가 되었고, 정말 양파처럼 살아가면서 이런저런 모습으로 살아가는 젊은이들에게 인생이란 외롭지만 함께라면 즐거운 것이란 것을 말해 주고 싶었다.

| 이것이 인생이다! – 기타 작품 |

(작품 1) 인생은 귤과 같다네!

(작품 2) 인생은 마시멜로와 같다네!

(작품 3) 인생은 쫀득하고 달콤한 송편이라네

(작품 4) 인생은 사계절을 닮았다네!

작품 1 "달콤함과 쓴맛이 조화를 잘 이루어 귤이 되었듯이 너 또한 조화로운 네가 되기 위한 과정일 뿐이다."라는 말을 하고 싶어 귤로 길을 표현해 보았다.

작품 2 인생이란 정답은 없지만 대부분 사람은 달콤한 인생만을 꿈꾼다. 어떤 인생이든 과정에는 여러 가지 행운과 불행 등이 교차함을 표현해 보면서 마시멜로와 다양한 채소로 단맛, 쓴맛 등을 표현하여 조화로운 인생의 모습을 마시멜로 꽃으로 표현해 보았다.

작품 3 인생이란 부정적인 면도 겪고 긍정적인 면도 겪게 될 것이다. 어찌 보면 어떻게 사는가에 따라서 긍정으로 부정으로 남음을 표현하면서 50대를 살아보니 쓴 인생만 있는 것이 아닌 달콤함도 있는 것을 표현하고 싶었다. 젊은이에게 팔을 들어 응원하는 모습을 재구성하여 꿈을 꽃 피우길 바랐다. 그리고 다시 재구성은 인생에 쓴 것만 담고 있지 말고 달콤함을 가지고 가길 바라는 마음을 담아 송편으로 표현해 보았다.

작품 4 봄(향기 있는 꽃), 여름(초록 고사리잎), 가을(고구마), 겨울(쌀 튀밥) 4계절이 있듯이 우리 인생사도 안 좋은 일이 있으면 좋은 일이 있고 인생의 길흉화복은 항상 정해지지 않은 것 같다. 이렇듯 계절의 변화와 우리네 인생의 살아가는 방식이 비슷하다는 생각이 들었다.

PART 3.

성공한 인생 스토리

모든 사람은 성공을 꿈꾼다. 꽃길만 걷기를 원하고 흙길은 싫어한다. 그러나 흙길은 모든 생명을 움트게 하는 대지의 힘이 숨어 있다. 넓은 대지 안에서 움트는 숨결의 소중함을 느낄 수 있는 마음, 흙 속의 진주를 찾는 마음으로 내 인생의 스토리를 만들어 보는 시간을 갖고자 한다.

목표

① 집단원들의 10년 후의 모습을 그려 보고 긍정적인 기대를 할 수 있다.

② 10년 후, 20년 후 자신의 성공한 모습을 푸드로 표현하고 집단원들의 지지와 응원을 받을 수 있다.

③ 집단원들의 성공적인 스토리가 집단원 각자의 꿈과 희망을 향해 달려가고 있는 모습으로 성장의 밑거름이 될 수 있다.

④ 집단원들의 성공한 스토리 속에서의 모습을 보고 나의 성공적인 모습을 통찰할 수 있다.

⑤ 내 안에 걸림돌을 집단원 스토리 안에서 디딤돌의 지혜로 통찰할 수 있다.

⑥ 모든 집단원과의 역동 속에서 나의 성공 모습과 너의 성공 모습을 볼 수 있도록 해냄을 확인한다.

⑦ 집단원의 작품 안에서 어색함이나 불편함이 보이면 그 안에서 나의 모습과도 적

용해 본다.

⑧ 집단원들의 성공한 스토리를 언젠가는 이룰 것으로 생각하고 자기의 꿈을 향해 달려가는 모습을 푸드로 그려 보고 성공한 인생을 꿈꿀 수 있다.

준비물

쌀강정, 사과 껍질, 커피가루, 피망, 비스킷, 꽃다발, 찹쌀, 새송이버섯, 향초, 강아지풀, 당근, 오이, 색깔 전지

작품 활동 안내

① 집단원들과 주변의 성공한 인생 스토리에 대해 이야기를 나눈다.

② 집단원 각자의 인생의 목표와 계획한 목표에 대해 각자 살펴보고 10년, 20년 후 어디에서 무엇을 하고 있을지를 상상하여 푸드로 작품을 구성해 보도록 한다.

③ 지금까지 성취감이 있었던 경험에 대해 서로 나눔을 갖는다.

④ 내가 정말로 원하는 목표에 대해 신중하게 생각해 보도록 잔잔한 음악을 틀어 준다.

⑤ 집단원의 성공을 응원하고 집단원의 이야기를 들은 후 필요한 작품을 돌아가면서 푸드로 만들어 준다.

⑥ 집단원들이 구성한 작품에 해주고 싶은 응원 메시지를 포스트잇에 적어 보는 재구성을 한다.

⑦ 10년 후, 20년 후 집단원들의 성공 스토리를 현장감 있게 축하해 주고 집단원 개개인의 인생을 의미 있게 성찰할 수 있도록 한다.

⑧ 10년 후, 20년 후 집단원의 비전이 꼭 이루어지기를 바라는 의식을 한다.

예) 축하의 메시지, 축하의 꽃다발, 축하의 음식 등

TIP

무엇이 당신을 만드는가?
미래를 예측하는 가장 좋은 방법은 미래를 만드는 것이다.
-피터 드러커-

다른 사람들이 목표를 달성할 수 있도록 도와주고, 또 개인의 성공을 넘어 사회가 좀 더 기능적인 사회가 되도록 공헌하도록 도와주는 집단원의 힘은 어디에 있는지 함께 지혜를 나누는 과정을 통해 성장점을 살펴본다.

주제	성공한 인생 스토리
작품 스토리 및 의미	현재 상태에서 미래의 나를 상상해 보고 성공한 모습을 푸드로 만들어 보면서 잘 진열된 사무실에서 관장직을 수행하면서 봉사를 바탕으로 내담자들을 기다리며 행복해하는 나의 모습을 만들어 보았다. 집단원들은 성공한 나를 축하하는 꽃다발과 '무안복지관장'이라는 명패를 만들어서 재구성하였다.
작품 구성	

미래 복지관장인 된 나의 모습	성공적인 성과를 낸 시상식

◈ **작품 스토리 구성**

잘 진열된 사무실에서 관장직을 수행하면서 봉사를 바탕으로 내담자들을 기다리는 동안 행복해하는 나의 모습을 만들어 보았다.

◈ **작품 스토리 재구성**

미래의 복지관장을 꿈꾸며 성공한 나의 모습과 축하의 꽃다발을 한 아름 받고 있는 모습을 집단원들이 함께 재구성하면서 반드시 성공하기를 응원해 주었다.

◈ **집단 공동체 치유와 성장점의 작품**

우리들의 인생 스토리

'푸드'라는 재료로 표현하기 난감하였던 우리가 풍성한 인생 스토리 작품을 만들어 내는 모습에 놀라웠다. 정원이 있는 나만의 행복한 집을, 수영장과 승마장의 저택을, 복지센터 관장님의 미래 모습을 같이 상상하고 나누면서 집단원의 꿈을 나도 같이 소망하게 된다. 꿈이 있기에 우리들은 꿈을 향해 힘찬 도약을 해 나갈 것이다. 그리고 집단원과 꿈을 향해 손을 잡고 파이팅을 외치면서, 서로의 지지에 용기와 힘도 얻었다. 마음 깊이 올라온 열망의 감정을 간직하고, 내가 이룰 것들에 대해 초점을 맞추면서 어떠한 외부 환경에도 흔들림 없이 확고한 내 마음을 다져나가야겠다고 나에게 약속하였다

◈ 집단 진행 중 공동체 치유와 성장점에 대한 통찰

A: 성공한 나의 20년 후 모습을 만들려고 할 때 뭔가 '난 이것을 하고 싶다'는 생각이 있었지만 그것을 작품으로 꾸미려고 하자 어떻게 꾸며야 할지 구체적인 모습이 그려지지 않아 난감해서 한참을 망설였다. 평소에는 차마 부끄러워서 내가 할 수 있을까? 하고 생각했던 목표들이어서 밖으로 꺼내 놓지 못한 것이었는데, 작품으로 꾸미고 내 작품을 설명하는 동안 머릿속으로만 생각하고 있던 나의 목표들이 눈앞에서 펼쳐지고 있어 생각만으로도 기분이 좋았고, 마치 실현된 기분이었다. 다른 집단원들도 자신의 모습을 이야기할 때 '맞아! 나도 저건 이루고 싶었어'라고 생각했던 것들도 있어서 신기했고, 다른 목표에 대해서도 생각해 보게 되었다. '우리 모두 많이 성장했구나!' 통찰했다.

B: 집단원들의 성공한 인생은 사역하여 면류관을 받은 모습을 구성했고, 성공하여 가족과 함께 호수에서 낚시하는 모습, 나이를 먹어도 빨간 구두를 신고 힘든 가족에게 상담해 주고 있는 모습, 단란한 가족 속에서 자신을 향초 위에 올려놓아 따뜻한 가족의 모습을 표현하였다. 저마다 바람대로 이루어져 훗날 지금의 오늘을 미소 지으며 기억해 보는 것을 그려 보게 되었다.

C: 나는 성공한 인생이라고 생각하면 많은 부를 처음에 생각하였는데 다른 집단원과 다른 부분으로 표현이 되었다. 성공을 편향되게 본다는 생각이 들었다. 다른 집단원들의 작품을 보면서 성공은 자기의 직업, 감정, 원하는 마음이 포함된다고 깨닫게 되었다. 나도 편향된 생각보다 넓은 생각으로 여러 가지를 품을 수 있는 성공을 생각해 보고, 또 그 미래를 위해 공부도 하고 돈도 모으고 열심히 노력하여 밝은 미래를 꿈꿔 보아야겠다는 통찰을 하게 되었다.

| 성공한 인생 스토리 – 기타 작품 |

(작품 1) 화목하고 행복한 미래 가정	(작품 2) 가족상담센터장의 성공 스토리

(작품 3) 성공한 나의 포근한 영토	(작품 4) 함께하는 마음의 꽃

작품 1 행복한 가정 속에서 '엄마'도 좋지만, 엄마라는 호칭 속에 나를 잊고 싶지 않아 나에게 초를 올려 두었다. 미래에 가장 사랑하는 사람과 가정을 이루어 아이들도 함께 행복한 삶을 사는 성공 스토리를 표현하였다.

작품 2 20년 후 나의 모습! 2040년 내 나이 59세, 아들 나이 29세, 딸 나이 27세, 나보다 더 큰 사람으로 성장한 아이들에게 롤 모델인 엄마! 큰 가족상담센터를 오픈한 나에게 아이들이 꽃다발을 주고 있다. 20년 후 나는 외모뿐 아니라 내면의 아우라가 뿜어져 나오는 사람, 아름답게 나이 들어가는 것을 목표로 긴 머리, 예쁜 원피스와 빨간 구두를 표현했고, 폼폼이로 희망찬 미래와 폼폼이 하나하나에 건물, 집, 차, 돈을 표현했다. 새싹은 지금 나와 같은 후배를 양성하는 상담 교수님이 된 나의 모습이다.

작품 3 성공하여 넓은 마당이 있는 집에 살고 있는 모습이다. 마당에는 꽃과 채소를 표현해 보았고, 미래의 아내가 되는 사람과 함께 마당에서 오리도 키워 보고 차를 마시고 있는 모습으로 작품을 표현하면서 전부 이루기 위해서는 지금부터 피나는 노력과 열정이 필요함을 느꼈고 정말 이루어진 것 같은 느낌을 받았다.

작품 4 푸드아트테라피를 전파하는 나를 상상해 보면서, 사랑과 따뜻함이 있고, 마음의 평온을 찾을 수 있음을 확고히 강조하고 싶은 구성을 해 보았다. 푸드예술 심리상담 전문가로 성장하여 내가 느낀 치유의 힘을 넓은 팔로 감싸 안으며 푸드아트테라피의 사랑을 전파하는 모습이다. 집단원의 힘내라는 보약, 더 큰 사랑의 하트와 안정감을 테두리로 둘러주어 사랑이 피어나는 전파의 공간으로 재구성하였다.

CHAPTER

09

나의 성공 사례, 알리자

1. 마음결 고르기: 나를 위한 다과상
2. 푸드로 만든 명함
3. 내 인생의 로드맵

PART 1.

마음결 고르기: 나를 위한 다과상

마음결 고르기는 집단 푸드 활동 체험 전 준비가 이루어지는 과정이다. 워밍업으로 긴장을 완화하기 위한 바라보기와 호흡에 집중하기 위함이다. 마음결 고르기의 마음가짐으로 편안한 호흡, 편안한 몸, 편안한 마음으로 긴장을 완화하고 내면에 집중과 몰입을 하여 존재감을 경험하기 위한 차분한 마음 상태의 결을 살펴본다. 자기 상태를 가장 잘 위로해 줄 수 있는 상차림을 해보도록 한다. 푸드아트테라피 상차림을 하면서 스트레스 해소, 긍정적인 사고 전환, 행복 충전 등 자기 효능감을 향상할 수 있는 내면을 통찰의 시간을 갖는다.

목표

① 마음결 고르기를 통해 지금 나의 마음 상태를 살피고 보살피기를 한다.
② 자기 생각과 느낌을 자유롭게 표현해 봄으로써 긴장감을 해소한다.
③ 내가 좋아하는 여러 가지 과일로 나를 대접해 보는 시간을 갖는다.
④ 자신의 새로운 내면 탐색으로 소중함을 인지한다.
⑤ 나를 대접하는 과정에서 자기 사랑을 인식한다.
⑥ 스스로 대접하는 기회를 통해 소중하고 괜찮은 사람임을 안다.
⑦ 집단원들의 내면을 들여다봄으로써 나의 모습을 통찰한다.

준비물

색지, 포도, 사과, 방울토마토, 향초, 참외, 아몬드.

작품 활동 안내

① 다양한 과일과 푸드 재료를 유심히 들여다본 후 평소 좋아하는 재료를 준비한다.
② 미리 준비한 푸드 재료를 가지고 나를 위한 다과상 차리기를 한다.
③ 좋아하는 과일과 싫어하는 과일에 대해 내면을 탐색한 후 다른 집단원의 내면도 탐색하는 시간을 갖는다.
④ 집단원들과 싫어하는 과일에 대해 나누고 내가 생각했던 부정적인, 또는 안 좋은 기억에 대한 새로운 인지를 하는 시간을 갖는다.
⑤ 새로운 인지로 재구성할 수 있는 기회를 준다.
⑥ 편안한 마음으로 내면을 들여다보는 경험을 통해 스스로 소중하고 괜찮은 사람임을 인식하고 나를 위한 특별한 상차림을 하여 행복과 기쁨을 만끽하는 마음 상태의 결을 살펴본다.
⑦ 표현된 작품에 대해 나누고 집단원이 서로 지지와 격려를 충분히 나눈 후 집단원들과 나누어 먹는다.

TIP

일상생활에서 대접하고 대접받는 습관을 들이자. 꼭 과일이 아니어도 평소에 좋아하는 음식으로 다른 사람을 위한, 나를 위한 상차림을 통해 마음의 행복과 평안을 느끼며 긍정적인 감정으로 사랑을 경험한다.

<table>
<tr><td>주제</td><td colspan="2">마음결 고르기: 나를 위한 다과상</td></tr>
<tr><td>작품
스토리 및
의미</td><td colspan="2">나를 위해 다과를 준비해 본 적이 없다. 바쁘게 살아온 것도 있지만 내가 나를 대접하는 데 익숙하지 않아 어떻게 대접해야 하는지도 몰랐다. 과일을 다 좋아한다. 특히 포도를 좋아하고 홍옥도 식감이 좋아서 제철에는 사 먹게 된다.</td></tr>
<tr><td colspan="3">작품 구성</td></tr>
<tr><td colspan="2"></td><td></td></tr>
<tr><td colspan="2">행복한 다과상</td><td>트라우마 극복</td></tr>
<tr><td colspan="2">◈ 작품 스토리 구성
사과 중에 홍옥이 맛있어 좋아한다. 방울토마토도 한입에 쏙!</td><td>◈ 작품 스토리 재구성
참외에 대한 안 좋은 기억을 극복하고 나를 위한 대접을 멋지게 하고 싶다. 맘과 몸의 여유를 느끼며…</td></tr>
<tr><td colspan="3">◈ 집단 공동체 치유와 성장점의 작품

우리들을 위한 다과상</td></tr>
</table>

다들 자신을 위한 다과상을 보니 자신들을 사랑함이 마음에 와닿는다. 나 자신을 세상에 던져 버리고 살아온 날이 벌써 50대 후반이라니 슬프고 서글픔이 마음에 엄습해 온다. 지금도 늦지 않았을까 하는 마음으로 오늘부터는 나 자신을 위해 좋아하는 과일로 나를 대접해 보련다.

◈ 집단 진행 중 공동체 치유와 성장점에 대한 통찰

A : 차리는 내내 먹고 싶은 것을 고르고 집중하는 과정이 너무나 즐거워서 마치 어린 시절 빠꿈살이(소꿉놀이)를 할 때의 아무 근심 걱정 없던 나로 돌아간 기분이었다. 집단원이 너무 사랑스럽고 예쁘다고 해준 말이 인정받고 지지받는 기분이 들어서 기뻤다. 어린 시절의 나는 사탕을 좋아했었는데 언제부터 사탕은 먹으면 안 되는 음식이 되어 있었을까? 의문을 갖게 했다. 이 의문에 답을 찾는 과정에서 어른이 된 나는 단맛에 (살찔까 봐) 죄책감을 갖고 있고, 사탕은 어른이 먹으면 안 되는 것, 건강에 좋지 않은 것이라는 나의 기준을 보게 되었다.

B : 나를 위한 대접을 할 수 있는 사람이 남을 대접할 수도 있다는 말씀이 마음에 남는다. 좋아하는 과일을 깨끗하게 씻어 정감 있게 올려 놓고 오늘은 평소 멀리했던 과일도 나를 위한 다과상에 살포시 올려 보았다. 집단원들의 '축하한다'는 말이나, '멋져요!'라는 말을 받아들이는데 아직은 어색했다. 이 또한 회기가 진행될수록 가까이 맞이할 수 있으리라 기대해 본다.

C : 특별히 나를 대접하는 마음으로 정성껏 차렸다. 막상 차려진 음식을 보니 기쁘지 않았다. 건강에 좋은 음식으로 나에게 대접했지만 내가 좋아하는 음식도 없고 대접받는 느낌이 안 들었다. 건강은 평소에 잘 챙기고 다음엔 내가 좋아하는 과일과 음식으로 나를 위한 특별한 다과상을 차리고 싶다.

D: 아침을 제대로 안 먹고 나왔다. 나를 위한 다과상은 차려질 때부터 기분 좋은 차림이었다. 어떤 꾸밈이 없어도 자연스럽게 맞이하는 상차림. 싫어한 과일도 없고 골고루 꾸며 보았다. 균형된 조화로운 느낌이 들어 내 삶도 그러할 수 있길 바라본다.

| 나를 위한 다과상 – 기타 작품 |

(작품 1) 나의 첫 다과상	(작품 2) 건강한 다과상

(작품 3) 스스로 챙김	(작품 4) 자연주의

작품 1 나를 위해 아기자기하게 정성을 가득 담아 차린 나를 위한 다과상. 평소 아기자기한 것을 좋아하지만 나만을 위해서는 차려본 적 없었던 나의 첫 다과상으로 나를 대접했다.

작품 2 올바르지 못한 식습관으로 내 건강에 대해 소홀했다. 오늘은 특별히 나를 위한 다과상이므로 건강한 재료로 대접하는 마음을 담아 차려 보았다.

작품 3 좋아하는 사과와 싫어하는 토마토를 하나의 나비로 만들어 통일성을 느끼게 해서 싫어하는 느낌이 줄어들게 차려 보았다. 안정감과 편안함을 느끼고 싶어 자연을 만들어 치유의 분위기를 만들어 나를 대접했다.

작품 4 자연주의에 초점을 맞춰 부추로 접시를 땋아 만들어서 포도와 부추씨, 꽃으로 포인트를 주고, 토마토와 포도를 꽂이와 리본 장식을 곁들여 나무 접시에 소박히 담아 보았다. 균형된 조화로운 느낌이 들어서 내 삶도 그러할 수 있길 바라본다.

PART **2.**

푸드로 만든 명함

우리는 누구나 꿈이 있다. 그리고 그 꿈을 이루기 위해 살아간다. 우리가 살아가는 그 길에는 어려움과 힘든 순간순간이 따르지만 자신의 꿈을 위해 부단히 달려온 우리 자신들을 위해 지금 이 순간 나만의 명함을 표현한다. 무엇을 생각하고 무엇을 위해 서라기보다 어떤 이유도 없이 나를 위한 행복한 미래의 모습을 그려보고 잠시 쉬어 갈 수 있는 시간을 스스로에게 보상해 주는 경험의 시간을 갖는다. 나는 누구인가를 다시금 탐색하는 시간 갖기를 통해 미래의 비전과 꿈에 맞는 특별한 명함을 만들어 성공한 나의 미래를 떠올리며 확신을 갖는다.

목표

① 10년 후의 성공한 나의 명함을 제작해 보고 미래를 계획한다.
② 진로를 탐색한 후 자신의 미래의 명함을 푸드로 표현할 수 있다.
③ 스스로의 미래를 생각해 보면서 목표를 생각해 볼 수 있다.
④ 인생 스토리를 구성해 보고 10년 후 나의 직업을 생각해 본다.
⑤ 미래에 내가 하고 싶은 직업에 대한 첫 명함을 만들어 본다.
⑥ 자신이 얼마나 잘 살아왔는지 스스로에 대해 긍정적인 면을 찾아본다.
⑦ 자신에게 높은 가치를 부여하여 자기 효능감을 키운다.

준비물

나뭇잎, 당근, 깻잎, 고구마, 사과, 국화꽃, 색돌, 젤리, 나뭇조각, 투명테이프.

작품 활동 안내

① 내 명함을 만드는 시간을 통해 얼마나 잘 살아왔는지를 스스로 칭찬하는 시간을 갖도록 한다.
② 자신의 미래 비전에 대해 다시금 확신을 갖게 하는 계기를 마련한다.
③ 지금껏 열심히 잘 살아온 자신에 대해 높은 가치를 부여하며 자기 효능감을 경험한다.
④ 비슷한 영역의 직업 목표를 가진 집단원들끼리 직업에 따라 조금씩의 차이가 있다는 점을 발견하고 서로 장단점을 얘기하는 시간을 통해 동기 부여를 한다.
⑤ 현재 상태에서 미래의 나를 상상해 보고 성공한 모습을 푸드로 만들어 보도록 한다.
⑥ 집단원들 각자가 만든 명함을 보면서 집단원들의 희망과 소망하는 꿈들이 반드시 이루어질 것 같다는 확신에 서로서로 지지와 격려를 보내 준다.

TIP

자신의 미래를 생각하는 기회가 되어 성공한 자신의 삶을 주도적으로 살아갈 수 있는 동기 부여를 스스로에게 하는 다짐과 통찰의 시간을 갖는다. 각자의 생각을 정리하는 시간과 자신의 위치와 상황에 대해 탐색하고 미래의 모습을 연상해 나만을 상징하는 또 다른 명함을 제작해 보자.

주제	푸드로 만든 명함
작품 스토리 및 의미	끝날 것 같지 않았던 어두운 터널의 끝에서 빛이 쏟아져 들어오듯이 나에게 상담은 그러했다. 나처럼 끝없는 어두움 속에서 헤매는 사람들을 위해 늘 빛이 되어주는 상담센터의 센터장 정선아, 바탕의 색지는 그동안 사용하지 않았던 검은 색지를 사용했다. 검은색은 터널을 의미한다.

작품 구성

가득 찬 늘빛상담센터	따뜻한 늘빛상담센터
◈ 작품 스토리 구성 욕심껏 나의 마음을 다해 꾸민 센터	◈ 작품 스토리 재구성 가득 채우려던 욕심을 버리고 더욱 환해진 센터

◈ 집단 공동체 치유와 성장점의 작품

성장한 집단원의 명함

10~20년 후 성공한 나의 간판을 제작하라고 하셨을 때 잘하고 싶은 마음이 커서 이렇게도 해보고 저렇게도 해보고 했는데 손이 느려서 그런지 진도가 나가지 않았다. 그때 옆에서 집단원이 작품을 다 했다며 도와줄 부분이 있냐고 물어봐서 함께 만들었는데 나만 늦었다는 생각에 조급했던 마음이 편안해짐을 느꼈다. 작품을 다 하고 나니 작품을 함께한 것처럼 나중에 상담센터도 함께 도와주고 도움도 받아야 겠다는 생각이 들었다. 기존에 함께 집단 활동을 했을 때는 길이 꼬불꼬불하고 여러 갈래 길을 표현했던 집단원이 경청이라는 작품을 설명하여서 보았는데, 이번에는 넓고 직선으로 곧게 뻗은 길을 표현한 것을 보고 집단원이 많이 성장했다는 것을 느끼고 피드백해 주며 집단원들끼리 축하해 주면서 집단의 힘을 느낄 수 있었다.

◈ 집단 진행 중 공동체 치유와 성장점에 대한 통찰

A : 마치 동화 표지 같이 아름다운 작품들을 보는 순간 기분이 좋아졌다. 그러나 한편으로는 확신 가득한 목소리로 미래를 자신 있게 말하는 집단원이 부럽기도 하였다. 나도 조금 더 자신감을 가져야겠다.

B : 다른 집단원 대부분은 목표를 가지고 있었다. 상담 계열이 아니더라도 하고 싶은 일이 있어 그것을 만들고 표현하였다. 다들 흘러가는 듯 살아가지만 서로의 길을 가고 있다는 생각이 들었다. 그리고 집단원들끼리 작품 사진에 대한 이야기를 나눴다. 거기서 한 집단원이 처음과는 변화되는 모습이 조금씩 보였다. 자신을 완전히는 아니지만 조금씩 드러내고 있었다. 그것을 보면서 나도 다른 집단원처럼 성장하는 모습이 보이지 않을까 생각했고, 나 스스로도 자연스럽게 표현하는 것을 보고 기분 좋았다.

C : 내담자의 마음을 귀담아들으려고 귀를 강조한 작품에서 마음속에 울림이 와 닿았고, 센터에서 자신의 미래를 펼치고 싶다는 집단원, 캄캄한 터널 속에서 상담을 만나 한 줄기 빛을 보았다는 집단원, 각각의 스토리를 들으면서 집단원들 모습에서 자신감과 내면도 한층 성장되었음을 느꼈고, 구체적으로 표현된 작품에도 빛이 반짝거린 것처럼 보였다. 나 또한 미래의 내 일에 대해 점진적으로 계획하고 있는 나를 발견하였고, 첫 명함의 열매를 맺기 위한 과정에서 나 자신을 믿고 그날을 위해 오늘도 차근차근 희로애락의 맛을 보며 살아가고자 노력하고 있음을 알았다.

| 푸드로 만든 명함 – 기타 작품 |

(작품 1) WEE 클래스	(작품 2) 세 잎 클로버가 주는 행복

(작품 3) 마음등대 상담센터	(작품 4) H 전문 상담사

작품 1 위클래스 전문 상담교사라는 진로를 가지고 있다. 위클래스 교실에서 아이들과 집단 상담 또는 개인 상담을 진행하며 교실에 들어서는 아이들이 편안하고 아늑한 느낌을 받기 위해 알록달록하게 밝은 재료들로 꾸몄다.

작품 2 무엇을 도와드릴까요? 모든 사람은 행복하게 살고 싶다는 소망을 가지고 있다. 그래서 천사의 마음으로 행복을 상징하는 세 잎 클로버로 표현하고 나니 마음이 오곡백과 익어 가는 가을의 풍성함으로 가득했다.

작품 3 대부분의 사람은 마음이 아파서 고통을 받는다. 그 마음의 근원인 나를 알아가는 프로그램을 단계별로 기획하여 튼튼한 마음을 찾아가는 동반자로서 등대의 역할을 하고 싶다는 의미를 담아 표현하였다.

작품 4 내 미래의 꿈은 전문 상담사이기에 그것에 어울리는 명함을 만들었다. 가운데의 H는 내 이름의 이니셜이고, 주변을 둘러싼 것들은 둥글게 모든 것을 포용하는 내 지향점을 나타냈다. 이니셜 가장 근처의 하트는 누구나 상관없이 편하게 찾아올 수 있는 상담소라는 내 꿈을 표현했다.

PART 3.

내 인생의 로드맵

내가 살아온 인생의 발자취를 되돌아보면서 나의 내면을 통찰한다. 지금껏 우리는 무엇을 위해 살아왔을까, 내 미래의 모습을 상상하면서 또 다른 내 모습을 그려 본다. 앞으로 무엇을 하고 싶은지, 무엇을 해야 하는지 나아갈 방향에 대해 계획을 세운 후 자신의 장점과 단점을 더욱 강화시켜 미래의 비전에 긍정성을 회복한다. 긍정성은 우리의 마음을 건강하게 할 뿐만 아니라 주변에도 긍정의 기운을 퍼지게 한다. 자신이 가지는 자원이 무엇인지를 찾아내어 우리는 계속적으로 긍정의 기운을 가지고 찬란한 내 미래에 긍정적인 자아상도 확립할 수 있다.

목표

① 앞으로의 인생 계획을 다시금 재확인한다.
② 내 인생의 스토리를 구성해 보고 내 인생의 로드맵을 짜 본다.
③ 내 인생의 로드맵을 통해 나를 뒤돌아보고 나아갈 방향을 안다.
④ 나의 10대, 20대, 30대의 로드맵 그리기를 통해 나의 내면을 탐색한다.
⑤ 과거-현재-미래로 나누어 표현하고 나에 대한 탐색을 한다.
⑥ 지나온 세월과 앞으로 나의 모습을 생각해 본다.
⑦ 나의 인생을 생각하면서 미래에 대해 새로운 마음으로 다가간다.
⑧ 성공한 나의 미래를 집단원들과 나눈다.

준비물

비스킷, 부추, 구절초, 구운 감자, 젤리, 검은콩.

작품 활동 안내

① 나의 유년기를 시작으로 현재의 나를 탐색해 볼 수 있도록 잔잔한 음악을 들려준다.
② 내가 지나온 나의 삶과 앞으로의 나의 삶에 대해 살펴본다.
③ 행복과 희망찬 미래를 꿈꾸는 모습에서 그 안에 항상 나와 함께하고 있음도 알아본다.
④ 내가 걸어온 발자취를 회상하면서 미래 나아갈 길을 구체화시킨다.
⑤ 내가 걸어온 인생 로드맵을 다양한 재료를 가지고 표현해 본다.
⑥ 푸드로 나타낸 성공한 나의 인생의 로드맵을 집단원들과 나눈 후 미래에 대한 확신을 갖는다.

TIP

내가 진정 원하는 것이 무엇이고 무엇을 위해 살고 있는지 목표를 세우고, 미래의 이미지를 구체적으로 그려보고, 살아오면서 내 인생의 멘토는 누구인가?
나의 장단점을 파악하여 나의 꿈과 비전에 맞는 새로운 로드맵 계획을 짜 보자.

<table>
<tr><td>주제</td><td colspan="2">내 인생의 로드맵</td></tr>
<tr><td>작품 스토리 및 의미</td><td colspan="2">이제부터 시작된 내 인생! 지금은 상담 공부를 하며 만학도로 열심히 미래를 준비하고 있다. 나와 같이 힘든 사람들을 수렁에서 나오게 도와주는 상담사가 될 것이다.</td></tr>
<tr><td colspan="3">작품 구성</td></tr>
<tr><td colspan="2"></td><td></td></tr>
<tr><td colspan="2">인생 곡선</td><td>목표를 향해</td></tr>
<tr><td colspan="2">◈ 작품 스토리 구성
바닥을 쳤으니 이제 올라갈 일만 남은 거야!</td><td>◈ 작품 스토리 재구성
목표는 가까이에 지금 내가 이루고 있는 중이다.</td></tr>
<tr><td colspan="3">◈ 집단 공동체 치유와 성장점의 작품

인생의 로드맵 예행 연습</td></tr>
</table>

FAT를 하면 언제나 나를 통찰하게 된다. 내가 지나온 나의 삶과 앞으로의 나의 삶… 목표는 항상 같다. 나와 같은 사람을 도와주는 상담사! 요즘 '과연 내가 상담사로서 자질이 있는가?', '내가 상담사를 잘할 수 있을까?'를 고민하던 차에 이번 회기를 진행하면서 나의 목표에 대한 열정이 있음을 알게 되었다.
완벽한 사람이 없듯이 완벽한 상담사도 없다. 너무 완벽하려고 한 건 아니었는지 다시 한번 생각해 보았다. 목표를 잡고 목표에 도달하기 위해 선택과 집중이 필요하지만, 집중이 집착으로 변하지 않도록 깨어 있어야겠다. 나의 인생에는 항상 언제나 태양의 밝은 빛이 함께하고 있다는 것도 잊지 말자.

◈ 집단 진행 중 공동체 치유와 성장점에 대한 통찰

A : 작품을 완성하고 보니, 내 안에 풍성하고 열정적인 삶을 목표로 전진하는 내가 있었음을 보았다. 그 안에서 행복과 희망찬 미래를 꿈꾸는 모습을 토대로 나와 함께하고 있음도 알았다. 앞으로는 적당한 휴식, 즐거움, 스트레스를 미루지 않고, 적절하게 취해야 함에 중요성을 부여할 것이다. 내게는 표현할 수 없이 감사한 푸드아트테라피 수업을 통해서 내면에 부정적인 사고와 행동의 의미를 단계적으로 깨닫게 되었고, 이제는 인생의 여정에서 물 흐르듯이 긍정적인 에너지를 발현시키며 살아가련다.

B : 나의 과거는 굳이 말하고 싶지 않아 솔잎을 이용해 블라인드처럼 표현하였고, 현재는 겉으로 보았을 땐 담담해 보일지 몰라도 마음의 상처도 있는 나의 모습을 단풍을 겹쳐 표현하였다. 미래에 대해 생각하는 게 조금은 벅차고 어렵다. 무엇이든 잘 해낼 수 있을 것 같은 자신감과 확신은 있지만, 무엇을 하고 있을지는 잘 그려지지 않는다. 천천히, 차분히 나에 대해 탐색하고 확신에 찬 미래 나의 모습을 빛나도록 나타내 보았다.

C : 10대 어릴 적에는 20대의 성인이 되면 다 크고 멋진 인생을 살 수 있을 거라 생각했다. 생각보다 20대는 사회에 적응하기에 한참 어린 나이였고, 아직도 10대처럼 덜 컸다고 느낀다. 지금은 얼른 30대의 안정적인 사회인이 되어 단단하게 살아가고 싶다. 인생에는 예행연습이 없다. 10대가 처음이었고, 20대의 청춘 역시 처음이다. 앞으로 맞이할 30대도 마찬가지다. 앞으로도 더 성장하여 점점 단단한 사람이 되고 싶다.

| 내 인생의 로드맵 – 기타 작품 |

(작품 1) 내 인생의 길

(작품 2) 현재를 생각하며 미래 다지기

(작품 3) 인생의 터닝포인트

(작품 4) 마음 치유 도우미

작품 1 어린 시절 인생이란 것이 어떠한 정해진 길 위에 존재한다고 생각했다. 살아가기 위한 방법엔 공부만이 존재한다고 생각했고, 실제로 당시의 일과 역시 대부분이 공부로 채워져 있었다. 꿈은 많았지만 그것은 소위 '공부를 잘해야 가질 수 있는 직업'이었기에 어린 시절의 내 길은 정해진 틀 안에서 꿈을 가지고 있었다. 그러다 순간 공부가 인생의 전부가 아니고 다양한 것들이 세상에 존재한다는 것을 깨닫게 되었다. 그때의 내 마음을 표현하고자 다양한 빛으로 길을 깨고 나오는 모습을 표현하였고, 그다음 청소년기는 내 인생에서 가장 힘든 시기를 표현했다. 언제나 부정적인 생각이 들었고, 뾰족한 가시로 내 주변도 다 찌르고 다니던 그 시절을 이쑤시개와 검은콩으로 만들어 봤다. 그리고 현재는 여러 가지 반짝이는 구슬, 예쁜 조화로 지금 내가 만족하는 현재를 나타냈다.

작품 2 10대, 20대, 30대의 나를 단풍잎으로 표현하였다. 단풍잎 하나하나와 그 옆에 있는 젤리는 경험을 뜻한다. 20대에서는 뜯어진 단풍잎과 붙여져 있지 않은 젤리들을 표현하였다. 그리고 노란색 젤리는 군인 시절을 표현하였고, 이렇게 표현을 해보니 많은 경험을 하고 싶어 하는 것을 원하고 있었다. 많은 경험으로 삶의 지식을 얻어 이후에 살아가는 데 도움이 되지 않을까 하고 30대를 끝으로 많은 경험을 통해 그림에는 보이지 않지만 40대, 50대, 60대가 되었을 때는 하나의 단풍잎이 아니라 단풍들과 젤리들이 모인 단풍나무가 될 것이다. 이렇게 나무가 되기 위해서는 한 발 한 발 여러 가지를 도전해 보아야겠다.

작품 3 나의 20대는 온전히 동서식품과 하나였다. 결혼을 하고 인생의 꽃길을 걸을 것만 같았던 30대, 가정불화로 끝날 것 같지 않은 어두운 터널 시절이 터닝포인트가 되어 나는 현재 상담심리학과에서 공부를 하고 있다. 나처럼, 터널에 갇혀 있을 사람들에게 도움을 주는 사람이 되고 싶다. 마이크를 잡고 강단에 서거나, 상담 장면에서 도움을 주는 상담자가 될 것이다. 일을 하면 나도 모르게 일중독에 빠지는 것처럼 일에만 집중하는 나를 잘 알기 때문에 나의 미래는 일과 생활의 균형을 잡고 사는 사람이고 싶다. 앞으로 10년 후의 나는 조금의 여유를 갖고 비행기를 타고 휴가 가는 나의 모습을 표현했다.

작품 4 지금까지 살아온 인생을 표현하려니 막막했다. 하지만 10대와 20대는 어린 친구인 내가 감당하기에 세상은 너무도 벅차고 힘겨운 나날이 되었다. 다른 사람들은 추억이라지만, 그 시절 당하는 나에겐 지금도 꺼내 보고 싶지 않은 아픈 시절이다. 학교 도착 전에 밭에 가서 밭일을 하고 등교를 해야 했고 도시락은 매일 꽁보리밥이어서 창피해서 뚜껑으로 가리고 먹었다. 지금도 생각하니 마음 한구석이 아파온다. 고난 속에 핀 꽃이 더 아름답고 향기로운 꽃이라는 말이 있듯이 지난 시절의 아픔과 시련들이 지금의 나라는 존재를 있게 한 것은 아닌지 하는 생각과 그 시대에 누구나 겪을 수밖에 없는 시대적인 사연이라는 말 또한 마음에 와닿는 것이 조금은 마음의 위로를 받게 되어 감사하다.

5부

마음밭의 기적

즐겁게 살려거든 주기 위한 주머니와
받기 위한 주머니를 가지고 다녀라.
-괴테-

FOOD ART THERAPY
GROUP COUNSELING

CHAPTER

10

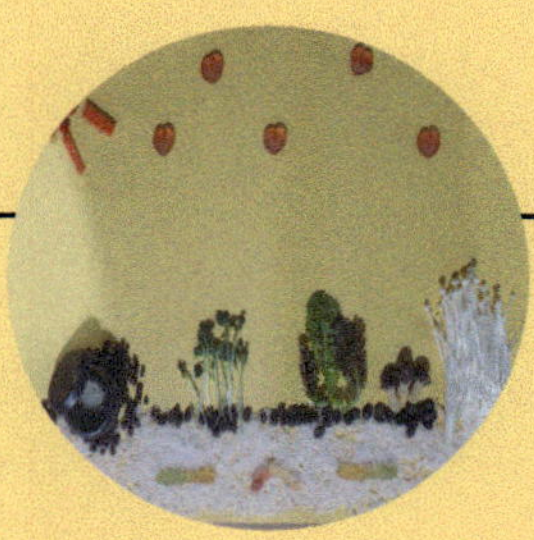

집단원 마음밭 바라보기

1. 마음결 고르기: 자신의 내면 바라보기
2. 나를 동물에 비유하기
3. 나의 신체를 통해 집단원 바라보기

맞이하기

맞이하기 단계에서의 효율적인 상담 기술은 상담자 자체의 편안한 자세와 태도, 생태학적인 감수성, 자연주의 테이블 세팅, 안전한 분위기 조성 등이며, 인위적으로 유도하지 않아도 내면의 감정과 생각으로 심리적인 위로와 마음의 안정감을 주는 '마음밭의 기적'을 생각하며 맞이하기를 준비하였다.

마음밭의 주인은 바로 나:

"도전하라, 성장점이 열린다."

PART 1.

마음결 고르기: 자신의 내면 바라보기

마음결 고르기는 집단 푸드 활동 체험 전 준비가 이루어지는 과정이다. 워밍업으로 긴장을 완화하기 위한 바라보기와 호흡에 집중하기 위함이다. 마음결 고르기의 마음가짐으로 편안한 호흡, 편안한 몸, 편안한 마음으로 긴장을 완화하고 내면에 집중과 몰입을 하여 존재감을 경험하기 위한 차분한 마음 상태의 결을 살펴본다.

목표

① 마음결 고르기를 통해 지금 마음 상태를 초코파이로 들여다보기를 한다.
② 내 마음과 어떻게 마주할지 초코파이로 표현한다.
③ 깊은 내면에 자리하고 있는 마음이 무엇인지 탐색해 본다.
④ 겉 초코파이와 초코파이 속에 마시멜로처럼 달콤한 내면을 들여다본다.
⑤ 마음이 긍정일 때 가장 생각나는 단어들과 부정의 마음일 때 생각나는 단어들을 통찰한다.

준비물

초코파이, 캔디, 색지, 팔.

작품 활동 안내

① 초코파이의 겉면과 속면의 마시멜로를 어떻게 표현할지 생각해 보도록 한다.

② 초코파이를 반으로 가른 후 열어 보고 초코파이 위에 내면을 조각한다.

③ 지금의 나의 욕구에서 덜어낼 것과 받아들일 것을 내면에서 구조화한 다음 푸드로 나타내 본다.

④ 내면에 갖고 있는 긍정적인 것과 부정적인 것을 탐색한 후 솔직하게 표현한다.

⑤ 몸과 마음을 힘들게 하는 방식(부정)을 내보내고, 나를 돕는 방식(긍정)을 선택할 수 있는 용기를 서로 알아주고 재구성을 하도록 한다.

⑥ 함께 나누고 함께 공감하면서 집단원들과 서로 지지와 격려를 해준다.

TIP

한 가지 차원에서 바라보지 말고 다양한 차원에서 전체를 바라보기. 단기적, 장기적으로 바라보기. 예상이나 추측을 하지 말고 현재 보이는 것을 기준으로 나의 내면을 찾아본다.

푸드아트테라피 집단상담 치료는 마음속 깊은 곳에 숨어 있는 자신도 모르게 가려져 있는 면을 자연스럽게 들여다보고 내 안의 나를 이해한다. 마음, 감정, 인식, 상상 같은 내면을 탐구하여 지금의 마음을 그대로 알아차림 한다. 그러다 보면 어느새 자신의 내면에서 나오는 분노, 슬픔, 억울함 등의 감정을 스스로 발견하게 된다.

주제	마음결 고르기: 자신의 내면 바라보기
작품 스토리 및 의미	초코파이의 겉면과 속면의 마시멜로를 어떻게 표현할지 생각해 보았다. 반만 가르고 열어 볼까도 생각하다 겉면의 반을 가르다 반대편을 다 걷어내게 되었다. 표현하고 싶은 대로 작품을 구성할 수 있음에 자유분방함이 있고 마음에 담아둔 힘듦이 밖으로 빠져 나가는 과정 같았다.

작품 구성

같은 행복

◈ 작품 스토리 구성

겉과 속이 나란히 행복했다.

안정된 나

◈ 작품 스토리 재구성

다리에 쿠션을 깔아 겉의 나와 내 안의 내가 편하게 앉은 모습을 표현해 보았다.

◈ 집단 공동체 치유와 성장점의 작품

우리들의 마음 안 바라보기

현재 달리고는 있지만 현재 상태에 물음표를 갖는 집단원, 나눠 주는 사랑이 행복하다는 집단원, 은행나무 열매의 겉은 냄새가 나고, 오랜 시간이 지나야 은행나무가 꽃을 피우듯이 어떠한 환경에도 자신은 꽃을 피워 낸다는 집단원의 스토리에서 깊은 마음속에 울림을 받았다. 지금의 나는 덜어낼 것과 받아들일 것을 내면에서 구조화하고 있음을 알게 되었고, 몸과 마음을 힘들게 하는 방식(부정)을 내보내고, 나를 돕는 방식(긍정)을 선택하고 있다. 그리고 새로운 일을 시도할 때 전진보다 멈칫하게 된다. 이제는 반복의 과정을 통해 해냄으로써 용기를 갖도록 할 것이다.

◈ 집단 진행 중 공동체 치유와 성장점에 대한 통찰

A : 이번 회기를 진행하면서 집단원들이 의외로 마음이 많이 아프다는 것을 알게 되었다. 마음을 공유하면서 집단원들과 함께 서로를 알아가는 즐거운 시간이었다. 자기가 아픈 곳은 있지만 괜찮겠지 하고 놓아둔 집단원에게는 얼른 병원을 가봐야 할 것 같다고 서로의 건강에 대해 챙겨주며, 아픈 곳에 대해 알고 있는 정보가 있으면 공유해 주고 지지해 주었다. 특히 귀에 이명이 있는데 항상 그래 왔다고 했던 집단원에게 마음이 더 쓰였다. 역시 아직도 난 귀에 대한 트라우마에 집착하고 있구나…. 우리 집단원들 모두 건강하자고 서로서로 격려하며 회기를 마쳤다.

B : 새내기 때는 언제 졸업할까? 멀게만 느껴졌지만 지금은 1년밖에 남지 않았다는 생각에 불안해지고 걱정이 많아지기 시작했다. 그러면서 매 순간을 즐기는 것이 아니라 시간에 쫓겨 미래만 계획하고 있었다. 마음속에는 당연히 답답하고 압박감으로 우울했다. 미래도 중요하지만 현재도 중요하다는 것을 이제야 알았다. 오늘이 행복해야 미래의 계획도 알아차림 하고 힘차게 나아갈 수 있을 것이라는 생각이 든다.

C : 집단원들의 작품 표현을 보면서 현시대를 살아가는 것이 얼마나 힘들고 어려운지 온몸이 다 아프고 쉬고 싶다는 말에 공감이 됐다. 눈물을 보이는 집단원을 보면서 많이 힘들구나, 많이 지쳐 있음에 마음이 짠하다. 20대 집단원은 먹고 싶은 것을 꼭 먹어 위에 즐거움을 준다는 순수함에 어찌 그리 사랑스러운지 나도 그땐 그랬을까 하고 20대로 잠시 돌아가 보았다. 나는 이렇게 말하고 싶다. “너는 특별하다. 너라는 이유만으로 충분하다.” 그러기에 많이 사랑하자.

| 자신의 내면 바라보기 – 기타 작품 |

(작품 1) 부정, 긍정, 용기

(작품 2) 수족냉증

(작품 3) 무의식의 내면

(작품 4) 미래 보금자리

작품 1 나의 마음에 자리 내어 준 부정적인 생각을 초코파이의 1단계는 초콜릿으로, 다시 긍정적인 생각의 2단계는 빵으로, 어느새 작아진 나의 용기에, 다시 용기 내자는 의미에서의 마시멜로로 3단계를 표현하였다.

작품 2 수족냉증이 심해서 손발이 항상 차가운 손. 혈액순환이 잘 되지 않아서 차가운 손가락을 초록색 고추로 표현했고, 손톱에 네일아트도 표현해 보았다.

작품 3 미래의 꽃길만 생각하다 보니 늘 걱정과 불안함, 압박감을 느끼고 있었다. 지금의 감정은 꽃길 걷는 행복한 마음을 표현했다. 하루 정도는 걱정과 불안으로부터 벗어나 그 순간을 즐기고 싶은 마음속을 표현하였다.

작품 4 미래의 내 집은 오로지 나를 위한 편안함과 안정감을 갖춘 단단한 곳이었으면 한다. 자연이 주는 힐링과 안정감 있는 공간에서 아무도 못 들어오고 나만 존재했으면 한다. 나를 위한 성공을 꿈꾸고, 그 성공이 나의 존재 가치를 있게 해주는 욕심을 조용히 간직하고 싶다.

PART 2.

나를 동물에 비유하기

대부분 사람들은 내가 어떤 사람인가, 또한 내가 어떤 이미지로 보이는가, 아니면 내가 어떤 모습으로 보이는가에 관한 생각을 많이 한다. 나를 동물에 비유해서 생각해 보면 선뜻 떠오르지 않을 수 있다. 따뜻하게 감싸 주는 손길에 잠을 자는 강아지, 바쁘게 살아오다 보니 몸도 마음도 챙기지 못한 나를 강아지로 표현하여 의미를 부여해 보자. 겉으로 보기에 동작이 빠르지 못하게 보여 행동이 느린 곰으로도 표현할 수 있다. 그렇지만 내면은 너그럽고 따뜻한 의미를 담고 있는 곰돌이로 또는 미래의 나는 밝고 온기 있는 사람으로 여러 타인과 어우러져 융합하면서 밝은 에너지를 서로 주고 싶은 나를 또 다른 동물로 표현해 보자.

목표

① 지금 있는 그대로 나의 내면을 들여다본다.
② 겉모습보다 속마음의 아름다움을 비추어 본다.
③ 푸드를 통해서 다시금 속마음의 가치도 높여 본다.
④ 나를 동물에 비유해 표현함으로써 나의 약점과 강점을 안다.
⑤ 나를 동물로 표현하면 어떤 동물일까를 생각해 본다.
⑥ 현재의 모습인 나를 인정하고 발전시키려 하는 마음을 갖는다.

준비물

사과, 포도, 고구마, 알로에, 다시마, 돈가스 소스, 색종이.

작품 활동 안내

① 잠시 눈을 감고 생각에 잠기도록 음악을 틀어준다.
② 나를 어떤 동물에 비유할 수 있을까?를 생각해 본다.
③ 떠오르는 동물을 연상하면서 또 다른 나를 표현하도록 한다.
④ 표현한 동물의 장단점을 알아보고 집단원과 함께 나눔을 하도록 한다.
⑤ 동물에 비유된 나의 모습과 실제 동물의 모습에서 긍정성을 회복할 수 있도록 지지하고 재구성 과정을 할 수 있도록 한다.
⑥ 현재의 모습으로서 나를 인정하고 발전시켜 날마다 새롭고 건강한 마음과 건강한 몸으로 나를 사랑하는 마음을 집단원들과 나눔을 한다.
⑦ 동물로 표현한 나의 모습과 집단원들의 모습을 집단원들과 서로 나누면서 지지와 격려를 한다.

TIP

오리의 하루 나들이

편안하고 화창한 하늘에 뭉게구름이 떠 있고 강가에 노닐다가 새끼 오리를 보고 풀숲으로 나오는 어미의 사랑 넘치는 장면이다. 동물이든 어패류든 조류든 어미와 자식의 사랑은 무한정이란 것을….
언제나 우리는 자식에 대한 그리움과 사랑이 충만한 것 같다.

<table>
<tr><td>주제</td><td colspan="2">나를 동물에 비유하기</td></tr>
<tr><td>작품
스토리 및
의미</td><td colspan="2">동물을 비유하여 나를 표현함으로써 나의 내면을 통찰할 수 있는 기회가 된 것 같다. 하트 심장을 갖고 있는 초원에 사는 사자를 표현했다.</td></tr>
<tr><td colspan="3">작품 구성</td></tr>
<tr><td colspan="2"></td><td></td></tr>
<tr><td colspan="2">하트 사자</td><td>하트 사자 가족</td></tr>
<tr><td colspan="2">◈ 작품 스토리 구성
초원에 앉아 있는 사자</td><td>◈ 작품 스토리 재구성
새끼 사자들과 함께 있는 사자</td></tr>
<tr><td colspan="3">◈ 집단 공동체 치유와 성장점의 작품

집단원들의 또 다른 모습</td></tr>
</table>

나를 동물로 표현하면 어떤 동물일까? 하는 생각을 계속해 보았다. 사자, 고양이, 개, 독수리, 호랑이… 여러 가지 동물들이 떠올랐지만, 막상 어떤 동물일지는 생각나지 않았다. 그러던 중 일전에 보았던 사자와 강아지를 비교해 놓고 '센 사람과 싹수없는 사람'이라는 웃음을 주는 사진을 봤던 생각이 났다.
사진 속에 사자는 아무것도 하지 않았지만 존재 그 자체만으로도, 보는 것만으로 그냥 상황을 끝내 버릴 것 같은 무게감과 위엄을 주는 카리스마가 있었다.
재구성을 하는데 새끼 사자들과 함께하는 사자의 모습을 구성해 보았다. 나는 위엄과 무게감만 주는 엄마가 아닌 아이들에게 따뜻하고 온화한 엄마, 무조건적인 사랑을 보내는 엄마가 되어야겠다고 생각했다.

◈ 집단 진행 중 공동체 치유와 성장점에 대한 통찰

A : '나태함'이란 단어에 가장 잘 어울리는 나무늘보를 표현하였다. 나무늘보는 나무에서 주로 생활하지만, 나는 침대에서 주로 생활하기 때문에 비슷하다는 생각이 들었다. 약속이 없는 날엔 항상 잠을 자거나, 누워 있으며 심지어 게으름 피우다 지각하는 날도 빈번하다. 나무늘보를 표현하면서 규칙적인 생활을 하도록 노력해야겠다는 통찰을 했다.

B : 나를 동물로 비유한다고 했을 때 왜인지 모르겠지만 생쥐가 바로 생각이 났다. 내가 생쥐랑 닮았나? 그런 생각이 들면서 나랑 여러 가지로 관련이 되어 있었다. 우선 1996년이 쥐띠해이다. 그리고 나는 물건이 있으면 잘 아껴서 모아두고 버리지 않았다. 그래서 부모님이 쥐처럼 행동을 한다고 그렇게 부르시곤 했다. 이렇게 나를 동물로 표현해 보았을 때 비범하고 멋있는 동물이 아니라 조그마한 쥐가 생각나서 조금은 자존심도 상했지만, 나에 대해 떠올려보고 있는 그대로의 나를 받아들이는 것이 맞다는 생각이 들어서 쥐로 표현을 했다.

C : 강아지 같이 귀여운 내 얼굴을 집중해서 표현했다. 특히 코를 강아지 같이 동글동글하게 표현했다. 꼭 내 얼굴을 닮았다기보다 귀여운 강아지 느낌을 표현하고 싶었다.

D : 고양이를 표현하려고 했다. 나는 고양이처럼 내 영역을 지키고 싶어 한다. 그리고 누군가에겐 살랑살랑 꼬리를 흔들지만 다른 누군가에겐 오지 말라고 경고를 보낸다.

| 나를 동물에 비유하기 – 기타 작품 |

(작품 1) 고슴도치

(작품 2) 곰돌이

(작품 3) 공작새

(작품 4) 사막여우

작품 1 고슴도치는 자신이 위험하다고 느끼면 네 다리를 배로 모아 몸을 둥글게 만들고 몸의 가시털을 세워 자신을 방어한다. 난 낯선 사람에 대한 경계를 하며 자기 방어가 강하고, 간혹 친한 관계에서도 까칠한 성격이 고슴도치 같아서 표현하였다.

작품 2 친근한 이미지의 곰처럼 온정 있고 타인과 소통하며 인생을 살고 싶다. 그러기 위해서 앞으로 같이 어우러져 살기 위한 작업으로 열매를 맺고 있고, 그 열매들을 차근차근 모으고 있는 중이다.

작품 3 딸로서 한 가정의 아내로서 세 자녀의 엄마로서 그때그때 겉모습에 맞는 옷을 입고 살아왔는데 문득 나를 보니 겉모습에만 신경을 쓰고 내 속마음은 가끔 꺼내 보다가 잊고 살았는데 푸드를 통해서 다시금 속마음의 가치도 높여 본다.

작품 4 외모적으로 내가 누구를 닮았다고 했을 때 특정 인물보다는 사막여우나 쥐 같은 동물을 닮았다는 얘기를 들었고, 사막여우의 성격도 비슷하게 맞는 부분이 있다는 것을 알게 되었던 시간이었다.

PART 3.

나의 신체를 통해 집단원 바라보기

자신의 몸을 머리끝에서 발끝까지 잘 살펴보고 몸이 보내는 신호를 무시하지 말고 잘 살펴볼 필요가 있다. 우리의 몸은 항상성을 가지고 있기 때문에 균형이 깨지게 되면 바로 신호를 보낸다. 몸이 보내는 신호에 귀 기울여 몸과 대화하는 기회를 통해 삶의 균형을 찾아 돌이킬 수 없는 상황을 미리 방지하여 마음, 영혼, 생각, 사고를 건강하게 잘 유지해서 올바른 생각과 마음의 평안을 유지해야 한다. 나의 몸에 늘 감사하며 몸의 소중함을 잊지 말자.

목표

① 내 신체 감각에 집중해서 나의 불편한 곳을 알고, 나만의 힐링법을 알아본다.
② 몸이 보내는 신호를 잘 알아차림 할 수 있다.
③ 나 자신의 신체를 통해 온전히 나를 바라볼 수 있다.
④ 나의 신체를 느끼며 모든 느낌을 관찰할 수 있다.
⑤ 나를 잘 지켜준 몸에 대해 감사함을 안다.
⑥ 집단 진행 중 공동체 치유와 성장점을 통찰한다.
⑦ 내 신체의 감각에 집중해서 나의 불편한 곳을 알고, 나만의 힐링법을 알아본다.
⑧ 서로 지지와 격려를 통해 집단의 역동을 경험할 수 있다.

준비물

커피콩, 과자, 솔, 루드 감자, 비스킷, 콩.

작품 활동 안내

① 조용히 눈을 감고 현재 불편한 나의 신체를 탐색한다.
② 어떻게 하면 불편한 몸이 이완되면서 릴랙스할 수 있을까를 생각한다.
③ 불편한 몸을 어떻게 하면 편안해질 수 있는지 생각해 보는 시간을 갖는다.
④ 준비한 재료를 가지고 자신의 신체를 표현하고 아픈 부위를 특정하게 나타내 본다.
⑤ 집단원들과 나누는 과정에서 아픈 몸의 부위를 알아차리고 나에게 보상을 주는 것으로 무엇을 할 수 있는지 서로 나눈다.
⑥ 나눈 이야기를 토대로 집단원에게 따뜻한 말 한마디를 포스트잇에 적어 불편한 신체 부위에 붙여 준다.
⑦ 서로 정보를 나누는 과정에서 긍정적이고 집단원에 대한 감사한 마음을 전하고 자신의 몸의 소중함도 함께 일깨운다.

TIP

원시적인 감성을 잘 아는 것. 원시적인 감성이란? 돈을 들이지 않고 신체를 잘 살피고 보살필 수 있는 것이다. 당기지도 않은 음식을 먹어 치우는 것은 생명력을 거스르는 것이다. 목덜미가 당길 때는 어떤 음식을 먹어야 하는가를 잘 알아야 한다. 습관적으로 먹는 것은 무딘 것이다.
내 몸이 어떤 상태일 때 어떤 음식을 먹으면 진정이 되고 몸이 편안한지를 아는 것, 참으면 날 몰라주는 사람에게 원망으로 나오고 폭발하게 된다.

<table>
<tr><td>주제</td><td colspan="2">나의 신체를 통해 집단원을 바라보기</td></tr>
<tr><td>작품
스토리 및
의미</td><td colspan="2">나의 신체를 표현하려니 손가락 하나 까닥할 기운이 없다. 난 지금 이대로 시체 놀이하고 싶다. 눈만 뜨면 가정주부로 엄마로 아내로 자식으로 학생으로 이젠 상담 실습까지… 한계에 다다르니 지친다.</td></tr>
<tr><td colspan="3">작품 구성</td></tr>
<tr><td colspan="2"></td><td></td></tr>
<tr><td colspan="2">지친 나</td><td>든든한 지원군에 감사</td></tr>
<tr><td colspan="2">◈ 작품 스토리 구성
나를 시체로 표현</td><td>◈ 작품 스토리 재구성
살고픈 마음에 또 다른 내가 부른다.</td></tr>
<tr><td colspan="3">◈ 집단 공동체 치유와 성장점의 작품

집단원들의 또 다른 모습</td></tr>
</table>

오늘은 눈물이 수도꼭지 같다. 누군가 틀어 놓은 것도 아닌데 슬프고 눈물이 하염없이 흐른다. 무슨 영광을 보려고 이 나이에 학교를 다닌다고 힘들어하는지 모르겠다. 하지만 집단과 함께 한 시간을 통해 난 혼자가 아니구나 하는 마음에 오늘도 감사한다. 함께한 친구들의 응원의 메시지는 또 한 번 눈물샘을 자극하고 같이 함께 가자는 말에 든든한 지원군을 얻는 기쁨을 온몸에 느껴온다. 그래 힘들지만 일어나서 천천히 걸어보자. 내일 일은 내일 생각해야지라고 느껴본다.

◈ 집단 진행 중 공동체 치유와 성장점에 대한 통찰

A : 평소에 긴장하거나 스트레스를 받으면 승모근과 목덜미, 뒷머리 쪽이 아픈 나. 요즘 이런 저런 일들로 인해 스트레스를 많이 받고 있고, 코로나19로 인해서 평소 하고 있던 요가도 못 하고 있어서 더더욱 몸이 불편한 상황이었다. 이런 몸을 알아차리고 나에게 보상을 주는 것으로 무엇을 할까 생각하다가 노래방에서 현란한 조명 아래서 빠른 템포의 댄스곡을 부르는 것으로 정하고 재구성해 봤는데 재구성하는 중에 나도 모르게 빙긋 미소 짓고 있는 나를 알게 되었다. 이런 내용을 말하는데 집단원들로부터 노래방이 얼른 다시 열었으면 좋겠다고 말해 주어 지지받고, 나의 힐링법이 인정받는 기분이 들어서 기분이 한층 업됨을 느꼈다.

B : 집단원이 부정적이고 우울한 감정을 이해하고 받아들이는 긍정적인 모습이 보여서 같이 치유되는 느낌을 받았다. 우울하고 축 처지는 감정을 무조건 배척하는 것보다 받아들이고 이해하고 분위기를 바꿀 수 있는 힘을 같이 얻어 가서 귀찮고 하기 싫은 일(공부, 과제)에 대해 도전할 수 있는 발판이 되어 성장하는 시간이 되었다고 생각한다. 힘이 없는 날 집단을 생각해 더 나아갈 수 있는 나를 만들도록 노력해야겠다.

C : 몸의 상태를 푸드로 간단하면서 손쉽게 표현이 되어 이전 작품들과 달리 흥미로웠다. 집단원들 신체에 나름대로 고통과 불편함, 고마움과 미안함의 스토리를 듣고서 사람의 삶이 누구나 그렇게 견디며 살아가는 거구나, 나만 힘든 게 아니라는 것! 하루하루에 더 감사하며 살아야 함을 깨닫게 되었다. 또한, "신체가 건강해야 정신도 건강하다"라는 진리 속에 나의 신체가 주는 고통의 신호를 무시하지 말고, 나의 신체를 사랑하고 아끼며 힘들 때는 잠시 쉬어가야겠다. 특히 오복 중의 하나인 눈을 잘 관리하여 줄 것을 나에게 다짐한다.

| 나의 신체를 통해 집단원을 바라보기 – 기타 작품 |

(작품 1) 나를 알아차림	(작품2) 아픈 눈

(작품 3) 나의 통찰	(작품 4) 빨강 머리 앤

작품 1 나의 신체 부위 장단점을 어느 정도 알고 있는지 돌아보는 시간이었다. 자기 자신을 가꾸는 일은 결코 쉬운 일은 아니며, 자신에게 어울리는 옷이 무엇인지조차 모르는 사람들이 많다. 그에 비해 난 나를 잘 알고 있구나 하는 안도감으로 어떤 옷을 입든 자신 있게 소화하는 편이다.

작품 2 커피콩으로 나의 몸을 만들어 보았고, 제일 불편하고 힘든 나의 눈이 고통에 시달리고 있음을 바로 알 수 있도록 빨간색 볼로 강조해 주었다.

작품 3 사실 자신의 신체에 대해서 깊게 관찰하고 통찰해 볼 기회는 많지 않았기에 이번 작품을 진행하면서 나 자신의 자아뿐만이 아니라 직접적으로 타인에게 보이는 신체에 대해서 어떻게 생각하는지에 대해 생각해 볼 수 있었다.

작품 4 시커먼 커피콩으로 도화지 위에 놓고 하다 보니 그냥 손이 갔다. 그러다 빨간 머리 앤이 떠올랐다. 차분하게 신체 표현을 하고 싶어 파랑 색지를 표현했다. 그리고 아픈 곳을 표현하는데 해놓고 보니 허리 아래도 있구나…. 고생하고 애쓴 나 자신이 보인다.

CHAPTER

11

마음 성장점과 해냄 확인

1. 마음결 고르기: 마음밭 이미지 표현
2. 빛과 그림자: 성장곡선
3. 푸드 성장일기: 전문가의 라이프스타일

맞이하기

맞이하기 단계에서의 효율적인 상담 기술은 상담자 자체의 편안한 자세와 태도, 생태학적인 감수성, 자연주의 테이블 세팅, 안전한 분위기 조성 등이며 인위적으로 유도하지 않아도 내면의 감정과 생각으로 심리적인 위로와 마음의 안정감을 주는 '나의 마음밭'을 생각하며 맞이하기를 준비하였다.

내 마음은 이미 꽃밭이야 !

PART 1.

마음결 고르기: 마음밭 이미지 표현

마음결 고르기는 집단 푸드 활동 체험 전 준비가 이루어지는 과정이다. 워밍업으로 긴장을 완화하기 위한 바라보기와 호흡에 집중하기 위함이다. 마음결 고르기의 마음가짐으로 편안한 호흡, 편안한 몸, 편안한 마음으로 긴장을 완화하고 내면에 집중과 몰입을 하여 존재감을 경험하기 위한 차분한 마음 상태의 결을 살펴본다.

목표

① 마음결 고르기를 통해 지금 나의 마음 상태를 살피고 보살피기를 한다.

② 지금 마음의 상태와 마음결을 연결 지어 내 마음의 이미지를 표현할 수 있다.

③ 내 마음과 친밀감을 갖고 함께 수용해 주고 바라봐 주기를 할 수 있다.

④ 내 마음을 받아들이는 과정을 탐색하는 가운데 관계 속에서의 나의 모습을 통찰할 수 있다.

⑤ 나의 마음밭 이미지를 표현하면서 타인의 마음밭을 탐색하고 긍정적인 자원을 찾아내는 가운데 열린 마음으로 받아들이기와 해냄을 확인할 수 있다.

⑥ 집단원들과의 역동 속에서 나의 마음밭과 집단원들의 닮은 점과 공통점을 수용하고 잘 받아들이기를 통해 서로의 마음밭을 보아주고 찾아주기를 한다.

⑦ 집단원 마음밭 이미지를 작품화하면서 주로 사용하는 에너지를 찾아줄 수 있다.

⑧ 서로의 이미지 작품을 구성과 재구성을 통하여 잘 찾아갈 수 있도록 배려할 수

있다.

⑨ 내가 좋아하는 과일과 싫어하는 과일을 받아들이는 과정을 탐색하는 가운데 관계 속에서의 나의 마음결 모습을 통찰한다.

⑩ 싫어하는 것과 좋은 것의 마음결을 잘 살펴보고 닮은 점을 찾아내고 열린 마음으로 받아들이기와 해냄을 확인한다.

⑪ 집단원들과의 역동 속에서 나의 마음결의 닮은 점과 공통된 마음결을 수용하고 잘 받아들이기를 통해 마음결을 살펴보는 해냄을 확인한다.

준비물

포도, 사과, 배, 토마토, 바나나, 방울토마토, 참외, 아보카도, 색 전지, 테이블보, 체리, 나뭇잎, 감태, 부추꽃, 부추.

작품 활동 안내

① 여러 가지 다양한 과일을 준비한 후 좋아하는 과일과 싫어하는 과일을 선택한다.

② 선택한 과일을 앞에 두고 오감으로 맞이하기와 바라보기를 한다.

③ 나의 마음의 색깔은 어떤 색깔일까 살펴보고 집단원과 함께 이야기를 나눈다.

④ 표현된 나의 마음밭을 보면서 마음 안에 담고 싶은 감정을 담아 본다.

⑤ 내 마음이 언제 가장 즐겁고 긍정적인 감정인지 살펴보고 찾아 보고 해냄을 확인한다.

⑥ 마음 이미지 작품이 마음에 별로 안 들면 지금 솔직한 심정에 가까워질 때까지 내 마음 이미지를 재구성해 본다.

⑦ 지금 나의 마음과 심정이 통하는 집단원과 함께 이야기를 나누고 지지와 격려를 한다.

⑧ 집단원들과 각자 좋아하고 싫어하는 과정을 탐색하는 가운데 관계 속에서의 나의 모습을 통찰하도록 집단원들이 조력한다.

⑧ 참여한 집단원 모두 함께 마음 이미지 작품에 대한 이야기를 들으면서 집단원들

이 서로 지지와 격려를 하도록 장을 활발하게 한다.

⑨ 싫은 것과 좋은 것의 차이 속에서 닮은 점을 찾아내고 열린 마음으로 받아들이기와 해냄을 확인한다.

주제	마음결 고르기: 마음밭 이미지 표현
작품 스토리 및 의미	눈을 감고 오감으로 과일을 만져본 후 나와 결이 맞는 과일과 싫어하는 과일을 선택하면서 즐겨 찾는 과일과 싫어하는 과일을 좀 더 세밀히 결 고르기를 해보았다.

작품 구성

좋아하는 사과와 싫어하는 배

순백 색깔의 배의 결로 피어난 꽃

◈ 작품 스토리 구성

사각사각 상큼한 사과의 향기에 저절로 손이 가는 먹음직스럽고 사랑스러운 과일로 나에게 사랑을 받는다. 온통 수분으로 둘러싸여 있지만 메인이 되지 못하는 배는 싫어하는 과일이다.

◈ 작품 스토리 재구성

간식, 디저트, 후식, 음식 만드는 데 있어 연육 작용을 하는 너무나 다양하게 끼워 맞추어도 손색이 없는 순백의 아름다움을 가진 배와 사과와의 결을 살리고 중요성을 새삼 느껴 본다.

◈ 집단 공동체 치유와 성장점의 작품

과일의 결을 살려 차린 다과상

평소에 사과만을 고집하였지만 오늘은 순백 색깔 배의 결을 살려서 나를 위한 다과상을 차려 보았다. 평상시에도 식사 후에는 후식으로 차와 과일로 마무리를 하였지만 지금 이 순간만큼은 나 하나만을 위한 고급스러운 세팅 후 과일을 친구로 벗 삼아 얘기도 나누고 마음의 무거운 짐이 가벼워지도록 훌훌 털어 버리는 시간이었다. 집단원과 함께 사과와 배의 결을 살린 다과를 함께하는 즐거움을 맛볼 수 있는 시간이 좋다.

◈ 집단 진행 중 공동체 치유와 성장점에 대한 통찰

A: 과일을 선택하고 오감으로 느낀 후 결을 살려서 슬라이스를 하는 동안 사과와 배의 숨결을 다듬는 호흡을 느꼈다. 사과와 배의 결을 살려서 슬라이스를 하는 동안 나는 마음의 관찰자로 초집중을 할 수 있었고 차분해진 호흡의 결을 느낄 수 있었다.

B: 인생을 좋아하는 것만 하고 살 수 없듯이, 과일에게도 나의 선입견이나 편견을 넣고 싫어한다고 멀리하는 것은 몸과 마음에도 총체적으로 건강하지 못하게 한다는 걸 느꼈다. 이처럼 타인에게도 싫어함과 좋아함을 먼저 생각하지 말고, 내가 다 좋아할 수 없듯이 타인도 나를 다 좋아하진 않을 것이다. 그렇지만 과일에도 생명력이 있고, 인간에게도 소중한 생명력이 있다. 좋고 싫음보다는 각자가 다 다름을 인정해 주고 이해하려고 해야 함을 느끼게 되었고, 그러기 위해서는 쉽지 않지만 결국은 그런 과정들이 나를 위한 것이고, 타인을 위한 것이고, 우리가 사는 사회를 밝은 긍정으로 인도하는 것이 아닐까 하는 작은 울림이 내 마음결 안에 퍼진다.

C: 푸드 집단상담은 푸드를 매체로 서로의 감정과 생각이 다르고 그날의 컨디션에도 다름을 알 수 있다. 마음밭 이미지를 표현한 후 많이 들어 주고 호응해 주는 푸드아트테라피 작품에서의 무궁무진한 감각들이 마음결 깊숙이에서 나오고 있음을 몸으로 전해지고 있다.

D: 좋아하는 음식과 싫어하는 음식이 이렇게 조화를 잘 이루는 걸 보고 싫어했던 것이 좋아지고 다른 사람들이 표현한 작품을 보니 너무 행복하였다. 좋아하는 것만 취했던 나에게 싫어하는 과일의 결을 볼 수 있었고, 집단원들도 각자의 결을 찾아가는 것을 볼 수 있었다.

| 마음밭 이미지 표현 – 기타 작품 |

(작품 1) 포도와 함께한 사과 토끼 마음

(작품 2) 따스한 온기로 채운 마음밭

(작품 3) 풍성하고픈 마음밭의 기운

(작품 4) 건강차로 맞이하는 마음밭

작품 1 내가 좋아하는 사과와 씨가 있어 싫어하는 포도를 재구성을 통해 사과 주위에 하트 모양을 만들어서 제일 좋아하는 것으로 결을 살려보았고, 토끼가 포도를 먹으면서 웃고 있는 표정으로 결을 살려 보았다.

작품 2 단순해 보이지만 소금으로 만든 하트에 구멍을 만들면서 요즘 나의 공허하고 힘든 마음 상태와 같다는 생각이 들었는데 초에 불을 붙여 하트 안에 놓으면서 나 스스로도 답을 찾고 치유되고 싶은 마음이 있음을 알게 되는 시간이었다. 따스한 촛불로 말미암아 마음의 온기가 느껴진 마음밭 이미지이다.

작품 3 코로나19로 인해 마음이 황폐화되어 가는 나의 모습, 그로 말미암아 나의 마음밭 이미지는 예민함으로 표현되었다. 예민한 마음밭 이미지를 아침 해의 따가움으로 표현해 보았다. 햇살은 따뜻함이 있지만 지나치면 뜨겁고 따가워지는데 스트레스로 인하여 마음에 여유가 없어지고 조급해져서 아이들에게 잔소리를 하고 있는 나의 모습과 같다고 느꼈다. 이미 열매를 맺어 가는 일들, 커가는 열매들 옆에는 잡초가 자라고 있는 모습은 내 안의 여러 가지 부정적인 감정이었구나! 그럼에도 불구하고 황폐해진 땅을 기름지게 만드는 지렁이들이 나의 내면의 힘을 다시 기르고 있다. 다시 작품을 보니 조금 전에는 보이지 않던, 밭 위에 열매들이 많이 맺힌 모습을 보게 되어 풍성해진 마음밭의 기운으로 재구성해 보았다.

작품 4 간식과 건강차를 준비하고 난 그 자연 속으로 빠져 들어가 준비해 놓은 건강차 한 잔, 건강을 생각해서 대추도 말리고 레몬도 말리면서 자연과 더불어 흙 속에 앉아 따뜻한 건강차로 나를 맞이하는 마음밭 이미지를 표현했다.

PART 2.

빛과 그림자: 성장곡선

빛과 그림자는 양면성이 있다. 누구나가 밝은 빛을 보기 위해 노력하고 달려가지 않을까? 그러나 성공한 사람의 뒷면에는 실패의 경험으로 뼈아픈 고통을 겪었다는 이야기를 한다. 빛이 있으니 그림자가 있고 함께 공존하고 있다는 것이다. 그림자도 반드시 함께 했었음을 알 수 있다. 해결해야 할 일이 해결되지 못하고 막힘이 있을 때, 그래서 힘들 때가 바로 성장점이 보이는 것이다. 어둠이 지나고 새벽이 밝아오는 것처럼… 빛과 그림자는 함께 공존하는 것이다. 빛과 그림자의 교차점 안에 있는 성장점을 찾아내고 해냄을 확인하고 축하해 주자.

목표

① 성공한 사람에게도 힘든 시기가 있었음을 안다.
② 인생의 밝은 면을 보기 위해서는 어두운 면을 극복해야 함을 안다.
③ 푸드로 나의 성장점을 찾아볼 수 있다.
④ 인생을 과일이나 채소로 표현하면서 집단원이 생각하는 성장 스토리를 들어줄 수 있다.
⑤ 집단원이 작품 안에서의 성장을 푸드로 표현하면서 푸드로 표현된 성장의 결을 살리고 푸드로 해냄을 확인할 수 있다.
⑥ 이것이 나의 성장점이다! 집단원들의 경험담을 함께 듣고 재구성을 통해 집단

원 들과 함께 인생 성장곡선을 재구성할 수 있다.

⑦ 집단원들의 성장점 안에 있는 힘들고 애씀을 함께 찾아주고 받아내기를 통해 해냄을 확인할 수 있도록 한다. '애썼구나! 정말 힘들었지? 힘든 고난을 이겨내고 보니 그 안에 성장점이 있었구나' 등 간접 경험으로 효능감을 갖는다.

⑧ 집단의 역동을 살피고 보살피는 동안 오늘의 주인공이 되어 본다.

준비물

검정 도화지 혹은 검정 부직포, 쌀.

작품 활동 안내

① 지금까지의 삶에 대해서 뒤돌아보고 가장 성장했다고 생각되는 시기를 떠올려 본다. 빛과 그림자에 비유해서 생각해 보도록 한다.

② 어려운 시기를 견뎌내면서 가장 힘든 부분은 무엇이고 그 시기의 감정을 표현할 푸드를 선정한다.

③ 어려운 시기를 과일과 채소로 비유하고 스토리로 작품을 구성해 본다.

④ 집단원이 돌아가면서 자신의 힘든 시기의 작품을 보고 감정을 나눈다.

⑤ 어렵고 힘든 시기를 그림자에 비유하고 문제가 해결된 상황을 빛으로 표현하여 빛과 그림자가 공유하고 있음을 인정하는 시간을 갖도록 한다.

⑥ 집단원들의 감정을 나누고 공유하는 시간 동안 서로 지지와 격려를 한다.

⑦ 집단원이 구성하는 작품 안에서 지금 다시 어려움이 온다고 할 때 추가하고 싶은 내용을 푸드로 재구성하고 스토리텔링 하여 작품 내용의 완성도를 향상할 수 있도록 한다.

⑧ 집단원들의 빛과 그림자로 표현한 성장곡선을 푸드로 표현한 작품에 대해 이야기를 나누면서 서로 피드백한다.

⑨ 푸드아트테라피와 함께하는 성장일기를 표현해 본다.

TIP

[성장일기]

아침에 일어나서 스트레칭을 한다. 결을 살려서 세수를 한 후 나의 몸에게 감사하고 미온수 한 컵을 감사함으로 마신다. 그리고 살아 있는 식물과도 대화를 나누고 식물에게 물을 주면서 생태학적 감수성을 느껴본다. 사과 슬라이스로 마음결 고르기를 하고 차 한 잔과 함께 간단한 아침식사를 한다.

오후에는 만나는 사람들에게 미소를 보이면서 나로 인해 평화롭기를, 행복하기를, 기쁨이 함께하기를 마음속으로 기도한다. 저녁에는 하루 일과를 소화하느라 애쓴 나에게 충분한 영양소가 깃든 저녁을 일찍 먹고 가볍게 30분 산책을 한다. 그리고 따뜻한 샤워를 하고 좋아하는 차 한 잔을 마시고 잠자리에 들면서 오늘 하루 감사함으로 마무리를 한다.

주제	빛과 그림자: 성장곡선
작품 스토리 및 의미	학기가 시작되면서 큰 부담감으로 시작된 첫 강의 생각에 힘들 것 같은 불안함(나의 그림자) 또 뭘 어떻게 공부해야 할지? 리포트는 너무 많지 않은지? 마음이 뒤죽박죽! 확확 뛰던 심장이 푸드로 표현하고 나니 혈압이 정상으로 변화한 모습. 열심히 노력하다 보니 벌써 종강이고 학점도 만점(빛)

작품 구성

학기 초의 불안한 그림자의 곡선

안정적으로 꿈을 찾아 성장하는 빛의 곡선

◈ 작품 스토리 구성	◈ 작품 스토리 재구성
여러 개의 마음과 불편한 생각을 하다 보면 나도 모르게 맥이 빨라지고 심장이 쿵쾅쿵쾅 난도질을 한다.	조용히 마음을 가다듬고 생각해 보면 차분해지는 것을 확연하게 느낄 수 있다. 나의 심장 박동 수가 차분해지면서 정상적으로 뛰는 심장…

◈ **집단 공동체 치유와 성장점 작품**

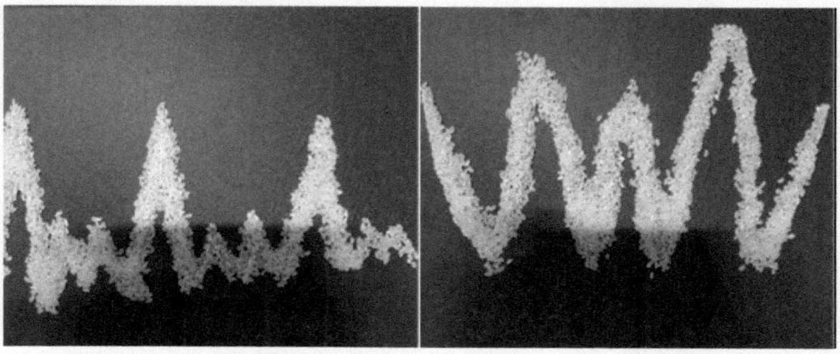

빛과 그림자의 성장곡선

마음을 가다듬고 푸드 명상을 해보았다. 음악을 잔잔하게 틀고 앞으로 내가 해야 할 일, 이런 저런 명상을 하다 보니 나의 심장 박동 수가 정상적으로 뛰고 있다. 편안해진 심장 박동 수의 결을 쌀로 표현하고 나니 '하면 할 수 있다. 시작이 반이다'라는 생각과 함께 차분해지고 있는 마음의 결 고르기를 해보았다. 몸과 마음도 결을 따라가다 보니 기분도 안정되고 호흡도 편안함이 느껴진다.

◈ **집단 진행 중 공동체 치유와 성장점에 대한 통찰**

A: 정상을 위해 달려가는 상황이 항상 즐겁고 신나는 일은 아님을 알게 되었다. 집단원들의 고난 속에 나의 아픔과 시련도 함께하고 있음을 알게 되었고, "상처 없는 새가 어디 있으랴!"라는 글귀가 떠오른다.

B: 솔직함이 빛이 될 수도 있고 그림자도 될 수 있음을 통찰하게 된 시간이었다.

C: 한쪽이 뜨거워지면 반드시 그늘진 부분이 있음을 통찰한 시간이다. 빈자리가 자꾸 신경이 쓰였으나 막히고 뚫리는 과정 속에 시원함을 느꼈다.

D. 이유 없는 감사함과 칭찬을 받을 때의 장보다는 조금이라도 꾸짖고 야단칠 때가 마음이 더 편안해지는 시간이었고 나에게 걸려 있는 불편한 그림자를 볼 수 있었다.

| 빛과 그림자 – 기타 작품 |

(작품 1) 인생은 방울토마토 나무(빛)

(작품 2) 빛과 그림자가 어울리는 나무

(작품 3) 힘들고 창피한 숨기고 싶은 그림자

(작품 4) 마음 치유 전문가로 빛나는 빛

작품 1 인생을 살다 보면 무수히 많은 사람을 만나게 되는데 그런 인연들이 여러 갈래로 가지를 뻗어나가게 되고 여러 인연이 만들어 주는 결실을 빛에 해당되는 토마토에 비유하였다.

작품 2 가끔씩 닥쳐올 시련들은 그림자로 생각하고 딱딱한 밤과 주름투성이인 대추와 매운 고추로 표현한 빛과 그림자 나무

작품 3 학교 도착 전에 밭에 가서 밭일을 하고 등교를 해야 했고, 엄마는 나만 보면 힘들다고 하소연하고 나는 호소할 곳이 없어서 술이 나의 위로가 되었다. 지금도 생각하니 마음 한구석이 아파진다. 내 인생의 그림자는 술로 세월을 보낸 시간인 것 같다.

작품 4 10년 후의 내 모습은 아픔과 상처투성이를 술로 버틴 그림자를 견뎌내고 당당하게 세상에 서 있는 마음 치유 상담 전문가로서 빛나는 성공적인 성장점이다. 빛나는 성공점은 나의 어두운 그림자를 견뎌낸 결과물이다. 결국 빛과 그림자는 항상 함께 공존하고 있다. 그림자의 에너지를 잘 돌리게 되면 찬란한 빛의 에너지가 나에게로 올 것을 믿는다.

PART 3.

푸드 성장일기: 전문가의 라이프스타일

전문가란? 특정 분야의 일을 줄곧 해와서 그 일에 대해서 풍부하고 깊이 있는 지식과 경험을 가지고 있는 사람이다. 꾸준한 노력과 열정을 쏟아야 전문가라고 할 수 있다. 상담 전문가의 라이프스타일은 다른 분야의 전문가와 비교가 되고 있다. 상처받은 사람을 보듬어 주고 안아 주고 치료해 주어야 하는 분야이다. 상처받은 사람을 치유한다는 일은 생명력 있는 에너지가 필요한 일이다. 특히 푸드예술 심리상담사는 라이프스타일에서 건강한 몸과 마음으로 상처를 치유할 수 있어야 한다.

목표

① 푸드예술 심리상담사가 되기 위한 라이프스타일의 역량을 함양한다.

② 10년 후, 20년 후 푸드예술 심리상담사로서 자신의 성공한 모습을 푸드로 표현하고 집단원들의 지지와 응원을 받을 수 있다.

③ 집단원들의 성공적인 스토리가 집단원 각자의 꿈과 희망을 향해 달려가고 있는 모습으로 성장의 밑거름이 될 수 있다.

④ 집단원들의 성공한 스토리 속에서의 모습을 보고 나의 성공적인 모습을 통찰할 수 있다.

⑤ 내 안에 걸림돌을 집단원의 스토리 안에서 디딤돌의 지혜로 통찰할 수 있다.

⑥ 모든 집단원과의 역동 속에서 푸드예술 심리상담사의 성공 모습을 볼 수 있도록

해냄을 확인한다.

⑦ 집단원의 작품 안에서 어색함이나 불편함이 보이면 서로의 에너지로 응원하고 격려한다.

⑧ 집단원들의 라이프스타일이 전문가로서 꼭 이룰 거라 생각하고 전문가의 꿈을 향해 달려가는 일상의 모습들을 그려 볼 수 있다.

준비물

바나나, 귤, 마시멜로, 색깔 전지, 당근, 뻥튀기, 부추, 김, 통크 과자.

작품 활동 안내

① 집단원들과 자신의 전문적인 부분에 대해 이야기를 나눈다.

② 집단원 각자의 인생의 목표와 실행되고 있는 목표에 대해 각자 살펴보고 10년 후, 20년 후를 위해 지금 무엇을 하고 있는지 푸드로 작품을 구성해 보도록 한다.

③ 지금까지 성취감이 있었던 경험에 대해서 서로 나눔을 갖는다.

④ 내가 정말로 원하는 푸드예술 심리상담사에 대해 신중하게 생각해 보도록 잔잔한 음악을 틀어 준다.

⑤ 집단원 각자의 전문성을 응원하고 집단원의 이야기를 들은 후 필요한 작품을 돌아가면서 푸드로 만들어 준다.

⑥ 집단원들이 구성한 작품에 해주고 싶은 응원 메시지를 포스트잇에 적어 보는 재구성을 한다.

⑦ 10년 후, 20년 후 집단원들의 전문적인 성장을 현장감 있게 축하해 주고 집단원 개개인의 인생을 의미 있게 성찰할 수 있도록 한다.

⑧ 푸드예술 심리상담사의 라이프스타일이 꾸준히 성장할 수 있도록 푸드 성장일기를 매일 작품으로 구성과 재구성을 해보도록 한다.

TIP

푸드예술 심리상담사로서 전문적인 라이프스타일을 매일매일 응원해 보자!

살아 있는 것은 기(氣)가 돌아다닌다. 기운이 뭉쳐 있을 때 나타나는 신체화 증상까지 생기게 하는 것은 내 몸을 잘 모르고 혹사시킨 것이다. 그러므로 푸드예술 심리상담사는 내 몸 상태를 머리 위에서부터 마음, 배, 팔, 다리, 어깨 등 어디에 힘이 들어가 있는지 잘 살피고 보살피기를 해야 한다. 매시간 과한 것을 줄이고 부족한 것을 살려야 한다. 푸드예술 심리상담사의 라이프스타일은 매일매일 푸드로 성장일기를 써나가는 것부터 시작해 보자.

<table>
<tr><td>주제</td><td>푸드 성장일기: 전문가의 라이프스타일</td></tr>
<tr><td>작품 스토리 및 의미</td><td>아침에 일어나서 스트레칭한 후 세수를 하면서 나의 몸에 감사하고 미온수 한 컵을 감사함으로 마신다. 그리고 살아 있는 식물과도 대화를 나누고 물을 준다. 사과 반쪽을 슬라이스하면서 마음결 고르기를 하고 건강 차 한 잔과 함께 나를 위한 찻상을 준비한 후 하루 일과를 맞이한다.
오후에는 만나는 사람들에게 미소를 보이면서 나로 인해 평화롭기를, 행복하기를, 기쁨이 함께하기를 마음속으로 기도한다. 저녁에는 하루 일과를 소화하느라 애쓴 나에게 충분한 영양소가 담긴 저녁을 일찍 먹고 가볍게 30분 산책을 한다. 그리고 따뜻한 샤워를 하고 좋아하는 차 한 잔을 마시고 잠자리에 들면서 오늘 하루 감사함으로 마무리를 한다.</td></tr>
<tr><td colspan="2">작품 구성</td></tr>
<tr><td></td><td></td></tr>
<tr><td>나의 몸 살피기 스타일</td><td>모두의 운디드 힐러</td></tr>
</table>

◈ 작품 스토리 구성

지금껏 나를 위한 밥상이라면 인스턴트 위주의 음식들이었는데 이제는 생선과 갈비처럼 맛난 요리들을 직접 해서 차리고 건강한 채소도 곁들여서 온전한 나를 위한 맞이하기 밥상을 준비하고 내 몸과 마음을 살피고 보살핀다.

◈ 작품 스토리 재구성

10년 후의 내 모습은 아픔과 상처투성이 내담자를 치료하는 운디드 힐러(wounded healer)로 당당하게 세상에 우뚝 설 수 있는 전문상담사이다.

◈ 집단 공동체 치유와 성장점 작품

건강한 전문가의 라이프스타일

석양을 바라보면서 좋은 사람과 함께 음악을 듣고, 차를 마시는 행복을 맛볼 수 있는 일상, 건강한 차와 함께 몸을 보살피고, 집단원의 기운을 느끼면서 숲으로 들판으로 자연과 함께 하는 라이프스타일은 모두가 바라는 전문가의 일상이었고 전문가 스타일의 바람이었음을 알게 되었다.

◈ 집단 진행 중 공동체 치유와 성장점에 대한 통찰

A: 반복되는 지친 생활에서 벗어나 자연 속으로 스며드는 생각을 할 수 있게 되는 집단원들의 라이프스타일을 함께 느껴 보았다. 여유로운 석양 속에서의 차 한 잔을 마시면서 몸과 마음을 살피고 보살피는 힐링의 라이프스타일을 맛볼 수 있는 통찰을 하였다.

B: 다른 집단원들과 서로 이야기하며 작품에 하나씩 놓아 보며, 아직은 서로 모르지만 끌리는 데로 표현하다 보니 상대방의 기분 전환을 위해 한마디씩 해주는 팀워크가 너무 뜻깊었다. 역시 전문가의 라이프스타일은 함께하는 사람들에게 기운을 주고 에너지 충전을 하는 힘이 있다. 귀차니즘에서 탈출하고, 운동도 시작할 수 있는 에너지가 느껴지는 시간이었다. 언제든 같이 할 수 있는 벗이 되고 싶은 마음을 통찰하였다.

C: 전문가의 라이프스타일은 몸과 마음을 먼저 다스려야 한다는 집단원의 뜻깊은 스토리가 마음에 와닿는다. 건강한 차를 마시고 직접 몸에 좋은 한방차를 가지고 다니면서 함께 시음할 수 있어 더욱 의미 있는 지혜로움을 통찰하였다.

D: 강 뼈인가? 약 뼈인가? 마음이 심란한가? 배가 든든한가? 어깨에 긴장이 되는지? 자신의 건강관리를 수시로 체크할 수 있어야 한다. 힘든 상황일 때는 자신의 몸을 회복하기 위해 자기 몸에 맞는 건강관리가 필수임을 통찰하였다. 특히 상담 전문가는 세상과 소통하는 것도 중요하지만 더더욱 중요한 것은 내 몸과 소통할 수 있어야 하고 내 몸과 마음을 어르고 달래고 하여 몸 전체 기운이 원활하여야 한다는 것을 알게 되는 성장점을 보았다.

| 푸드 성장일기 – 기타 작품 |

(작품 1) 그리움의 시간 속으로 여행	(작품 2) 제비가 물고 온 반가운 성장 소식

(작품 3) 아들의 성장 속의 나의 성장	(작품 4) 풍요로운 결실의 성장

작품 1 옛 그리움을 떠올리고 그때를 그리워하며 나도 나이가 많이 들어가는 걸 느끼니 허탈한 감정을 친구들과 그리운 시간 속으로 여행은 현재를 살피기 위한 성장점이다.

작품 2 하늘엔 흰 구름이 떠 있고 여러 종류의 꽃들은 가을빛으로 물들고 가지마다 탐스러운 열매가 주렁주렁 달린 가을 하늘에 군대 간 아들한테서 온 편지를 제비가 입에 물고 온다. 곧 제대한다는 아들의 성장하는 소식을 전하기 위해 부모님께로 날아가고 있는 행복한 제비의 비행

작품 3 항상 어리다고만 생각했던 자랑스러운 아들이 성인이 되어서 사회생활도 잘하고 건강한 생각으로 착하고 사랑스러운 여자 친구를 만나 손잡고 행복한 모습으로 나에게 놀러 오는 모습이 너무 행복해 보여서 좋다. 아들의 성장 속에서 발견한 엄마로서의 또 다른 성장의 기쁨

작품 4 처음 태어날 땐 아무것도 소유한 게 없었지만 인생을 겪어내면서 결혼도 하고 건강한 아이들도 제자리를 찾아가게 되고 살아온 과정은 힘들 때가 더 많았지만 나이 50이 넘고 보니 모든 것이 꼭 그 시기에 필요했던 추억이었음을 알게 되었다. 지금의 나는 풍성한 결실도 있고 꽃향기 풍기는 풍요로운 결실의 성장점

6부

온 세상이 나의 스승이다!

근본의 도의 입장에서 보면 모두가 동등한 존재로 된다.

FOOD ART THERAPY
GROUP COUNSELING

CHAPTER

12

푸드아트테라피 집단 명상

1. 마음결 고르기: 다도의 결
2. FAT 다도 명상
3. 나와 너와 우리를 위한 간식 도시락

맞이하기

맞이하기 단계에서의 효율적인 상담 기술은 상담자 자체의 편안한 자세와 태도, 생태학적인 감수성, 자연주의 테이블 세팅, 안전한 분위기 조성 등이며 인위적으로 유도하지 않아도 내면의 감정과 생각으로 심리적인 위로와 마음의 안정감을 주는 '깨달음으로 찾아가는 명상'을 생각하며 맞이하기를 준비하였다.

황금빛 석양 속에서 여유롭게 차 한 잔을 마시면서…

PART 1.

마음결 고르기: 다도의 결

마음결 고르기는 집단 푸드 활동 체험 전 준비가 이루어지는 과정이다. 워밍업으로 긴장을 완화하기 위한 바라보기와 호흡에 집중하기 위함이다. 마음결 고르기의 마음가짐으로 편안한 호흡, 편안한 몸, 편안한 마음으로 긴장을 완화하고 내면에 집중과 몰입을 하여 존재감을 경험하기 위한 차분한 마음 상태의 결을 살펴본다.

목표

① 명상을 통해 심신의 안정과 심리적, 정서적으로 몰입을 할 수 있다.
② 다도를 통해 안정된 마음의 상태와 마음결을 연결 지어 명상을 할 수 있다.
③ 다도의 결을 따라가면서 몰입과 집중을 할 수 있다.
④ 생명 중심 사상을 기반으로 하여 명상의 영역으로 확장해 갈 수 있다.
⑤ 다도의 결을 따라가면서 다양한 차향을 음미하는 힐링을 할 수 있다.
⑥ 다도의 결을 따라 차분한 마음으로 인성과 인품의 열린 마음과 받아들이기와 해냄을 확인할 수 있다.
⑦ 집단원과 함께하는 다도의 품격을 되찾고 순수 자성을 회복하는 동안 명덕을 갖추어 대긍정으로 나아가는 데 도움이 된다.
⑧ 다도의 결에 마음을 집중하는 동안 순간순간 의식을 몸과 마음에 집중한다.
⑨ 찻잔에 차를 따르면서 손이 가는 곳에 마음도 함께한다는 생각으로 다도의 결을 따라간다.

준비물

생수 1.5L 6통, 꽃잎, 향초, 차, 다관, 찻상, 찻잔, 숙우, 차호, 퇴수기, 기타 다구 세트, 떡, 한과, 과일.

작품 활동 안내

① 함께하는 집단원들과 인사를 하고 먼저 살펴주고 보살펴 주기를 한다. (2인 1조, 4인 1조)
② 물은 미리 충분한 양을 끓여 놓는다.
③ 숙우에 끓인 물을 따르고 다관에 끓인 물을 담고 찻잔을 미리 데운다.
④ 물을 끓인 후 팔팔 끓인 물이면 사나운 물의 성질을 잠재우기 위해 잠시 멈췄다가 물을 따른다.
⑤ 차호에서 3~4순가락의 찻잎을 다관에 넣고 잔잔해진 끓인 물을 다관에 넣는다.
⑥ 차가 우러나는 동안 집단원들과 잠시 서로의 마음을 열고 열린 마음으로 받아들이기와 해냄을 확인한다.
⑦ 집단원 중 차를 대접하는 팽주(烹主)와 팽주를 보조하는 다동 역할을 정한다.
⑧ 찻잔에 차를 따를 때는 손이 가는 곳에 마음이 함께 가도록 온 마음을 다한다.
⑨ 차를 마시기전 가지런히 모은 손으로 찻잔을 감싸고 잠시 찻잔 안에 담긴 차를 눈으로 바라보기를 한 후 향기를 맡는다. 그다음 차를 마신다.
⑩ 차를 음미할 때 그윽한 마음으로 소리를 내지 않고 마신다.
⑪ 온 우주와 연결성을 생각하면서 차향과 함께 존재감을 음미한다.

TIP

명상은 심신의 안정을 통하여 일차적으로는 신체적 이점을 주고 다음으로 정서적, 심리적 이점을 얻게 한 후 그다음으로 영적인 이점을 준다(장현갑, 2019:87). 이와 같이 명상의 효과가 과학적으로 입증되었음에도 일반인들이 생활 속에서 지속적으로 실천하기에는 어려운 점이 많다. 예를 들면 호흡 활동을 단조롭게 반복하거나 정지 상태에서 오랜 시간 집중하여 인내심을 요구하는 점 등으로 명상에 대한 회의와 저항감을 가지게 된다. 그러므로 보다 대중적인 접근으로서 현대인에게 적합한 활동적인 명상 활동이 도입될 필요가 있다.

기존의 명상 활동에 푸드아트테라피는 특히 놀이적 요소를 갖추고 있어 자발적 동기 유발을 촉진하고 집중과 몰입을 끌어내는 특성이 있으며 푸드아트테라피가 생명 중심 사상을 기반으로 하여 명상의 영역으로 확장하는 것은 푸드아트테라피의 궁극적인 목적인 순수 자성을 회복하고 명덕을 갖추어 대긍정으로 나아가는 데 적절한 활동이라고 할 수 있다.

집중 명상은 마음을 어느 하나의 대상에 모으는 명상으로 한 대상에 마음을 고정시키기 때문에 산란한 마음이 통제되어 마음의 평화와 안정을 가져오게 된다. 이러한 이완 상태에서 치유적인 효과가 발생하게 된다. 시각적인 자극에 집중하는 만트라(Mantra)나 특정한 소리에 집중하는 만트라와 같이 감각에 집중함으로써 모든 번뇌를 내려놓고 궁극적으로 삼매의 경지에 도달하는 명상이다.
통찰 명상은 집중 명상과 마찬가지로 집중으로 시작하지만, 자신의 내면을 들여다보는 관찰, 즉 자기 관찰을 보다 강조한다. 박성현(2006)은 마음챙김을 '순간순간 의식의 장에서 발생하는 몸과 마음의 현상에 대해 현재 자각, 주의 집중, 비판단적 수용 및 탈중심주의'의 4요인으로 구성된 개념으로 정의하고 있다

- 초기 단계: 이완과 집중, 초감각 놀이
- 중기 단계: 마음결 고르기, 관찰하기, 인지 재구조화
- 후기 단계: 연결하기와 공감하기, 소감 나누기

1) 이완: 신체적으로 긴장을 풀고 편안하고 바른 자세에서 호흡 명상을 실시하여 숨고르기를 한다.
2) 집중: 한 가지 대상을 정하여 바라보기 명상, 걷기 명상 등을 실시하고 신체 감각의 변화에 집중하며 머무른다.
3) 초감각 놀이: 간단한 감각 놀이를 하며 놀이성을 증진하고 생명력을 확인한다.
4) 마음결 고르기: 식품을 매체로 하여 간단한 예술 놀이 활동을 반복하면서 마음을 정화하고 존재감을 확인한다.
5) 관찰하기: 작품을 제작하면서 탈중심화하여 '마음의 관찰자'가 되어 자신의 자동반사적인 인지, 정서, 행동 과정을 알아차린다.
6) 인지 재구조화: 잡념의 생성과 소멸의 과정을 비판단적으로 살펴보고 자신과 사물의 본성을 자각하고 통합하며 수용한다.
7) 연결하기: 생명 공동체에서 모든 대상의 상호 의존성과 연결성을 알아차리며, 내면에 이미 내재되어 있는 연민과 자애를 체험한다.
8) 공감하기: 모든 생명체와 느낌을 나누고 자유로운 영혼의 춤을 춘다.

		집중 명상	통찰 명상	자비 명상
1	물 명상	마음속으로 좋은 단어에 집중하기, 자신의 동작을 알아맞히기	다기에 차를 따르며 마음의 작용을 관찰하기	생명의 인간띠 연결하기
2	과일 명상	눈을 감고 한 가지 음을 소리 내기, 신체 부위에 과일을 얹고 균형 잡기	과일나무를 만들며 마음의 작용을 관찰하기	자신과 타인의 불편한 신체 부위에 에너지를 보내기
3	당근 명상	7개의 차크라에 집중하기, 동서남북으로 균형 잡기	핀셋으로 당근 조각을 운반하며 마음의 작용을 관찰하기	현재의 상황을 공감하기
4	쌀 명상	쌀 주머니를 들고 신체 부위에 집중하기, 쌀알을 100개 눈대중하기	쌀 모시기를 하며 마음의 작용을 관찰하기	함께 존재하는 상대방에게 감사하기
5	오렌지 명상	7개의 차크라에 집중하기, 눈을 감고 귤을 던져 떨어진 위치를 알아맞히기	야외에서 걷기 명상을 하며 귤나무를 바라보고 관찰하며 글을 쓰고 낭독하기	타인의 고통을 공감하기

		집중 명상	통찰 명상	자비 명상
6	소금 명상	소금을 혀에 얹고 집중하기, 달걀 세우기	소중한 소금 모시기를 하며 마음의 작용을 체험하기	대지층의 생명체에 자비를 보내기
7	호박 명상	마음속으로 숫자를 세며 집중하기, 입김으로 단호박을 쓰러뜨리기	단호박과 소품으로 집으로 가는 길을 제작하며 마음의 작용을 체험하기	덕담을 하며 단호박을 선물하기
8	불꽃 명상	콧구멍을 교대로 막고 코로 호흡을 하며 집중하기, 신체를 활용하여 소리내기	촛불을 바라보며 세 가지 맹세하기	서로 안아주며, 영혼의 춤을 추기

다기 세트와 다구 명칭

<table>
<tr><td>주제</td><td colspan="2">마음결 고르기: 다도의 결</td></tr>
<tr><td>작품
스토리 및
의미</td><td colspan="2">다도를 매체로 하여 다관에 물을 따르고 숙우에 물을 따르는 활동을 반복하면서 마음을 정화하고 존재감을 확인한다.</td></tr>
<tr><td colspan="3">작품 구성</td></tr>
<tr><td colspan="2"></td><td></td></tr>
<tr><td colspan="2">다구 세트의 결을 맞춤</td><td>다관에 우려진 차를 숙우에 따르는 결</td></tr>
<tr><td colspan="2">◈ 작품 스토리 구성
다구 세트를 정리하고 결을 생각하면서 세팅을 한다.</td><td>◈ 작품 스토리 재구성
우려낸 녹차를 다관에 넣은 후 숙우에 따르면서 손의 결이 마음의 결을 느끼는 존재감으로 차를 따른다.</td></tr>
<tr><td colspan="3">◈ 집단 공동체 치유와 성장점의 작품

손이 가는 곳에 마음도 함께 가야 한다.</td></tr>
</table>

차를 마시면서 명상을 하기 위해 세팅하는 모습에서부터 다도의 결을 찾아보았다. 찻잔 한 개에 손길이 갈 때마다 마음을 다해 가야 한다는 마음결을 바라보고 호흡에 집중하면서 차를 마시는 다도의 결을 찾는 과정이 온몸까지 따스하게 느껴지는 기운을 느꼈다.

◈ 집단 진행 중 공동체 치유와 성장점에 대한 통찰

A: 평상시 느껴보지 못한 다도에 대한 결을 느끼면서 나의 존재감이 돋보임을 알아차렸다. 지금 이 순간에 집중과 몰입을 하고, 차향과 차 맛의 결을 살리는 동안 세상의 중심은 나임을 통찰하였다.

B: 스스로 나를 낮추면서 집단원에게 차의 결을 보내려고 하니 나의 마음의 결이 자동적으로 가는 것이 느껴지고 있음을 느꼈으며, 마음의 온기와 녹차의 향이 온몸으로 느껴졌다.

C: 다도의 결을 느낀다는 것은 다도에 대한 예절을 갖추어서 차를 마음으로 건네는 예절임을 알게 되었다.

D. 손이 가는 곳에 마음이 가야 한다는 말은 온몸으로 진심 어린 차 한 잔을 대접하는 것이었고 상대방 마음의 결을 보아주고 찾아 주고 보살펴 주기를 반복하는 것이었다.

| 다도의 결 – 기타 작품 |

(작품 1) 찻잔 데우기 결 명상

(작품 2) 녹차 향기를 숙우에 따르기 결

(작품 3) 차 향기의 결 나눔

(작품 4) 우려진 황차 바라보기 결

작품 1 차를 우리는 주전자인 다관에 뜨거운 물을 넣고 찻잔을 데우는 결을 느낀다.

작품 2 숙우는 물을 식히고 우려낸 차를 담는 그릇으로 다기 세트에서 가장 할 일이 많고 자주 쓰이며 나의 마음처럼 항상 바쁘구나를 생각하게 한다.

작품 3 다도의 결을 느낄 수 있도록 찻잔에 녹차를 따른다. 녹차의 맛과 향기가 잘 전해지도록 따르는 찻잔에 차의 농도가 동일하도록 따르는 결을 느껴본다.

작품 4 진하게 우려진 황차를 바라보며 손가락을 모으고 찻잔에 손이 갈 때 나의 마음이 가도록 결을 모아보니 황차의 진한 향기가 코끝을 자극하고 내 마음의 결에 와닿는다.

PART 2.

FAT 다도 명상

온 세상이 나의 스승이다. 우주 만물이 우리에게 인생의 가르침을 주고 있다. 스스로 깨닫는 통찰보다 더 효과적인 교육은 없다. 통찰은 그 순간 정신적인 즐거움을 수반하고 있으며, 통찰은 행동으로의 변화를 용이하게 한다. 모든 사물에도 감사함을 배우고 만나는 한 사람 한 사람에게서도 배울 점이 있고, 귤 한 개, 풀 한 포기, 차 한 잔, 한마디 말에도 의미 있는 감사함을 배운다.

FAT 다도 명상을 통해 생명체 하나하나에 깃들어 있는 예쁨을 발견할 수 있도록 집단원의 존재감뿐만 아니라 나의 존재감을 보여주고 살펴주기를 해본다. 온 우주 중심에 푸드와 다도 명상을 하면서 감사함을 보낸다.

목표

① FAT 다도 명상을 통해 살아가는 세월 속에 있는 지금의 나를 돌아볼 수 있다.
② 명상의 상태를 푸드로 표현한다.
③ 푸드와 다도를 통해 이야기가 담긴 인생을 표현한다.
④ 온 세상이 나의 스승임을 안다.
⑤ FAT 다도 명상을 통해 세상과 온 우주에 감사한 에너지를 느끼고 보낸다.
⑥ 다도 명상을 통해 침묵하는 법을 배운다.
⑦ FAT 다도 명상을 통해서 집단의 장에서의 활기와 고요함의 침묵을 배운다.

⑧ 무엇이든 명상이 가능함을 안다.
⑨ 생명력의 균형과 조화를 이룰 수 있도록 한다.
⑩ 기존의 명상과 FAT와 다도 명상을 함께 통합하여 자기 조절과 자기 치유를 돕는다.
⑪ FAT 다도 명상을 통해 심신의 안정과 스트레스 완화에 도움을 준다.
⑫ 심리적 신체적, 정신적 그리고 영적인 생명력을 증진한다.

준비물

다구 세트, 귤, 사과, 방울토마토, 버섯, 당근, 뻥튀기, 식빵, 파슬리, 황차, 청차.

작품 활동 안내

① FAT 다도 명상을 하기 위한 간단한 다구 세트와 명상에 필요한 과일을 준비한다.
② 차를 우리고 차향을 음미하기 위해 다구 세팅을 마친다.
③ 내면의 에너지를 따라 차향을 음미한다.
④ 다도에 대한 예절을 함께 이야기하고, 집단원과 푸드와 다도 명상을 재구성하면서 통찰한 부분에 대해 이야기를 나눈다.
⑤ 나와 맞는 명상과 집단원들과 어울리는 명상을 찾아본다.
예) 귤 명상, 친구 명상
⑥ 바른 몸, 바른 자세로 주의 집중 후 호흡을 편안하게 들숨과 날숨을 반복한다.
⑦ 다도를 진행하면서 차 맛을 음미하고 혀끝에 닿는 차향의 결을 오감으로 느끼고 집중한다.
⑧ 팽주와 다동 역할을 하는 사람은 집단원들의 찻잔이 비어 있을 때 차를 채워 주도록 잘 살피고 보살핀다.
⑨ 집단원들은 차를 마시면서 전체의 에너지 결을 살피면서 차향과 차 맛, 차를 따르는 소리의 결을 따라 집중을 하고 명상을 할 수 있도록 오감으로 해냄을 확인한다.

⑩ 우주 안에 나의 존재감을 느끼면서 다도에 집중하도록 한다.

⑪ 온 세상이 나의 스승임을 통찰하는 가운데 나의 존재와 차향을 느끼고 차를 음미하는 가운데 몸과 마음을 잘 받아주고 받쳐주기를 할 수 있도록 한다.

⑫ 다도 명상을 하면서 이 순간 자신의 생각과 느낌 그리고 감정의 변화를 관찰한다.

⑬ FAT 다도 명상의 모든 과정을 수용한다. 집중 명상은 차를 마시면서 호흡하기와 함께 연결한다.

⑭ 다도 명상의 모든 과정을 수용한다. 집중 명상은 차를 마시면서 호흡하기와 함께 연결한다.

⑮ 다도 명상을 마친 후 자신이 선택한 과일이나 채소로 마음결 고르기를 한 후에 푸드 명상으로 연결하여 구성과 재구성을 반복한다.

TIP

생명 중심 푸드 명상 단계: 귤 명상

【도입】

▶ 주의 집중: 바른 몸, 바른 자세를 위해 머리와 목과 등뼈가 일직선이 되도록 하고, 생명 에너지의 중심을 잡고 반듯하게 앉는다.

▶ 호흡 명상; 귤을 선택하고 귤을 바라보기를 하면서 하고 싶은 말을 건넨다.

▶ 걷기 명상: 야외에서 발끝에 감각을 집중하면서 천천히 걷는다.

【본 활동】

▶ 바라보기 명상

주위를 살펴보고 끌리는 나무를 선정한다. 잡념이 떠오르면 다시 초점을 잡고 나무에 집중한다. 나무를 선정한 자신을 관찰하고 알아차린다. 지금 이 순간 자기 내면의 변화를 글로 적어 본다. 자신의 글을 낭독하며 존재감을 자각한다.

▶ 통합하기, 수용하기

귤 먹기 명상을 한다. 귤의 긍정적인 면을 바라보고 이야기한다, 귤의 부정적인 면을 바라보고 이야기한다. 귤의 본성을 통합한다. 지금 이 순간 자기 생각과 느낌 그리고 감정의 변화를 관찰한다.

▶ 자애 명상
고요함의 상태를 체험하고 잠시 머무른다. 모든 생명체가 서로 연결되어 있음을 인식한다. 타인에 대한 사랑과 자비의 마음을 보낸다. 신체 반응을 알아차린다.

【마무리- 공감하기】
▶ 2인 1조로 자신과 상대방에 대한 느낌을 서로 나누고 공감한다.
예) 당신은 진한 풀향기가 나는 수수꽃으로 보입니다. 당신에게서 겸손함을 배웁니다.

<table>
<tr><td>주제</td><td>FAT 다도 명상</td></tr>
<tr><td>작품
스토리 및
의미</td><td>다도 명상 후 푸드 표현하는 과정에서 생각이 긍정으로 바뀌는 모습을 표현해 보았다. 차를 마시면서 번거로운 생각을 씻어내고 이로운 생각을 하면서 정신을 맑게 하는 데 도움이 되었다. 훨씬 밝고 행복해진 내 안의 또 다른 나를 찾은 것 같아 머리가 맑아진 모습을 재구성해 보았다.</td></tr>
<tr><td colspan="2">작품 구성</td></tr>
<tr><td></td><td></td></tr>
<tr><td>가슴에 돌덩이를 보고…</td><td>가슴에 꽃이 피어나다</td></tr>
</table>

◈ **작품 스토리 구성**	◈ **작품 스토리 재구성**
현실적으로 복잡하고 일상에 찌든 듯한 생활 속에서 가슴에 큰 돌덩이가 있는 듯한 불편한 마음이었는데 명상과 푸드 표현하는 과정에서 생각이 긍정으로 바뀌면서 훨씬 밝고 행복해진 내 안의 다른 나를 찾은 것 같아 기쁘다.	고정관념의 틀에서 벗어나 잘될 거라는 긍정적인 마음가짐으로 다도 명상 후 훨씬 밝아진 내 안의 또 다른 나로 가슴에 얹어진 돌덩어리 대신 노랑 꽃으로 피어난 모습

◈ **집단 공동체 치유와 성장점의 작품**

다도 명상을 하면서 집단원들과 함께 연결되어 있음을 인식하였고 황차를 마시면서도 집단원들에 대한 사랑과 자비의 마음을 보냈다. 나의 마음에 긍정적인 에너지가 돌고 있는 느낌을 받게 되었다. 다도 명상을 하기 전에는 가만히 앉아서 차를 마시는 것이 어색하고 부자연스럽고 불편했다. 그러나 차를 마시면서 의도하지 않았지만 호흡도 편안해지는 느낌이 참 좋았다. 온 세상이 스승이라는 마음가짐이 다도 명상하는 데 도움이 된 것 같다.
집단원들의 좋은 에너지가 나에게도 전해져서 가슴에 돌덩어리가 가벼운 꽃으로 변하였다. 모두에게 감사한 마음으로 모든 긍정성을 배울 수 있었다.

◈ 집단 진행 중 공동체 치유와 성장점에 대한 통찰
A: 모든 사물들에 감사함을 배우는 계기가 되었다. 고추 꼬투리에게서도 꽃으로 다시 피어날 수 있음을 배웠고, 귤이 조화로운 연꽃이 될 수 있음에 감사했고, 모든 생명체에 대한 감사함을 배울 수 있었다. B: 집단원들에게서 또 다른 세상을 배웠다. 그리고 모든 사람이 나의 스승임을 알았고 감사하다. 말 한마디로도 행복해질 수 있음을 알았고, 차를 마시면서 겸손함이 묻어 나왔다. 차를 따르면서 손이 가는데 마음이 가야 한다는 말에 손끝의 결을 알아차렸다. C: 친구 명상을 통해 중학교 때 상처받고 오그라들었던 마음을 열고 치유할 수 있었다. 집단원들 서로가 귀인이 되어 주어서 감사하고, 서로 스승이 되었다는 것을 알아차렸다. D: 다도 명상을 통해 물에 대해 깊은 알아차림을 하였다. 맑은 물은 물 위에 꽃을 얹음으로써 다른 사물을 더 아름답게 받쳐 주는 역할을 하는 장점이 있었다. 다른 집단원의 생각처럼 물은 투명하며 기분을 좋게 만들어 주고, 물을 긍정성과 부정성으로 해석하는 것은 마음에 따라 다르다는 것을 알아차렸다. 푸드 명상에서 물을 이용해서 마음결 고르기를 하고 꽃잎을 띄워서 새롭게 표현할 수 있다는 것이 새로웠다. 차를 따르고 차를 마시는 과정을 반복하면서 커피에 익숙한 나였지만 차향이 처음 만나는 귀한 손님으로 느껴지게 되었다.

| FAT 다도 명상 – 기타 작품 |

(작품 1) 자애 명상: 귤로 만든 연꽃	(작품 2) 통찰 명상–친구 관찰하기

(작품) 집중 명상–초감각 놀이: 방랑객이 되다.	(작품 4) 통합 명상 수용: 노년의 지혜

작품 1 "달콤함과 쓴맛이 조화를 잘 이루어 귤이 되었듯이 너 또한 조화로운 네가 되기 위한 과정일 뿐이다."라는 말을 건네고 귤의 존재를 인식하고 연꽃을 만들었다.

작품 2 친구를 생각하다 보니 항상 귀엽고 동그란 안경을 쓰고 있는 혜영이가 떠올랐다. 자기의 일을 책임감 있게 진행하는 혜영이는 항상 바쁘다. 그래서 발은 달려 다니는 귤로 바퀴를 표현했다. 가슴엔 항상 하트가 뿡뿡인 나의 동기이며 사랑하는 친구이다.

작품 3 당근 명상 후 당근을 잘게 썰면서 마음결 고르기를 한 후 방랑객의 모습을 구성해 보았다. 아침 해가 환하게 올라올 때 내가 나룻배를 타고 풍류를 즐기고 있는데 해님이 나를 보고 웃고 있다. 수줍게 올라오는 해는 당근으로 만들었고 식빵으로 만든 나룻배가 유유자적한 방랑객을 편안하게 태우고 간다.

작품 4 만물이 생동하는 봄의 기운이 펴지고, 여름은 가장 많은 꽃이 피는 푸른 계절이다. 덥지만 더위를 좋아한 사람도 싫어한 사람도 있듯이 인생 또한 마찬가지다. 천고마비의 계절 가을은 수확에 기쁨을 주며, 겨울은 마음의 평화와 휴식을 주는 4계절을 넘나드는 통합명상을 통해 노년기에도 세상의 중심에 있는 나의 존재감을 자각하였다.

PART 3.

나와 너와 우리를 위한 간식 도시락

공감이나 수용은 생각처럼 쉬지 않은 일이다. 공감을 잘하기 위해서 상대방의 말에 귀 기울이고 호응을 하고, 감응을 하고 반응을 해야 한다. 보통은 상대방이 들어서 기분 좋은 말을 하는 경우가 많다. 그러나 좋은 면을 좋게만 이야기해 줘서는 공감이 안 된다. 상대방의 힘든 면을 살펴주고 보아주고 찾아 들어가기를 반복할 때 상대방의 힘든 일에 대해 알아주게 되고 공감을 할 수 있다.

나를 알고, 너를 알고, 우리를 알아 가는데 살아 있는 에너지의 장으로 소통하는 일은 중요한 일이다. 눈 감아도 보이는 친구의 모습을 자세히 보아 보자. 누구의 편을 들게 하는 것이 아니라 한 템포 늦더라도 외면했던 풍경들을 제대로 보고 나와 너와 우리를 위한 간식 도시락을 준비해 보자.

목표

① 우리 집단원들을 제대로 보고 인심을 쓸 수 있다.

② 간식 도시락을 준비하면서 나의 욕구도 알고, 주고 싶은 마음에 대해서 탐색할 수 있다.

③ 집단원들과의 불일치점을 찾아서 일치된 합일점으로 재구성할 수 있다.

④ 집단원들의 간식에 대한 스토리 속에서 나의 성장된 모습을 통찰할 수 있다.

⑤ 내 안에 걸림돌을 집단원 스토리 안에서 디딤돌의 지혜로 통찰할 수 있다.

⑥ 모든 집단원과의 역동 속에서 내가 주고 싶은 간식과 간식 도시락을 받는 모습을 볼 수 있다.

⑦ 집단원의 작품 안에서 어색함이나 불편함이 보이면 그 안에서 나의 모습과도 적용해 본다.

⑧ 나와 우리를 위한 도시락에 담긴 내용물의 많고 적음에 따른 애착의 정도를 알고 조절할 수 있다.

⑨ 나와 우리를 위한 간식 도시락을 구성하면서 모두에게 감사한 마음으로 보답할 수 있는 기회가 된다.

⑩ 온 세상이 스승이라는 마음으로 집단원들에게도 감사함을 나눌 기회가 된다.

준비물

종이 박스, 꽃소금, 그릇, 이쑤시개, 마가레트, 종이, 빨간 열매, 솔방울, 낙엽, 초콜릿, 튀밥, 젤리, 사탕.

작품 활동 안내

① 집단원들과 간식과 도시락에 대해 이야기를 나눈다.

② 평소에 바라던 물건이나 음식 등을 생각하고 재료를 준비한다.

③ 미리 준비해 온 종이 상자 안에 내가 바라던 것을 구성과 재구성을 반복하면서 주고 싶은 간식을 도시락 안에 넣어 본다.

④ 나와 너와 우리를 위한 간식 도시락이 모두가 원하는 것으로 신중하게 생각해 보도록 잔잔한 음악을 틀어 준다.

⑤ 집단원의 미래의 삶을 응원하고 간단하게 먹을 수 있도록 필요한 작품을 돌아가면서 상자에 푸드로 만들어 구성해 본다.

⑥ 집단원들이 구성한 작품에 해주고 싶은 응원 메시지를 포스트잇에 적어 보는 재구성을 한다.

⑦ 나와 우리들을 위한 간식 도시락을 감사한 마음으로 주고받을 수 있도록 한다.

⑧ 집단원들의 역동 안에서도 자신의 존재감과 생명력을 확인하고 깊은 내면으로 공감할 수 있도록 간식 도시락과 집단원의 생명체와 연결한다.

⑨ '온 세상이 모두 스승이다'라는 마음으로 집단원들에게 배움에 대한 감사함을 나눌 수 있도록 돌아가면서 전한다.

⑩ 잡념과 무념의 상태에서 구속으로부터의 자유로움과 지혜를 얻는 대긍정을 체험한다.

TIP

조별 활동으로 물 위의 꽃밭도 만들고, 그 꽃밭을 모아서 중심 꽃으로 가는 길도 만들어 본다. 제각기 다른 작품이고 다른 꽃밭이지만 한곳에 모아 보면 독특하고 은근한 조화로움을 볼 수 있을 것이다. 우리가 사는 이 세상도 마찬가지로 모두 다른 사람들이 모여 있지만 조화로운 세상으로 만들 수 있다. 우리는 틀린 게 아니라 다르다를 알아차리도록 해보자. 물 위에 떠 있는 꽃들은 각양각색으로 서로 다른 작품들 그 안에서 조화로움을 찾아낼 수 있는 게 우리의 성장점의 한 부분이 아닐까 싶다. 물은 가변성이 뛰어나서 어디에 있든 조화로울 수 있다. 별 모양 그릇에 담기면 별 모양으로, 하트 모양에 담기면 하트 모양으로. 나와 너와 우리들 또한 그렇게 서로의 특징을 가지고 사람들 속에 잘 스며들 수 있는 삶을 살도록 하자.

주제	나와 너 우리를 위한 간식 도시락
작품 스토리 및 의미	달 사이에 있는 구름을 예쁘게 표현한 것 같아서 기분이 좋았다. 나를 위한 간식 도시락을 만들 때 학창 시절에 친구들에게 선물을 많이 해줬던 기억이 나서 좋았다. 대학교에 오고 나서 친구들에게 선물보다는 기프티콘이나 돈으로 많이 보내줬는데 이렇게 하나하나 받는 사람을 위해 생각하고 포장하니 모든 친구에게 이런 복과 돈이 넝쿨째 들어오는 선물을 해주고 싶었다.

작품 구성	

달을 품은 간식 도시락	복과 돈이 넝쿨째 들어오는 간식 도시락
◈ **작품 스토리 구성** 솔방울과 낙엽을 통해 가을이 가고 겨울이 찾아온 것을 표현해 보았다. 며칠 전 밤에 보았던 구름에 가려져 있는 달을 보아서 나를 위한 간식은 달밤에 쿠키면 충분하다고 생각하여 구성해 보았다.	◈ **작품 스토리 재구성** 집단원과 함께하는 간식 도시락으로 내가 좋아하는 단것들을 넣어 보았고, 나와 우리들을 위해서 모두가 원하는 복과 돈이 들어오라는 의미에서 돼지와 동전을 하나 넣어 보았다.

◈ **집단 공동체 치유와 성장점의 작품**

우리들 마음 안에 담은 간식 도시락

우리를 위한 간식 도시락을 만들 때 학창 시절에 친구들에게 선물을 많이 해줬던 기억이 나서 좋았다. 요즘은 친구들에게 선물보단 기프티콘이나 돈으로 많이 보내줬는데 이렇게 하나하나 받는 사람을 위해 생각하고 포장하여 서로 나누면서 함께 하는 집단원들과의 긍정 에너지로 기운이 넘치는 활력소가 되었다.

◈ 집단 진행 중 공동체 치유와 성장점에 대한 통찰

A: 좋아하는 집단원에게는 하얀 밥에 정성 들여 만든 한상을 차려 대접하고 싶은 마음으로 정성과 시간을 투자하였고, 주고 싶지 않은 집단원이 있어 조금은 당황스러웠으나 함께할 수 있음에 감사함으로 변화된 나의 마음을 통찰하였다.

B: 각자 자기 작품만 만들고 그 작품에 대한 이야기를 하고 재구성하면서 중간에 작품 하나를 두고 집단원들의 작품들을 이어가고 나니 더 화려하고 예쁜 것 같았다. "아, 역시 하나가 아니라 여러 개가 있어야 더 화려하고 멋있다"라는 걸 알았다.

C: 이번 회기에는 내가 조금 더 성장하였음을 느껴졌던 시간이었다. 무엇보다 우리를 위한 도시락 상자 안에 넣고 싶은 간식을 고르고 이것에 대한 구성을 하여 나만의 색깔로 주고 싶다는 욕구가 강했기 때문이다. 그래서인지 이번 회기는 좀 더 나에게 신선한 바람이 부는 듯한 마음이 들었다. 그리고 무엇이든 오래 보면 볼수록 아름답다고 하지 않았던가? 나는 이 시간 더욱 그것이 많이 와닿았다. 간식 도시락을 맞이하는 나의 감정과 재구성하면서 얻는 깨달음, 마지막으로 나의 도시락 작품에서 느껴지는 나 자신에 대한 욕구와 기대를 살펴보면서 FAT는 내 스스로에게 던져지는 내 마음과 미덕을 담는 시간이었음을 통찰하였다.

D: 우리를 위한 간식 도시락을 구성하면서 느낀 것은 '모든 것은 하나로 이어지게 되는 것'이었다. 그것을 깨닫기 전에는 먼저 도전하는 용기와 의지, 자신만의 색을 지키기 위한 노력과 인내, 안식처를 되찾은 친절함, 기준을 정하고 인지하고 판단하기 위한 정의, 그리고 그것들을 모두 굳건히 버텨낼 끈기까지 작은 것 하나하나가 매우 소중하다는 것을 느꼈다.

E: 내가 좋아하는 물건이나 사고 싶은 물건을 골라 택배로 받을 때 선물받은 기분이고 좋았는데, 이번 간식 도시락을 준비하면서 집에서 예쁜 상자가 있는지 고르고 마트에 가서 내가 좋아하는 과자들을 하나씩 고르면서 자신에게 정성스레 선물해 주는 기분도 소풍 전날 느낌도 나고 좋았다.

F: 각자의 상자에 이야기를 듣고 나니 각 개인이 좋아하는 사람이 다를 뿐만 아니라 주고자 하는 마음의 깊이, 온도, 생각 등의 차이가 난다는 걸 느끼게 되었다. 그럼에도 불구하고 우리를 위한 간식 도시락은 의미 있는 성장점을 찍었다.

| 나와 너와 우리를 위한 간식 도시락 – 기타 작품 |

(작품 1) 미소를 품은 도시락	(작품 2) 친구 입술에 꽃이 피었어요.

(작품 3) 광고 도시락: 호박에게도 마스크를 씌우자!	(작품 4) 나와 우리를 위한 간식 도시락

작품 1 혼자일 때는 외로워 보이고 까만 길만 걷는 것 같았는데, 하나가 둘이 되니 까맣다고 생각되었던 길이 튼튼한 나무다리가 되고 꽃길을 걷는 기분이 든다. 걸으면서 사랑이 솔솔 피어 행복한 삶의 연속이 될 수 있을 거라는 믿음으로 집단원 각자의 특유한 미소를 만들고 모두에게 미소를 품은 도시락을 선물하니 우리 모두 미소 천사이다.

작품 2 만날 사람은 꼭 만난다. 어디서든 꼭 만난다. 좋은 인연으로 만난 모든 이가 행복과 사랑이 넘치는 모습으로 살 수 있도록 아름다운 모습의 인생을 응원하는 의미의 얼굴 도시락. 어딘지 모르게 어두워 보였던 친구가 활기가 넘치고 표정이 밝아져서 물어보니 사랑에 빠졌다고 한다. 너무 보기 좋아 작품으로 만들어 선물하고 싶었다. 동그랗고 커다란 눈과 수줍음 섞인 볼은 마치 부끄러운 꽃잎이 입술에 내려앉은 모습이다.

작품 3 코로나19가 휩쓸고 간 많은 재난 글이 염려가 되는 시대이다. 소상공인들의 폐업, 젊은 청년들의 미취업, 실업률, 노인들의 사망 등 많은 것이 머리를 스치고 지나간다. 안전수칙만 잘 지키면 극복할 수 있다는데 다 함께 협조해 코로나19를 이겨냈으면 하는 마

음으로 재구성해 본 마스크 선물 도시락 광고

작품 4 화장품을 많이 좋아하는 나로서는 간식 도시락에 화장품을 넣고, 예쁘게 꾸미는 나 자신에 대해 긍정적으로 받아들였다. 평소 파우치에 화장품이 많이 있어 사치를 부렸다고 생각했는데 나 자신을 꾸미는 것은 나쁘지 않다고 생각했다. 또 내 인생에서 나에게 선물을 준 적이 있었는지 진심으로 생각해 보는 시간을 가져 보았고 나에게 진짜 선물을 해줘야겠다는 생각을 하였다. 또 다른 집단원들은 사진, 뮤지컬 티켓 등을 넣어 추억이 담긴 선물 상자를 만들었고, 지금까지 겪어온 행복한 일들을 다시 생각해 보자는 의미와 행복한 추억을 만들어 가자는 뜻으로 아름다운 추억을 간식 도시락에 넣었고, 우리는 아름다운 추억 속의 사진이 되었다.

CHAPTER

13

감사의 시간 축하의 시간

1. 마음결 고르기: 감사의 결
2. 축하의 성: 진수성

맞이하기

맞이하기 단계에서의 효율적인 상담 기술은 상담자 자체의 편안한 자세와 태도, 생태학적인 감수성, 자연주의 테이블 세팅, 안전한 분위기 조성 등이며 인위적으로 유도하지 않아도 내면의 감정과 생각으로 심리적인 위로와 마음의 안정감을 주는 '축하와 감사의 시간'을 생각하며 맞이하기를 준비하였다.

오직 귀함으로 정성을 다한 차림이다.
먹는 즐거움도 있지만 눈으로 보는 즐거움
또한 마음을 건강하게 만든다.

PART 1.

마음결 고르기: 감사의 결

마음결 고르기는 집단 푸드 활동 체험 전 준비가 이루어지는 과정이다. 워밍업으로 긴장을 완화하기 위한 바라보기와 호흡에 집중하기 위함이다. 마음결 고르기의 마음가짐으로 편안한 호흡, 편안한 몸, 편안한 마음으로 긴장을 완화하고 내면에 집중과 몰입을 하여 존재감을 경험하기 위한 차분한 마음 상태의 결을 살펴본다.

목표

① 온 세상 모두에게 감사하는 시간을 통해 심신의 안정과 심리적, 정서적으로 몰입을 할 수 있다.
② 우리들 서로 마음의 상태와 마음결을 생각하면서 축하와 감사의 마음을 갖는다.
③ 우리들 모두에게 감사한 마음으로 몰입과 집중을 할 수 있다.
④ 생명 중심 사상을 기반으로 하여 감사함을 온 우주로 확장해 갈 수 있다.
⑤ 감사함으로 다가오는 관계 속의 나와 너와 우리의 존재감을 인정하고 수용한다.
⑥ 감사한 마음을 푸드로 표현하면서 집단원들과 열린 마음으로 받아들이기와 해냄을 확인할 수 있다.
⑦ 집단원과 함께하는 감사의 품격을 되찾고 순수 자성을 회복하는 동안 명덕을 갖추어 대긍정으로 나아가는 데 도움이 된다.
⑧ 풀 한 포기, 물 한 모금, 나와 함께하는 모든 사물에도 감사한 마음으로 집중하

는 동안 우주 안에 함께하고 있는 우리들의 존재감을 인식한다.

⑨ 집단원이 함께 준비한 만찬을 즐기면서 집단 효능감을 향상한다.

준비물

샌드위치용 식빵, 샐러드, 샌드 과자, 홈런볼, 초코볼, 크래커, 젤리, 오레오 과자, 냅킨, 사탕, 딸기 주스 외.

작품 활동 안내

① 함께하는 집단원들과 인사를 하고 먼저 살펴주고 보살펴 주기를 한다.

② 평소에 감사하고 싶은 마음은 있는데 감사 표현을 하지 못한 사람을 생각하도록 한다.

③ 감사한 사람에 대해서 집단원들의 스토리를 듣고 지지와 격려를 함께한다.

④ 감사하고 싶은 사람을 생각하면서 재료를 선택하고 마음결 고르기를 하도록 한다.

⑤ 감사의 말을 하거나 감사 선물을 주고 싶은 사람을 위해 알맞은 재료를 준비한다.

⑥ 감사하고 싶은 마음을 담아서 집단을 함께하는 우리들을 위해서 만찬을 준비한다.

⑦ 감사한 사람을 생각하고 그 사람과 연결하는 마음을 작품으로 구성한다.

⑧ 감사한 사람의 마음결에 대한 연민과 자애를 체험하도록 한다.

⑨ 대상에 대한 감사의 결을 살려서 완성된 작품을 눈으로 보고 향기를 맡고 그다음 집단원과 함께 감사함을 서로 전하도록 한다.

⑩ 온 우주와 연결성을 생각하면서 감사의 결에 대한 소감을 나누고 집단원들에게도 감사함을 전한다.

TIP

살아가면서 순간순간 감사해야 할 사람이 많이 있다. 그럼에도 불구하고 우리는 그냥 잊고 살지 않았는지 이 시간을 통해 감사함을 전하는 의미 있는 시간을 맞이하자.
감사를 표현하는 방법들도 다양하듯이 우리의 마음속 감사의 깊이도 다 다르다. 평소 잊고 지내서 꺼내 놓지 않았던 내 마음속 깊이 자리하고 있는 감사의 결을 찾아 표현해 보는 시간을 갖자.

<table>
<tr><td>주제</td><td colspan="2">마음결 고르기: 감사의 결</td></tr>
<tr><td>작품 스토리 및 의미</td><td colspan="2">햇볕이 따스한 일요일 오후 아이들이 좋아하는 간식거리를 직접 골라서 자주 가는 공원으로 피크닉을 갔다. 아이들이 좋아하는 고래가 그려진 냅킨과 예쁜 것을 좋아하는 딸의 취향에 맞추어 결을 조화롭게 준비해 놓고 미리 준비한 예쁜 피크닉 매트도 깔아서 자연에서 아이들과 야외 놀이를 하면서 가족 안에서의 감사의 결을 찾아보니 스트레스도 해소되었다.</td></tr>
<tr><td colspan="3">작품 구성</td></tr>
<tr><td colspan="2"></td><td></td></tr>
<tr><td colspan="2">숲속에서 함께하는 감사의 결</td><td>아이들의 결을 맞춘 병아리 만찬</td></tr>
<tr><td colspan="2">◈ 작품 스토리 구성
좋아하는 가족과 숲속으로 나가 보니 가족의 따스한 에너지가 함께 느껴진다. 가족 각자에게 주고 싶은 마음을 담아서 피크닉을 준비해 보았다.</td><td>◈ 작품 스토리 재구성
가족 각자의 결을 살려서 가족 구성원들이 좋아하는 과자와 접시를 아이들에게 알맞은 귀여운 병아리 접시에 바꿔서 담아 주는 세심한 감사의 결을 살려 보니 더욱 깊은 감사의 결로 만찬을 즐길 수 있었다.</td></tr>
</table>

◈ 집단 공동체 치유와 성장점의 작품

우리들의 만찬

코로나19로 인하여 야외로 나가지 못하고 집에서 많은 시간을 보내며 서로 부딪혀서 아이들도 엄마인 나도 스트레스가 많이 쌓여 있었는데, 야외로 나가서 자연과 함께하며 초록초록한 나뭇잎들과 풀잎들 사이에서 시원한 바람을 느끼고 있으니 나도 모르게 힐링이 되어 스트레스가 해소되었던 것 같다.

평소에는 그냥 과자 봉지 그대로 놓고 먹었던 나인데, 과제를 하기 위해서 필요한 것들을 챙기고, 아이들과 하나씩 함께 고르며 준비하는 과정에서도 힐링이 되었던 것 같다.

"엄마! 너무 예뻐서 과자가 더 맛있을 것 같아요. 그리고 잔이 너무나 맘에 들어서 다음에 놀러 갈 때도 꼭 가져갔으면 좋겠어요."라고 말하는 아이들을 보면서 종종 이런 시간들을 함께하면 좋을 것 같다는 생각이 들었고, 뿌듯하고 행복했다.

◈ 집단 진행 중 공동체 치유와 성장점에 대한 통찰

A: 평상시 느껴보지 못한 가족에 대한 감사의 결을 느끼면서 나의 존재감이 돋보임을 알아차렸고, 스스로 나를 낮추면서 집단원에게 감사의 결을 보내려고 하니 내 마음이 자동적으로 느껴지게 되었고 온 우주에 감사함을 온몸으로 느껴졌다.

B: 감사의 결을 느낀다는 것은 누구에게나 예절을 갖추어서 감사한 마음으로 건네는 예절임을 알게 되었다.

C: 잠시 바쁜 일정을 뒤로하고 차 한 잔의 여유를 가지는 시간을 갖는다. 행복은 대화에서 나온다고 생각한다. 모처럼 시간을 내서 가족 간의 여유로운 시간을 보내 보니 얼마나 귀하고 마음적 힐링이 되었는지 새삼 느꼈다.

D: 감사한 마음으로 온 우주 사물 하나하나 대접한다는 것은 상대방 마음의 결을 보아주고 찾아주고 보살펴 주기를 반복하는 것이었음을 알게 되었다. 세상에 탄생하게 해 주신 부모님, 주변 친구, 스승님, 알바 사장님, 이웃집 사람, 자주 가는 가게 점원, 옷깃만 스치고 지나는 모두에게 감사한 마음이 들게 되는 계기가 되었다.

| 감사의 결 – 기타 작품 |

(작품 1) 풀꽃에 대한 감사의 결

(작품 2) 초코파이 연꽃 감사의 결

(작품 3) 스승님께 찾은 감사의 결

(작품 4) 나눔의 감사의 결

작품 1 평상시에 거들떠보지도 않았던 길가에 피어 있는 꽃들에게 감사함의 결이 온몸으로 느껴진다. 담쟁이넝쿨, 이름 모를 들풀에게도 감사함의 결이 다가온다. 중앙에 향초를 두고 감사의 기도를 표현하였다. 무심코 지나쳤지만 나에게 편안함과 향기로운 풀 내음으로 마음의 정화를 할 수 있게 해준 풀꽃에게서 감사의 결을 느꼈다.

작품 2 내 인생에서 가장 재미없고 힘들 때가 있었다면 고등학교 시절이 가장 힘들었던 것 같다. 그래서 나에게 더 기억에 남고 생각나는 시절이었던 것 같다. 감사의 편지를 써 내려가면서 지금 생각하면 아무렇지도 않지만 그때는 신경 쓰이고 힘든 일들이 많았던 것 같다. 내가 나에게 위로해 주고 나에게 감사의 결을 찾다 보니 신경을 써 주는 말들이 감사함으로 써 내려가게 된다. 마치 다른 사람이 그렇게 말해 주는 것 같이 느껴져 감동적인 감사함이 나에게도 있었음을 알 수 있었다. 이런 나에게 주는 감사의 선물로 만들어 본 초코파이 연꽃 상차림이다. 이번 시간을 통해 나의 존재에 대해 다시 한번 생각해 볼 수 있었다. 나는 23년이라는 세월을 살아왔고 앞으로도 많은 세월이 남아 있다. 예전에 힘들다고 생각했던 시절을 지내 왔으니 앞으로 있을 수 있는 시련을 묵묵히 꿋꿋하게 잘 이겨 나갈 수 있을 거라는 믿음에 스스로 감사의 결을 느꼈다.

작품 3 감사한 사람의 결을 찾는 과정에서 가장 먼저 떠오른 사람은 그동안 상처를 주고 혼낸 사람이 기억에 남는다. 지금은 세상을 떠나고 안 계신 스승님의 마음을 이제 헤아리고 감사함을 표현하면서 감사의 결을 찾는 사이에 그리움이 묻어 나온다. "매번 앞서서 빨리 간다고 해결되는 것이 아니다. 거북이처럼 느리게 가도 세상 모든 것을 다 볼 수 있고 해결할 일은 해결되니 천천히 가거라." 하며 혼냈던 스승님께서 하신 감사의 결이다.

작품 4 함께하는 집단원들에게서 감사의 결을 찾았다. 한 사람 한 사람 개성이 각기 다른 집단원이 모여서 함께 푸드로 공동 작품을 만들면서도 모나지 않고 자신의 성향을 드러내지도 않고 서로 지지와 격려를 해주는 과정에서 함께 베풀고, 함께 나눔을 할 수 있는 감사의 결을 찾아서 함께 만찬을 할 수 있었다. 온 우주가 스승이고 배움의 장이 될 수 있었음을 통찰하게 된 감사의 결이다.

PART **2.**

축하의 성

우리는 살아가면서 순간순간 집단의 단결된 힘을 필요로 할 때가 많이 있다. 자유롭고 창의적인 접근으로 집단원들과 의견을 조율하며 각자 맡은 영역에서 자신만의 마라톤을 하듯 끝까지 집중하는 모습은 그리 쉬운 일이 아니다. 그 과정에 타인을 보고, 나를 보면서 각자가 우주 속에 소중한 존재들임을 깨달아 푸드아트테라피의 배움을 토대로 발전된 모습으로 살아가길 바라며, 푸드아트테라피를 통해 통찰된 감정들을 마음속에 담고 키워 나가길 바란다.

뭉치면 살고 흩어지면 죽는다는 명언에 가까운 글을 빌려 마땅할지 모르나 집단 구성원들끼리 만들 하나의 작품의 완성도는 서로 합심해서 의견을 모아야 하는 데 큰 의미가 있을 것 같다. 서로 간의 수용이 이루어지고 신뢰를 바탕으로 말 한마디에도 귀를 기울여 존중해야 하는 것이 집단에서 보여야 할 기본적인 모습이다.

목표

① 집단원과 함께 안전한 공간을 상상하고 그것을 우리들의 궁전으로 구체적인 나눔을 통해 하나의 작품으로 형상화한다.

② 집단원들과 궁전을 만들며 집단 역동을 살펴본다.

③ 공동 작업을 함으로써 집단원들 간의 협동심을 기른다.

④ 집단원들과 함께 성을 만들어 심리적 정서적 안정을 찾게 한다.

⑤ 집단원과 성 만들기를 통해 하나의 작품을 완성하게 하여 긍정성을 회복한다.
⑥ 집단원과의 화합된 아름다운 모습을 그려본다.
⑦ 집단원들과 토의하여 나의 내면과 집단원들의 내면에 담긴 다름을 이해한다.

준비물

크리스마스 용품, 본드, 목공 풀, 전지, 솔방울, 테이프, 칼, 빈 박스, 메모지, 장식, 무, 당근, 오이, 콜라비, 호박, 각종 과자, 식빵, 각종 젤리, 나뭇잎, 나뭇가지, 꽃, 돌멩이, 조개껍데기, 진주, 향초.

작품 활동 안내

① 함께한 집단원들의 의견을 조율하면서 우리들의 축하의 성을 제작해 본다.
② 두 집단으로 나누어 한 집단은 과자로 만든 성, 다른 집단은 채소를 활용한 그들만의 성을 만들게 한다.
③ 여러 가지 과자를 가지고 박스에 과자를 본드로 붙이는 작업을 통해 '진수성'이라는 거대한 과자의 성을 표현해 본다.
④ 자연에서 친숙하게 얻을 수 있는 재료들로 자연스럽고 아기자기한 집단원들의 마음을 표현한 '자연 속의 궁전'을 표현해 본다.
⑤ 만드는 과정에서 집단원이 서로 배려하고 작품에 대한 수용을 할 수 있도록 서로가 조력할 수 있도록 한다.

TIP

살아가면서 우리는 축하할 일들이 많이 있다. 생일, 결혼기념일, 승진. 합격 등등.
우리는 여러 인연들과 연결되어 있다. 가끔 생각지도 않았던 사람으로부터 생일 감사 문자. 요즘은 카톡으로 누군가의 생일을 알게 된다. 좋은 사람에게서는 좋은 향기가 난다는 문구를 어딘가에서 본 듯하다. 집단원 각자의 향기를 모든 분께 고맙고 감사함으로 전해 보면 좋을 듯싶다.

<table>
<tr><td>주제</td><td colspan="2">축하의 성-'진수성'</td></tr>
<tr><td>작품
스토리 및
의미</td><td colspan="2">집단원들과 성 만들기를 할 때 성 이름, 성 구조, 박스로 틀을 만들기, 과자 종류 등 준비물을 합의하여 미리 준비하였다. 성을 만드는 날 서로 모양을 의논하고 전체 모양을 서로 의견을 수렴하여 만들었다.</td></tr>
<tr><td colspan="3">작품 구성</td></tr>
<tr><td colspan="2">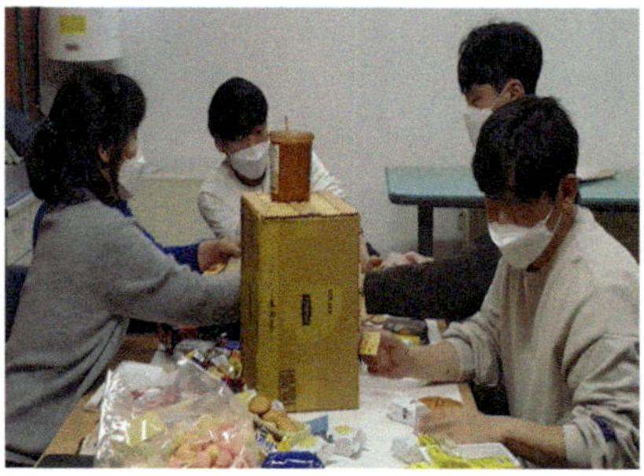</td><td></td></tr>
<tr><td colspan="2">한마음 한 방향</td><td>'진수성'</td></tr>
<tr><td colspan="2">◈ 작품 스토리 구성
성 만들기를 통해 하나 된 마음</td><td>◈ 작품 스토리 재구성
'진수성'이라는 작품 완성</td></tr>
<tr><td colspan="3">◈ 집단 공동체 치유와 성장점의 작품

우리들의 '진수성' 완성</td></tr>
</table>

사실 공동체 작품을 만들 때 걱정이 많았다. 이러한 협동 활동을 하지 않은지 오래되기도 하였고, 성에만 집중한 우리 조와 달리 옆 조에서는 다른 장식에도 공을 들이는 모습이 보여 결과물이 비교될 것만 같은 불안감이 있었기 때문이다. 하지만 막상 제작에 들어간 이후에는 나의 역할, 모두의 역할에 집중하느라 그런 사실을 잊고 그저 눈앞에 있는 우리의 작품에만 관심이 쏠렸다. 그리고 완성된 후에는 옆 조의 결과물이 어떻든 우리 조의 결과물에 대해 뿌듯함과 만족감이 차올랐다. 이러한 과정을 통하면서 해보지도 않고서 걱정하는 나의 모습을 볼 수 있었다.

◈ 집단 진행 중 공동체 치유와 성장점에 대한 통찰

A: 완성된 성(城)을 보니 감동과 흐뭇함이 밀려오면서 10명의 집단원들과 해냈다는 성취감에 행복했다. 서로 단합된 모습도 감사하고 각자의 의견을 내놓았을 때도 함께 조율해 가면서 드디어 '진수성'찬이라는 성을 완성했다. 서로 연령과 견해와 생각의 차이가 있었지만, 집단원들과 한마음 한 방향으로 나아가니 이렇게 과자로 만든 웅장한 성을 선보이게 되어 집단원들과의 마지막 푸드가 마음에서 마음으로 완공되어 뿌듯하다.

B: 조장이 전체성을 3단으로 구성하고, 한 집단원이 평면을 입체로 제안하고, 한 집단원은 작업의 분업을 제시했으며, 1단은 문을 2단은 창문을 달자고 하였다. 사랑스러운 머랭 쿠키를 가져온 집단원은 문을 만드는 데 돋보이게 했고, 가로등과 분수도 스스로 만들었다. 나도 성 위에 색깔 콘을 올리고 성 귀퉁이는 통일하자고 제안하였다. 그러나 검정 쿠키로 가운데 장식이 처음엔 맘에 들지 않았지만 그 의견을 존중했고, 보다 보니 특색이 있어 보였다. 완성이 되었을을 때는 굉장했다. 과자 성을 만든 것도 처음이지만, 이렇게 큰 작품을 제각각의 재능이 조화롭게 어울려 멋진 성을 만들어 냈기에 정말 잊히지 않는 공동 작품이 된 것 같다. 집단원들의 다양성이 존중될 때 스스로의 힘이 나타났으며 작품의 완성도도 높았다고 본다. 집단 속에서 어떠해야 할지 이번 작품을 통해 체험하고 느낄 수 있었다.

| 축하의 성(城) – 기타 작품 |

(작품 1) 커다란 하나가 되는 과정

(작품 2) 우리는 하나

(작품 3) 성에 초점을 둔 공동체

(작품 4) 공동체 속에 나

작품 1 한 사람 한 사람의 작품이 모여서 커다란 하나가 된다는 점이 이번 회기의 가장 큰 특징이었다. 다른 사람이 만든 장식 하나하나가 화려한 성이 되어가는 과정을 전부 지켜보고 있었음에도 신기하고 그저 놀라웠다.

작품 2 조장과 함께 각자 분담하여 준비물을 챙겨 와서 두 팀으로 나누어 각자 팀별로 과자를 붙이기 시작했다. 처음에는 막막하고 아름다운 성이 꾸며질까 하는 의구심이 들었지만, 집단원들이 하나 되어 성(城)을 쌓아가기 시작했다.

작품 3 과자로 성을 만든다는 주제를 가지고서 공동체는 다른 무엇보다도 '성(城)'에 중점을 맞추어 준비했다. 떠오르는 모양새를 정한 후에 표면적은 넓은 과자로 벽을 만들고 포인트가 되어 줄 과자로 모서리 부분을 꾸몄다.

작품 4 성(城)에 집중하면서 있는 재료를 최대한 활용하여 깃발에는 언어유희를 사용하여 '진수성(찬)'이라고 적었다. 혼자서 할 때와 달리 공동체 속에 내가 있다는 것, 그 안에 내 역할이 있다는 느낌이 들어 또 다른 뿌듯함과 만족감이 느껴졌다.

주제	축하의 성- '드림'
작품 스토리 및 의미	연못에는 물고기와 과일이 잔뜩 열린 과일나무들, 정원에는 꽃들이 만발하고 안락의자로도 사용할 수 있는 그네와 아름다운 정원을 감상하며 티타임을 즐길 수 있는 티 테이블. 아! 꿈(DREAM)을 향해 달려오신 손님들을 위해 활짝 열려 있는 스위트 궁전, 여행하느라 지쳐 있는 몸과 마음을 스위트하고 편안하게 푹 쉬고 힐링하세요.

작품 구성

조개로 만든 길

희망 궁전 '드림 성'

◈ **작품 스토리 구성**

집단원들과 함께 멋진 궁전을 지나는 길을 조개로 만들었다.

◈ **작품 스토리 재구성**

집단원들의 미래의 꿈과 소망을 담아 꿈을 이루어 낼 우리들의 희망 궁전으로 완성하였다.

◈ **집단 공동체 치유와 성장점 작품**

우리들의 '드림 성' 완성

꿈을 향해 가는 모습을 표현하고자 '드림'이라는 성을 만들었다. 입체감을 보이기 위해 무로 뾰족한 성의 지붕을 만들고, 성 안을 향초로 밝게 켜며 꿈에 대한 긍정적인 마음을 집단원들과 함께 표현한 사진이다. 집단원 한 명 한 명이 자신의 마음을 표현하다 보니 성으로 가는 길이 화려하고 작품 하나하나가 생동감 있고 구체적으로 표현되었다는 것이 사진으로 담기에는 아쉬운 점이다. 성이 독보적으로 보이기보다 어우러지지 못한 부분이 꾸미고 나서야 보였다.

◈ 집단 진행 중 공동체 치유와 성장점에 대한 통찰

A: 과자로 만든 성이 아닌, 채소를 이용하여 성을 세운다는 것이 쉽지만은 않았다. 박스 안에 지지대를 튼튼히 하여 끄떡없이 서 있는 성을 보고 집단의 단결된 힘을 느꼈다. 나는 구조화된 도안이 편하지만 자유롭고 창의적인 접근으로 집단원들과 의견을 조율하여 모두가 각자 맡은 영역에서 자신들만의 작품을 만들어 내고, 구성에서 재구성을 거듭하면서 마라톤을 하듯 끝까지 집중하는 집단원들의 모습에서 나도 모르게 마지막까지 더욱 열심히 집중하여 참여하였다. 1년 동안 푸드아트테라피를 통해 나를 알고, 타인을 보고, 각자가 우주 속에 소중한 존재임도 깨달았다. 푸드아트테라피의 배움을 토대로 나는 발전된 모습으로 살아갈 것이며, 마음속의 깊은 고마움과 아쉬움을 마지막 작품에 담고자 즐겁게 준비하였고, 푸드아트테라피를 통해 통찰된 감정들을 마음속에 담고 키워나갈 것이다.

B: 10명의 집단원이 각자 준비해 온 여러 가지 재료들을 보고 어떻게 할지 생각해 보고 아이디어와 의견들을 조율해서 진행하였다. "이건 어때? 여긴 이렇게 하는 게 어때요?" "응, 괜찮은 생각이야"라고 하면서 10명이 각자 맡은 일을 (한 명도 참여하지 않는 사람 없이) 착착해 나갔고, 작품 하나하나가 너무나 멋졌다. 흠! 그런데 작품 하나하나는 너무나도 아름답고 멋졌는데 막상 어울리지 않는 것이었다. 다닥다닥 붙어 있는 길의 가이드라인이 마음에 걸렸고, 나무 울타리가 고립을 의미하는 거 같아서 답답하게 느껴졌다. 길의 가이드라인은 수정을 했지만, 나무 울타리는 다른 집단원이 하루 꼬박 고생하며 만든 것을 알고 있었기 때문에 차마 빼자고 말을 못 했다. 집단원들과 여러 가지 의견들을 나누며 진행된 활동! 진행하다 보니 다시 조화를 이루는 작품, 좋다! 그리고 집에 와서 생각해 보니 불편하게 느껴졌던 다닥다닥 붙어 있었던 가이드라인과 나무 울타리는 '힘든 나의 마음 상태'였다고 자각하는 시간이었다.

| 축하의 성 – 기타 작품 |

(작품 1) 미완성 자동차

(작품 2) 작은 연못

(작품 3) 티 테이블

(작품 4) 드림 성

작품 1 궁전을 만들기보다는 정원 꾸미는 데 더욱 관심이 있었다. 길, 자동차를 어떻게 만들고, 놓을지 계획을 했다. 처음엔 조개로 길을 만들었다. 그러나 자동차를 만드는 동안 길이 사라져 있어 그 순간 불쾌하고 의욕도 떨어져 아무 말도 못 하는 나를 발견하였다. 결국 다른 재료로 길이 만들어졌지만 만족하지 못한 아쉬움에 작품의 이름을 '미완성'으로 짓고 싶다.

작품 2 돌멩이를 이용한 연못에 고기들과 조개 속의 진주도 넣어 작은 연못을 표현하였다.

작품 3 크리스마스 분위기의 트리 나무와 편안하게 차를 마실 공간의 테이블, 그네를 타면서 느낄 소소한 재미와 행복….

작품 4 꿈을 향해 가는 모습을 표현하고자 드림이라는 성을 만들었다. 입체감을 보이기 위해 무로 뾰족한 성의 지붕을 만들고, 성 안을 향초로 밝혀 꿈에 대한 긍정적인 마음을 집단원들과 함께 표현하였다.

부록

1. 푸드아트테라피 집단상담 프로그램: 대상별 · 주제별
2. 푸드아트테라피 집단상담 활용한 기타 프로그램
3. 푸드아트테라피 집단상담을 활용한 진로 프로그램 효과성

집단 속에서 자유로움을…

FOOD ART THERAPY
GROUP COUNSELING

CHAPTER

01

푸드아트테라피 집단상담 프로그램: 대상별 · 주제별

함께 들어주고 공감해주는 우리

부모와 함께한 푸드아트테라피 집단 프로그램 1

교육명	부모 존중, 자녀 존중을 위한 푸드아트테라피	강사명	
일 시		대 상	청소년 자녀를 둔 부모 및 예비 부모
장 소		회 기	1회기

프로그램 내용 및 과정

목 표	나의 어머니에 대한 생각을 새로이 자각한다. 내 안의 있는 여러 감정들(미안함, 죄책감, 사랑, 감사)을 솔직하게 표현하고 어머니와의 관계를 새롭게 맺는다.
프로그램 과 정	▶ 오리엔테이션 – 누구에게나 어머니라는 존재는 우리 삶 속에서 가장 가슴 깊은 곳에 자리하고 있다. 우리 기억 속의 어머니는 언제나 자식만을 위해 희생을 온전히 감당하시고 자식의 건강과 행복을 위해 기도하시는 우리의 어머니. 우리들이 이처럼 잘 성장해 오는 과정에 가장 큰 영향을 준 어머니의 자리를 재조망해 보고 그분과의 깊은 만남을 통해 의미 있는 시간을 가져 본다. ⊙ 푸드 예술 활동 – 사랑하는 나의 부모님 – 눈을 감고 우리의 어머니에 대한 생각에 빠져 본다. 떠오르는 감정을 있는 그대로 맞이한다. (감사했던 일, 잘못했던 일, 서운했던 일) – 눈을 뜨고 집단원들에게 나의 어머니에 대해 소개하는 시간을 갖는다. – 준비한 재료를 가지고 지금 그대로의 이미지, 느낌을 표현한다. – 어머니 우리 어머니, 사랑하고 존경하는 마음이 전달되는 느낌을 경험한다. – 돌아가면서 부모님에 대한 마음을 나눈다.
총평가 및 소견	부모님에 대한 나의 내면을 들여다보는 활동을 통해 희생적인, 열정적인, 아낌없이 주는 나무 등등 부모님에 대한 사랑을 경험하고 사랑하고 있음을 알아차림 하는 시간을 갖고 감사와 긍정성을 회복하는 이 순간 엄마가 보고 싶다고… 전화라도 드려야겠다는 집단원들의 마음을 엿볼 수 있는 시간이었다.

프로그램 활동 사진- 나의 부모님	

아낌없이 주는 나무의 부모님	금면, 성실, 열정 가득한 나의 엄마

오토바이 통학 길 동행해 주신 엄마	들국화를 닮은 하늘에 계신 엄마

요양병원에 계신 울 엄마	지금도 그리움만 쌓이는 부모님

부모와 함께한 푸드아트테라피 집단프로그램 2

교육명	부모 존중, 자녀 존중	강사명	
일 시		대 상	청소년 자녀를 둔 부모 및 예비 부모
장 소		회 기	2회기

프로그램 내용 및 과정

목 표	1. 자녀와의 갈등을 현명하게 해결할 수 있는 경청, 공감, 진심을 전달하는 긍정적인 의사소통의 방법을 익힌다.
프로그램 과 정	▶ 오리엔테이션–자녀 장점 찾기 – 자녀의 장점 찾기를 통해 자녀에 대한 이해를 돕고 긍정적인 부모 자녀 간의 관계를 향상시킨다. – 적극적 의사소통 방법인 정중한 요청, 나 전달법, 논리적 결과에 대해 나누고 상호 존경의 중요성을 이해한다. – 부모 자신이 자녀에게 사용하고 있는 의사소통의 걸림돌을 찾고, 걸림돌을 피하는 방법을 알아차림 하고 긍정적인 소통 방법을 이해한다. ⊙ 푸드 예술 활동 – 사랑하는 나의 자녀 – 사랑하는 나의 자녀의 이미지를 다양한 재료를 가지고 표현하기. – 표현된 작품에 대해 집단원들과 나누면서 자녀를 있는 그대로 받아들이는 수용과 공감의 중요성을 이해한다. – 자녀의 내면을 탐색하고 서로 사랑하고 있음을 알아차림 하고 감사와 긍정성을 회복한다.
총평가 및 소견	부모 자녀 간의 긍정적인 의사소통은 가족 기능 수행에 있어 빠뜨릴 수 없는 요인이며 자녀의 인성이나 행동 발달 및 성숙에 결정적인 영향을 미치며 가정 안에서 아이들을 바라보는 시각, 개개인의 성향과 다름을 인정하고 부족한 점보다 강점에 지지와 격려를 하도록 코칭하였다.

프로그램 활동 사진-사랑하는 자녀	

같은 듯 다른 쌍둥이 자매	자유로운 영혼을 가진 딸

믿음직한 막내아들	사랑이 많은 보물단지 큰딸

결혼한 내 딸 행복하길	현재를 즐기는 내 사랑

학교 밖 청소년 대상 푸드아트테라피 프로그램 1

교육명	푸드아트 집단 프로그램 (자존감 향상)	강사명	
일 시		대 상	학교 밖 청소년
장 소		회 기	1회기

프로그램 내용 및 과정

목 표	– 있는 그대로의 내 모습과 특성을 알고 긍정적인 자기상을 가질 수 있도록 한다. – 자신이 사랑받을 만한 가치가 있는 소중한 존재임을 인식하게 한다. – 우리 모두 성과를 이루어낼 만한 능력이 있는 사람이라는 자신감을 키운다.
프로그램 과 정	▶ 오리엔테이션 – 집단원 친밀감 형성 활동을 통해 긍정적인 자기상을 형성한다. – 김춘수 님의 시 「꽃」을 통해 존재의 의미를 부각시킨다. – 자기 존중감이란? 자신이 사랑받을 만한 가치가 있는 소중한 존재이고, 어떤 성과를 이루어낼 만한 유능한 사람이라고 믿는 마음을 심어 준다. – 내 이름으로 삼행시 짓기를 통해 존재감 형성하기. – 생각은 내가 선택할 수 있고, 생각을 바꾸면 길이 보인다는 의미를 부여하고 내면의 주인은 자신임을 자각한다. ⊙ 푸드 예술 활동 – 나의 자아상 – 눈을 감고 내면에 떠오르는 감정을 있는 그대로 맞이한다. – 내 안에 잠재된 강점을 찾아 자신감을 갖고 새로운 인식을 갖게 한다. – 준비한 재료를 가지고 지금 그대로의 이미지, 느낌을 표현한다. – 돌아가면서 마음 나누기를 한다.
총평가 및 소견	자신을 찾는 새로운 여행의 시작을 경험하면서 스스로를 사랑하고 소중하게 생각하는 긍정적인 사고를 갖게 했다.

프로그램 활동 사진 - 나의 자아상	

나를 찾아 떠나는 여행	겉과 속이 다른 나

말하고 싶은 나	아무것도 보고 싶지 않은 나

머리 아픈 나	밝고 괜찮은 나

학교 밖 청소년 대상 푸드아트테라피 프로그램 2

교육명	푸드아트 집단 프로그램 (대인관계 향상)	강사명	
일 시		대 상	학교 밖 청소년 대상
장 소		회 기	2회기

프로그램 내용 및 과정

목 표	– 또래 관계에서 부정인 영향을 미치는 요인들을 집단상담 프로그램을 통해 인지하게 하여 학교생활 적응 및 대인관계 개선에 도움이 되도록 한다. – 자신과 타인이 서로 다름을 알고, 수용할 수 있는 힘을 가질 수 있게 돕는다.
프로그램 과 정	▶ 오리엔테이션 – 우리들의 다짐 활동을 통해 나를 알고 우리를 알고 한 걸음 나아가기. – 영상 속 하나 속에서 발견하는 다름을 인정하고 대인관계에 대한 새로운 지각을 한다. – 내가 좋아하는 친구, 싫어하는 친구에 대한 개념을 손 모양 뜨기를 통해 이해하기. ⊙ 푸드 예술 활동 – 나에게 친구란? – 친구에 대한 이야기를 나눈 후 내 친구 이미지를 다양한 재료를 가지고 표현하기. – 표현된 작품에 대해 집단원들과 나누면서 있는 그대로 받아들이는 수용과 공감의 중요성을 이해한다. – 내면을 탐색하고 긍정성을 회복한다.
총평가 및 소견	교우관계 개선을 위하여 '친구'에 대한 자기감정 표현하기와 친구들의 목소리에 귀 기울이고 틀리고 나쁜 게 아닌 다름을 인정하도록 코치함.

프로그램 활동 사진 – 나에게 친구란?	

내 마음 속 하트	행복을 주는 강아지

남자 친구	묻어두고 싶은 친구

또 다른 나	듬직한 형

CHAPTER

02

푸드아트테라피 집단상담 활용한 기타 프로그램

1. 금빛 노후 푸드아트테라피 집단상담
2. 마음 토닥토닥 푸드아트테라피 집단상담
3. 자존감 향상을 위한 푸드아트테라피 집단상담

◎ 금빛 노후 푸드아트테라피 집단상담

1. **교육명**: 푸드아트테라피와 노년기 가족생활 교육 집단상담

2. **목적**

가족생활 주기 중 인생 황금기로서 노년기의 행복한 부부관계 형성과 이미지 재구성으로 부부 만족도 향상을 할 수 있다.

3. **기대 효과**

- 음식이 가지는 심리적인 보약의 속성인 과일이나 채소 그리고 곡류 등의 재료를 적용한 푸드아트테라피 예술 활동으로 자기 효능감 향상 및 노년기 건강한 가족생활 통합 증진 효과를 기대한다.
- 심리, 정서적 가족관계 효능감 향상과 원활한 소통을 기대할 수 있다.

4. **대상**

정년을 앞둔 노부부 8쌍

5. **일시: ○○년 ○월 ○○일 ~ / 주 2시간씩 8회**

6. **8회기 프로그램 세부 계획안**

주	활동 주제	목표	재료
1회기	내 안에 있는 당신!	- 맞이하기, 라포 형성, 마음결 고르기 - 부부 마음 상태 점검	소금, 색 전지, 바나나, 향초, CD 플레이어
2회기	도전 과제: 노년의 행복	- 음식 가계도로 본 가족관계 - 나의 열쇠 만들기, 내 안의 여행	과자, 마시멜로, 색깔 과자, 나뭇가지, 꽃, 깻잎, 청경채. 커피, 꽃소금
3회기	소금 자화상 오이 부부 잔	- 부부 조각, 부부 이미지 재구성 - 일치되고 명확한 대화 연습 - 가장 행복한 때, 부부관계를 좋게 하는 습관, 부부 감정 다스리기	꽃소금, 소면, 오렌지, 사과, 오이, 차 스푼, 칼, 각종 가루(커피, 녹차가루)
4회기	인생스토리	- 나의 살던 고향 꾸미기 - 스토리 구성, 재구성 후 소감 나누기	쌀, 보리, 콩, 김, 스타베리 과자, 옛날 과자, 소금, 과일, 오이
5회기	금빛 노후! 우리 가족 상징물	- 내 말 좀 들어 주세요! - 금빛 노후 퍼레이드	양파링, 꿈틀이, 색깔 구슬, 밀가루, 나뭇잎, 열매, 향초, 소품(피겨)
6회기	내 인생의 자서전	- 나의 자랑거리(튼튼한 다리, 무쇠팔) - 부부 자랑거리	부채과자, 곡식(쌀, 노란콩, 팥, 녹두), 귤, 옛날 과자
7회기	인생의 봄날	- 부부 인생의 봄날은? - 스토리 구성, 재구성 후 - 작품 표현	과일(토마토, 오이), 파프리카, 색깔 과자, 새싹재소
8회기	내가 살고 싶은 집	- 살고싶은 집에 대한 나눔 - 내가 살고 싶은 집 표현	애호박, 커피원두와 원두가루, 당근, 대추,향초, 기타 소품

<table>
<tr><th colspan="2">회기별 프로그램 활동 사진</th></tr>
<tr><td></td><td></td></tr>
<tr><td>(1회기) 부부 맞이하기</td><td>(1회기) 내 안에 있는 당신:
나의 그림자</td></tr>
<tr><td></td><td></td></tr>
<tr><td>(2회기) 음식 가계도</td><td>(2회기) 노년의 행복: 함께 같은 곳 바라보기</td></tr>
<tr><td></td><td></td></tr>
<tr><td>(3회기) 부부 이미지: 소금 자화상</td><td>(3회기) 오이 부부 잔</td></tr>
</table>

회기별 프로그램 활동 사진	

(4회기) 인생스토리	(4회기) 나의 살던 고향은

(5회기) 금빛 노후: 퍼레이드	(5회기) 내 말 좀 들어줘요!

(7회기) 내 인생의 봄날	(8회기) 내가 살고 싶은 숲과 연결된 하우스

◎ '마음 토닥토닥' 푸드아트테라피 집단상담

1. 프로그램의 목적

- 나의 존재를 느끼고, 타인의 존재를 느끼며, 생명의 아픔, 고통에 대한 공감 능력 함양과 생명 존중에 대한 소중함을 인식한다.
- 대학 생활 중에 겪게 되는 힘듦을 푸드로 표현하고 스토리로 풀어내는 과정에서 성장점을 찾는다.
- 집단원의 내면을 살피고 부정적인 영향을 미치는 요인들을 인식하여 푸드를 활용한 집단상담 프로그램을 통해 표현하고 구성과 재구성을 통해 대학 생활 적응 및 자신의 생명에 대한 감사와 생명 감수성을 함양하는 데 도움이 되도록 한다.

2. 대상: 대학생

3. 일시: ㅇㅇ월 ㅇㅇ일- 120시간

4. 푸드아트테라피 집단상담 계획안

시간	주제	목표	활동 내용	준비물
20′	참가자 소개	• 프로그램 참여 동기 유발 • 집단원의 친밀감 및 신뢰감 형성과 생명력 맞이하기	• 환영 인사 및 프로그램 소개하기 • 맞이하기: 5월의 정원 • 생명 중심 맞이하기와 마음결 고르기 • 내 마음 그리기	향초, 모카빵, 나비 색깔, 과자, 견과류, 커피믹스, 하리보 곰돌이, 미니호박, 기타 소품
50′	내가 보는 나 남이 보는 나	나를 이해하고 우리 공감하기와 성장점 인식	• 대학 생활 중 나의 기대와 나의 욕구 표현 • 타인의 기대에 반응하는 나의 모습 표현, 과거 경험 중 다시 하고 싶은 것 표현	색깔 과자, 파프리카, 깻잎, 사과, 오이, 가지, 당근, 꽃소금, 커피믹스, 검정 부직포(8절 검정 도화지)
50′	너와 우리 연결고리	생명에 대한 연결 욕구 표현	• 커피농장 만들기와 좋은 감정 싹 틔우기 • 상처를 준 사람, 상처를 받은 사람의 감정 나눔과 감정 흘려보내기, 하고 싶은 말 포스트잇에 적기 • 마무리	커피 원두, 원두 가루(재활용), 포스트잇, 새알과자, 허브, 색깔 과자, 풀꽃, 피규어 등

【푸드아트테라피 집단상담 작품】

프로그램 활동 작품	

맞이하기: 5월의 정원	내 마음 그리기: 내 안에 네가 있어

나를 이해하고 공감하기	나의 욕구와 너의 기대

너와 나의 연결 나무	좋은 감정 싹 틔우기

◎ '자존감 향상' 푸드아트테라피 집단상담

1. 프로그램의 목적

- 음식이 가지는 심리적인 보약의 속성인 음식 재료를 적용한 FAT 예술 활동으로 카타르시스 향상 및 마음밭을 일구는 과정으로 자기 효능감 향상과 자존감 향상을 할 수 있다.
- 우울 및 불안, 긴장을 해소하고, 심리 정서적인 마음밭의 크기를 활짝 열 수 있는 효능감을 활성화한다.
- 마음속에 내재된 희망을 외현화하는 과정을 그려 보고 자존감 향상

2. 대상: ㅇㅇ여자 중학생

3. 일시: ㅇㅇ월 ㅇㅇ일-180시간

4. 푸드아트테라피 집단상담 계획안

소 주 제	내 안의 마음 받아들이고 받아내기	진 행 자	
준 비 물	① 귤 20개, 검정 도화지10장, 파프리카 12개(색깔별), 식빵, 잼, 하리보 과자, 원두커피 500g ② 방울토마토 1kg, 색깔 전지 4장, 국수 500g, 별과자 10개 ③ 블루베리 주스, 오이 5개, 향초 20개, 이쑤시개, 알록 과자, 티스푼(인원수만큼), CD 플레이어, 칼, 가위, 도마, 나뭇잎, 포스트잇		
진 행 과 정	① warming up: 맞이하기 테이블 세팅/겨울의 향연, 크리스마스 ② 〈활동 1〉 • 소금으로 열어보는 마음밭 표현: 소금, 색깔 과자 • 소금에 대한 이야기 나누기: 오감으로 나누기 • 소금 깃대놀이로 친밀감 형성, 마음 모양 그리기(구성) • 소금으로 만든 지금 내 마음밭의 기분, 제목 정한 후 마음밭에 대한 탐색과 나눔 〈활동 2〉: 도란도란 마음 이야기를 통한 소통과 나눔 • 마음이 가장 즐거웠을 때, 힘들었을 때 나눔 • 마음에 하고 싶은 일 • 마음에 담고 싶은 것(재구성) • 마음밭의 기적 발견: 새롭게 알게 된 마음밭에 대한 발견 나눔 • 나에게 마음밭의 기적, 기분 좋은 마음, 행복한 마음을 푸드로 표현하고 나눔: 나에게 행복이란? 〈활동 3〉: 어떤 사람으로 기억되기 바라는가? • 3년 후, 5년 후, 15년 후: 포스트잇에 자신의 희망을 적고 희망 스토리를 구성한다. 내가 바라는 삶의 로드맵과 내가 원하는 생활을 위한 긍정적인전환과 대긍정		

【자존감 향상 푸드아트테라피 집단상담 작품 사진】

맞이하기: 겨울의 향연, 메리 크리스마스

소금으로 열어본 마음밭: 거꾸로 사는 마음

마음밭의 기적: 슬픈 얼굴, 우울한 얼굴을 벗어난 행복 나무

크리에이티브, 피아니스트

아이들 입장이 먼저인 교사

헤어디자이너

어떤 사람으로 기억되기 바라는가?/ 미래 꿈과 희망, 기대

CHAPTER

03

푸드아트테라피 집단상담을 활용한 진로 프로그램 효과성

나는 진로 산책 중

◎ 푸드아트테라피 집단상담을 활용한 진로 개발과 진로 성숙 프로그램 효과성 보고 '나는 진로 산책 중'

1. 프로그램 개요

1) 목적

- □ 자신의 진로에 대한 어려움을 파악하고, 올바른 자기표현과 대화 기술을 통해 진로에 대한 자존감 증진에 도움을 준다.
- □ 마음밭 가꾸기를 통해 진로 로드맵을 그려 보고 진로에 대한 자존감을 향상할 수 있다.
- □ 푸드 힐링 체험으로 자신의 스트레스를 해소하여 즐겁고 생기 있는 대학 생활을 할 수 있다.

2) 프로그램 성과

- □ 자신의 진로에 대한 어려움을 파악하고, 푸드로 올바른 자기표현과 대화 기술을 통해 가고자 하는 진로를 확인하고 진로에 대한 자존감을 향상할 수 있었다.
- □ 마음밭 가꾸기를 통해 진로 로드맵을 그려 보고 진로에 대한 자존감 향상을 할 수 있었다.
- □ 푸드 힐링 체험으로 자신의 스트레스를 해소하여 즐겁고 생기 있는 대학 생활을 할 수 있었다.

3) 집단상담 주요 이론 및 기법

- □ 생명 중심 사상과 사회 구성주의 관점: 자연 중심의 생태학적 관점과 동양적 세계관의 역동적인 전일성과 유심론적인 관점
- □ 대인관계 및 상호 관계 증진 의사소통 기법
- □ 진로 로드맵 지도: 로드맵 그리기의 비전과 진로 로드맵 탐색

4) 프로그램 세부 개요

(1) 제목: 푸드아트테라피 집단상담을 활용한 진로 개발 및 진로 성숙 집단상담 '나는 진로 산책 중'

(2) 강사명:

(3) 기간:

(4) 장소:

(5) 회기: 6회기

(6) 참여 인원:

(7) 참여 건수:

(8) 수료 인원:

2. 진행 일정 및 내용

구분	회기	주제	목표	활동 내용
도입	1	프로그램 소개 및 참가자 맞이하기	· 프로그램 참여 동기 유발 · 집단원의 친밀감 및 신뢰감 형성	– 환영 인사 및 진행자, 프로그램 소개하기 – 사전 설문 실시 – 맞이하기: 7월의 정원 – 생명 중심 맞이하기와 마음결 고르기 – 진로 로드맵 동영상 시청 – 조별 섬마을 만들기
전개	2	내가 보는 나, 남이 보는 나	· 나의 이미지와 자기 이해 · 타인이 보는 나 바라보기와 수용하기	– 내가 보는 나의 모습과 짝꿍의 모습 표현, , 나의 기대와 나의 욕구, 생각 – 타인의 기대에 반응하는 나의 모습 표현, 과거 경험 중 다시 하고 싶은 것 표현
	3	긍정적인 사고 전환과 마음밭 가꾸기	· 나의 약점을 강점 전환	– 커피농장 만들기와 패턴 만들기로 마음결 고르기 – 내 안의 보석 찾기 – 긍정적인 사고 전환과 마음밭 크기 넓히기

전개	4	미래의 나	· 앞으로의 나에게 기대하는 것 · 내가 하고 싶은 일: 소유와 성취	- 나의 스트레스 해소하고 수용하기 - 진로와 관련하여 중요시하는 가치는?
	5	진로 로드맵 그리기	나의 희망, 꿈, 성장하는 나무 나를 살리는 생명의 메시지	- 나의 희망, 꿈, 포스트잇에 써서 띄우기 - 나의 진로에 대한 간절하고 구체적인 목표를 위한 3단계 로드맵 그리기
정리	6	마무리 활동	긍정적인 확언과 메시지 전달	- 새롭게 찾은 나 대접하기와 행복한 삶을 위한 준비 - 몸과 마음의 원시적인 감성 회복 힐링 - 집단원 마음 나누기

3. 프로그램 활동 사진

〈 1회기: 맞이하기와 로드맵 강의 〉

〈 2회기: 내가 보는 나의 진로와 남이 보는 진로에 대한 생각〉

〈 3회기: 진로에 대한 긍정적인 사고 전환과 긍정 피드백〉

〈4회기: 진로 스트레스 해소와 진로 강점 전환〉

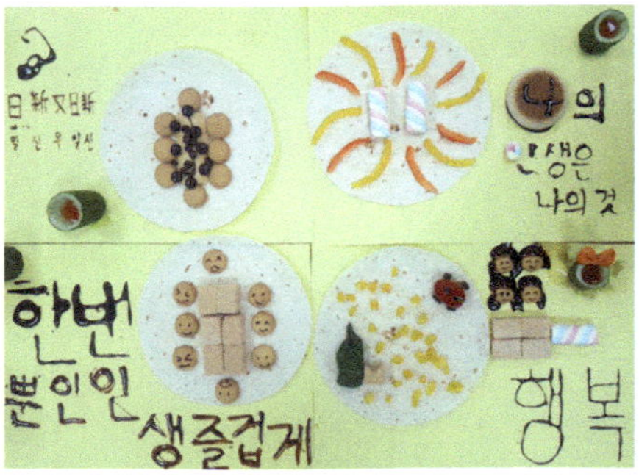

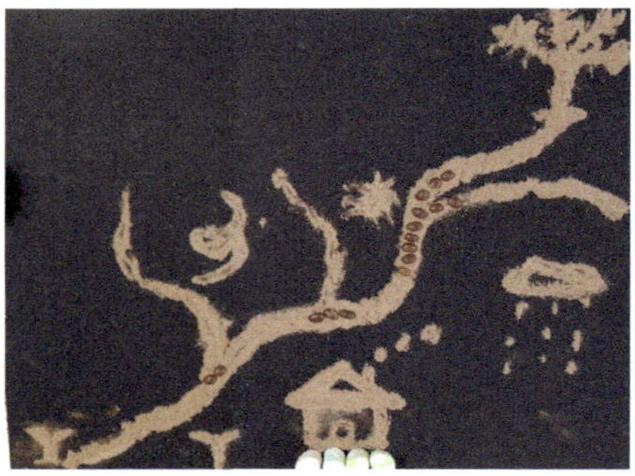

〈 5회기 · 6회기: 3단계 진로 로드맵 그리기와 행복한 삶 〉

5. 집단상담 결과

1) 직업 적성검사(HOLLAND) 검사 결과 타당도

홀랜드 검사 결과 타당도는 진로 유형의 분화도 1순위 진로 코드의 긍정 응답률은 분화도가 높으면 하나의 진로 코드가 다른 진로 코드에 비해 뚜렷하다고 말할 수 있으며, 1순위 코드와 긍정 응답률이 높을수록 해당 진로 코드의 특성이 강하다고 할 수 있다. 검사 전후 간 진로 코드의 비교는 평소 진로에 대한 자신의 생각과 검사 결과로 나타난다. 검사 결과로 나타난 진로 코드를 비교함으로써 자신의 진로 이해 수준을 알 수 있으며, 검사 영역 간 진로 코드의 일치도 수준은 진로 성숙도가 높을수록 성격, 능력 직업 및 전체 종합 진로 코드가 일치되게 나타난다.

〈검사 결과 타당도 비교〉

	진로 코드 분화도	1순위 진로 코드의 긍정 응답률(%)	검사 전후 간 진로 코드의 비교 검사 전/검사 후	성격 적성	능력 적성	직업 적성	종합	검사 결과 타당도
1	높음	77	SEC/SCE	6	6	4	16	자신의 진로에 대한 이해 수준과 진로 적성의 영역별 일치 수준이 높은 편입니다. 검사 결과를 타당하게 해석할 수 있습니다.
2	높음	90	ASR/AEI	4	4	6	14	
3	높음	67	SAC/SAC	6	6	5	17	
4	높음	71	SEC/SEC	6	4	3	13	
5	높음	79	SCE/SCE	4	4	4	12	
6	높음	79	ASC/SAC	4	4	6	14	
7	높음	73	SCA/ASE	6	5	6	17	
8	높음	74	CER/CEI	2	4	6	12	
9	높음	74	SRC/SCR	6	4	4	14	

<table>
<tr><td>10</td><td>보통</td><td>60</td><td>SAI/ASI</td><td>6</td><td>1</td><td>3</td><td>10</td><td rowspan="2">자신의 진로에 대한 이해 수준과 진로 적성의 영역별 일치 수준이 보통 수준입니다.</td></tr>
<tr><td>11</td><td>보통</td><td>28</td><td>ASR/SAR</td><td>1</td><td>4</td><td>0</td><td>5</td></tr>
</table>

집단 진행 후 대부분 참가자들의 검사 결과 자신의 진로에 대한 이해 수준과 진로 적성의 영역별 일치 수준이 높아졌음을 알 수 있었다.

3) 프로그램 만족도 분석

<table>
<tr><th colspan="3" rowspan="2">구분</th><th colspan="5">점수별 빈도수(%)</th><th rowspan="2">평균 점수</th></tr>
<tr><th>1점</th><th>2점</th><th>3점</th><th>4점</th><th>5점</th></tr>
<tr><td rowspan="3">환경적</td><td>1</td><td>집단 분위기</td><td>0명(0%)</td><td>0명(0%)</td><td>0명(0%)</td><td>6명 (50%)</td><td>6명(50%)</td><td>4.50</td></tr>
<tr><td>2</td><td>활동 준비 정도</td><td>0명(0%)</td><td>0명(0%)</td><td>0명(0%)</td><td>4명 (33%)</td><td>8명 (66.7%)</td><td>4.67</td></tr>
<tr><td>3</td><td>집단원 도움</td><td>0명(0%)</td><td>0명(0%)</td><td>1명 (8.3%)</td><td>5명 (41.7%)</td><td>6명(50%)</td><td>4.57</td></tr>
<tr><td rowspan="3">지도자</td><td>4</td><td>지도자의 성실성</td><td>0명(0%)</td><td>0명(0%)</td><td>0명(0%)</td><td>5명 (41.7%)</td><td>7명 (58.3%)</td><td>4.42</td></tr>
<tr><td>5</td><td>프로그램 내용</td><td>0명(0%)</td><td>0명(0%)</td><td>0명(0%)</td><td>3명 (25%)</td><td>9명(75%)</td><td>4.85</td></tr>
<tr><td>6</td><td>준비물</td><td>0명(0%)</td><td>0명(0%)</td><td>0명(0%)</td><td>3명 (25%)</td><td>9명(75%)</td><td>4.75</td></tr>
<tr><td rowspan="4">프로그램</td><td>7</td><td>대인관계 향상</td><td>0명(0%)</td><td>0명(0%)</td><td>1명 (8.3%)</td><td>7명 (58.3)</td><td>4명(33%)</td><td>4.25</td></tr>
<tr><td>8</td><td>적극적 참여</td><td>0명(0%)</td><td>0명(0%)</td><td>1명 (8.3%)</td><td>6명 (50%)</td><td>5명 (41.7%)</td><td>4.33</td></tr>
<tr><td>9</td><td>친구 추천</td><td>0명(0%)</td><td>0명(0%)</td><td>1명 (8.3%)</td><td>7명 (58%)</td><td>4명(33%)</td><td>4.25</td></tr>
<tr><td>10</td><td>전반적 만족</td><td>0명(0%)</td><td>0명(0%)</td><td>0명(0%)</td><td>7명 (58%)</td><td>5명 (41.7%)</td><td>4.42</td></tr>
</table>

- 본 만족도는 환경적 만족, 지도자에 대한 만족, 프로그램에 대한 만족 등 총 3가지 하위 척도 10문항이며, 1점 '전혀 아니다', ~5점 '매우 그렇다', 5점 리커트 척도로 구성되었다.
- 본 프로그램에 대한 만족도를 분석한 결과 집단상담의 '환경적 만족'의 하위 요인인 '집단 분위기', '활동 준비 정도', '집단원 도움'에 대하여 집단 구성원 모두 '그렇다' 이상으로 평균 점수 4.56점으로 응답하였다.
- 집단상담 '지도자에 대한 만족'의 하위 요인 중 '지도자의 성실성' 문항에 집단원 7명이 모두 '매우 그렇다'로 5점 만점으로 응답하고 '프로그램 내용' 9명이 '매우 그렇다'로 5점 만점으로 만족도가 높았음을 알 수 있었다. 또한, '준비물' 정도도 4.75로 응답한바, 만족하였음을 알 수 있었다.
- '프로그램 만족'의 하위 요인 중 '대인관계 향상' 정도에 대해서는 평균 점수 4.25점으로 응답한바, 만족하였음을 알 수 있었으며, '적극적 참여' 문항이 4.33점, '친구 추천' 문항이 4.25점 순으로 나타났다. 한편 전반적 만족에 대한 평균 점수는 4.42점으로 응답한바, 전반적으로 만족하였음을 알 수 있었다.
- 만족도 분석에 대한 총평으로, 집단원 모두가 만족도 항목에 3점 이상의 점수에 응답하여 집단 프로그램에 적극적으로 참여한바, 전반적으로 만족하고 있는 것으로 사료된다.

4) 집단원 프로그램 참여 목적의 명료화를 위한 체크 리스트와 참여 후 느끼고 배운 점

◈ A

1. 집단에 거는 기대는 무엇인가?	푸드아트테라피를 통해 진로 탐색을 할 수 있다고 하여 너무 궁금하고 알고 싶고 배우고 싶어서
2. 집단 참여를 결정하게 된 동기는 무엇인가?	어떤 식으로 진로 탐색을 하는지 궁금하여
3. 집단 참여를 통해 얻고자 하는 점은 무엇인가?	진로 방향을 결정하는 데 도움이 되었으면 함

◈ B

1. 집단에 거는 기대는 무엇인가?	나의 꿈과 상대방의 꿈을 발표하며 듣고 응원해 주기입니다.
2. 집단 참여를 결정하게 된 동기는 무엇인가?	상담 선생님의 추천으로
3. 집단 참여를 통해 얻고자 하는 점은 무엇인가?	꿈을 구체화하여 진로 방향 결정

◈ C

1. 집단에 거는 기대는 무엇인가?	푸드아트테라피가 무엇인지 알 수 있고 진로에 대해서 다시 한번 생각해 볼 수 있다.
2. 집단 참여를 결정하게 된 동기는 무엇인가?	상담센터에서 실습하면서 푸드아트테라피라는 프로그램이 있다는 것을 알게 되어 흥미가 생겨 참여하게 됨.
3. 집단 참여를 통해 얻고자 하는 점은 무엇인가?	진로에 대해 다시 확인하고 푸드아트테라피가 무엇인지 알게 되는 것

◈ D

1. 집단에 거는 기대는 무엇인가?	푸드아트테라피를 이해할 수 있다. 앞으로 취업을 하기 위해 진로 방향 설정을 할 수 있다.
2. 집단 참여를 결정하게 된 동기는 무엇인가?	푸드아트테라피에 관심 있어서 참여하게 되었다.
3. 집단 참여를 통해 얻고자 하는 점은 무엇인가?	진로 방향 설정 및 푸드아트테라피 이해

◈ E

1. 집단에 거는 기대는 무엇인가?	많은 것을 체험하고 싶습니다.
2. 집단 참여를 결정하게 된 동기는 무엇인가?	시간 보내고, 경험도 하고 더 많은 것을 알고 싶어서 참여하게 되었습니다.
3. 집단 참여를 통해 얻고자 하는 점은 무엇인가?	정확하게 어떤 프로그램인지 알게 되고 유용한 프로그램인 것 같습니다.

◈ F

1. 집단에 거는 기대는 무엇인가?	다양한 종류의 체험 활동을 통한 진로 탐색
2. 집단 참여를 결정하게 된 동기는 무엇인가?	언니의 소개와 푸드아트테라피를 통한 진로 탐색을 한다는 게 생소하고 신기해서
3. 집단 참여를 통해 얻고자 하는 점은 무엇인가?	경험, 조금 더 구체적인 진로 탐색

◈ G

1. 집단에 거는 기대는 무엇인가?	자기개발 상담과 결합해서 창업 또는 사무실 디자인을 창의성 있게 할 수 있는 경험
2. 집단 참여를 결정하게 된 동기는 무엇인가?	시작점으로 보는 것도 중요
3. 집단 참여를 통해 얻고자 하는 점은 무엇인가?	우선은 자기계발. 나만의 인테리어, 내가 봐도 좀 더 화려하게 하고 싶다.

◈ H

1. 집단에 거는 기대는 무엇인가?	나의 정확한 진로 탐색
2. 집단 참여를 결정하게 된 동기는 무엇인가?	불확실한 진로에 대한 탐색
3. 집단 참여를 통해 얻고자 하는 점은 무엇인가?	정확한 진로 방향 설계

◈ I

1. 집단에 거는 기대는 무엇인가?	재미있는 일인 것 같아요.
2. 집단 참여를 결정하게 된 동기는 무엇인가?	친구들과 같이 보람된 일을 하고 싶어요.
3. 집단 참여를 통해 얻고자 하는 점은 무엇인가?	맛있는 음식 먹을 수 있고 좋은 그림을 볼 수 있었다.

5) 프로그램에서 배운 점, 집단상담 가치 척도, 집단상담을 통해 얻게 된 점

- 집단상담을 통해 얻게 된 점에 대해 다양한 관점에서 진로 체험을 할 수 있었다. (10점)
- 나 자신을 더욱더 잘 알 수 있는 계기가 되었다. (8점)
- 내가 가고자 하는 진로를 확인할 수 있었다. (8점)
- 자신감을 얻었다. (10점)
- 푸드아트테라피를 경험하고 진로에 대해 생각해 볼 수 있었다. (9점)
- 진로에 대한 생각해 볼 수 있었다. (8점)
- 다른 사람이 진로에 대해 어떻게 생각하는지 알 수 있었다. (8점)
- 음식을 사용하여 진로 탐색해 가는 과정이 호기심 있게 다가왔다. (9점)
- 진로 성숙도에 도움이 되었다.
- 음식 재료를 사용하여 나를 탐색하는 것이 좋았다.
- 나 자신을 더욱더 잘 알 수 있었다.
- 음식을 만지면서 작품을 하는 것이 좋았다.
- 나 자신을 잘 알았다는 것이 좋았다.
- 로드맵에 대해 알 수 있었다
- 진로에 대한 다양성과 준비에 대한 방향성을 제시할 수 있었다.

6) 하고 싶은 말(건의 사항)

- 참여자 수가 좀 더 소수로 진행했으며 좋겠다.
- 다음에도 이런 상담 시간이 있다면 참여하고 싶다.
- 수업이 낯설었지만 신선했다. 진로 로드맵에 대한 지도가 도움이 되었다.
- 이런 프로그램이 자주 그리고 한 단계 UP되어 다시 만났으면 좋겠다.
- 음식 재료를 사용하여 진로를 탐색해 가는 과정이 호기심 있게 다가왔다.
- 다른 사람들은 어떻게 생각하는지 알 수 있었다.
- 6회기를 하루에 소화하기에 집중도에 다소 무리가 있었다.

6. 프로그램을 마치며- 집단상담에 대한 진행자 평가

1) 평가 내용

가. 대상자 반응 및 성과

본 푸드아트테라피 집단의 목적은 자신의 진로에 대한 어려움을 파악하고, 올바른 자기표현과 대화 기술을 통해 진로에 대한 자존감 증진에 도움을 주고자 하였다.

본 푸드아트테라피 집단상담은 자발적 참여자로 구성되어 있어서, 회기 때마다 주제를 정해 놓고 주제에 맞게 푸드를 활용하여 작품을 구성하고 재구성하는 과정을 통해 자신의 내면에 깃든 마음을 알아차리고, 작품을 만들어 내는 과정에서 토론하고 서로 발표해 보면서 내 생각과 타인의 생각을 들어보고 자신의 진로에 대한 탐색 과정을 알아차리도록 하였다.

또한, 마음밭 가꾸기를 통해 진로 로드맵을 그려 보고 진로에 대한 자존감 향상을 할 수 있도록 하였으며, 푸드 힐링 체험으로 자신의 스트레스를 해소하여 즐겁고 생기 있는 대학 생활을 맞이하고 진로 결정에 현명한 선택을 할 수 있도록 우리와 친밀한 음식을 매체로 친근감 있고 자연스럽게 자신의 생각을 펼칠 수 있었다.

처음 만나는 집단원들의 서먹함을 없애고 친밀감을 형성하기 위해 채소나 과일로 자기소개를 하면서 분위기가 자연스러워짐을 알 수 있었다. 외국인 대학생 세 명 중 두 명은 대화 시 물어보면서 집단에 자연스럽게 합류할 수 있었고 주변의 집단원들이 함께 지지와 격려를 해주면서 자신들의 진로에 대한 궁금증과 진로에 대한 표현을 할 수 있었다.

1회기 때 '7월의 정원'이라는 제목으로 맞이하기를 푸드예술심리상담가 미리 해 놓음으로써 집단원들에게 생태학적 분위기로 편안함과 안정감을 주고 집단의 분위기에 자연스럽게 들어올 수 있도록 하였고, 진로 로드맵에 대한 동영상을 시청하면서 로드맵의 필요성에 대해서 지도하였다.

2회기 때는 '내가 보는 나의 모습과 남이 보는 모습' 속에 진로에 대한 기대와 욕구를 표현하고 타인의 기대에 즉각적으로 반응하고 있는 자신의 모습을 소금으로 표현하면서 평소에 생각했던 자신의 모습을 자각하고 타인들의 기대에 부응하려고 하는 부정적인 생각과 행동에 대한 자각을 할 수 있었다.

3회기 때는 진로에 대한 자신의 패턴을 탐색하고 생각으로만 맴돌고 있는 내면의 생각을 작품으로 표현하게 하면서 긍정적인 전환을 할 수 있도록 함. 내면의 보석을 찾아 장점으로 표현하게 하고 작품에 대한 긍정적인 피드백을 집단원들이 돌아가면서 해줄 수 있도록 하는 과정에서 집단의 역동이 활발해짐을 볼 수 있었다.

집단상담 만족도 조사에서 집단상담의 가치를 10점 척도로 나타내고 집단상담을 통해 얻게 된 점에 대해 다양한 관점에서 진로 체험을 할 수 있었다(10점). 나 자신을 더욱더 잘 알 수 있는 계기가 되었다(8점). 내가 가고자 하는 진로를 확인할 수 있었다(8점). 자신감을 얻었다(10점). 푸드아트테라피를 경험하고 진로에 대해 생각해 볼 수 있었다(9점). 진로에 대해 생각해 볼 수 있었다(8점). 다른 사람이 진로에 대해 어떻게 생각하는지 알 수 있었다(8점). 음식을 사용하여 진로를 탐색해 가는 과정이 호기심 있게 다가왔다(9점).

음식 매체를 활용하여 몸과 마음을 살리고 정서적인 공감으로 자신의 진로 개발과 진로 성숙도에 다가갈 수 있었음을 알 수 있었고, 마음밭 가꾸기를 통해 진로 로드맵을 그려 보고 진로에 대한 자신감을 집단원들이 가질 수 있었음을 알 수 있었다

집단을 진행하고 나서 느낀 점은 촉진자가 생각했던 효과보다 집단원들이 훨씬 많은 부분을 배웠고 진로에 대한 부족한 부분과 결핍을 긍정 전환하는 과정이 보기가 좋았다. 푸드의 친근감이 어렵게 느껴지는 진로 결정을 좀 더 쉽게 다가갈 수 있었음을 알게 되었다.

나. 개선 요구 사항

집단 구성원의 수가 12명으로 참여자들의 다양한 역동을 볼 수 있었고 다양한 전공의 진로 로드맵에 대한 생각과 작품을 볼 수 있었다. 외국인 대학생(2명)은 원만한 소통이 즉각적으로 되지 않아서 집단의 흐름이 중간에 끊어지는 경향을 볼 수 있었다. 그러나 푸드로 작품을 만드는 과정에서 즐겁게 자신의 내면 작업을 할 수 있었으나 구체적이고 자세한 설명을 하는 데는 같은 과 친구의 도움이 필요했다.

프로그램 진행 전 설문조사와 진로 검사에 시간이 많이 소요되어 프로그램을 참여자들이 동시에 시작하는 데 어려움이 있었다. 특히 외국인 대학생은 프로그램 시작하기도 전에 검사하는 데 시간이 소요되어 작품에 집중하기 위해 검사를 미루기도 하였다.

집단 진행하는 상담센터의 환경이나 유능하신 전문 상담사 선생님들께서 프로그램 준비부터 활동 자료까지 수업에 정성을 다하시는 모습을 보면서 이런 프로그램이 있다는 것을 학교 내에 집중적으로 소개하여 많은 학생이 참여할 수 있도록 홍보를 확대했으면 좋겠다는 바람이다.

2) 집단 전체 총평

"나는 진로 산책 중" 푸드아트테라피 집단상담은 학과 추천 및 자발적으로 참여한 학생 12명을 대상으로 총 6회기로 진행되었으며, 프로그램 참여 건수는 72건, 총 수료 인원은 12명이었다.

자신의 진로에 대한 어려움을 파악하고, 올바른 자기표현과 대화 기술을 통해 진로에 대한 자존감 증진에 도움을 주고자 푸드아트테라피 기법을 활용하였다. 또한, 마음밭 가꾸기를 통해 진로 로드맵을 그려 보고 진로에 대한 자존감 향상을 할 수 있도록 하였으며, 푸드 힐링 체험으로 자신의 스트레스를 해소하여 즐겁고 생기 있는 대학 생활을 맞이하고 진로 결정에 현명한 선택을 할 수 있도록 우리와 친밀한 음식을 매체로 친근감 있고 자연스럽게 자기 생각을 펼칠 수 있었다. 처음 만나는 집단원들의 서먹함을 없애고 친밀감을 형성하기 위해 채소나 과일로 자기소개를 하면서 분위기가 자연스러워짐을 알 수 있었다. 외국인 대학생 세 명 중 두 명은 대화 시 물어보면서 집단에 자연스럽게 합류할 수 있었고 주변의 집단원들이 함께 지지와 격려를 해주면서 자신들의 진로에 대한 궁금증과 진로에 대한 표현을 할 수 있었다.

'7월의 정원'이라는 제목으로 맞이하기를 지도자가 미리 해 놓음으로써 집단원들에게 생태학적 분위기로 편안함과 안정감을 주어 집단의 분위기에 자연스럽게 들어올 수 있도록 하였고, 진로 로드맵에 대한 동영상을 시청하면서 로드맵의 필요성에 대해서 지도하였다.

집단원들의 질적 반응과 진로에 대한 양적 분석을 통해 '나는 진로 산책 중 푸드아트테라피 집단상담'은 현재의 진로 성숙 과정 및 진로 발달에서 결정하고 선택할 수 있는 과정을 통해 푸드로 로드맵을 그려 보는 행동은 진로 성숙도에 영향을 줄 수 있는 의미 있는 과정이었음을 알 수 있었다. 내면화된 사고를 푸드 작품으로 표현하여 시각화하고 현실적으로 가능함을 인식하게 하는 계기가 되었다.

또한, 집단 참여자들에게 긍정적인 진로 피드백을 주면서 타인을 이해하고 함께 성장할 수 있는 계기가 되었음을 알 수 있었다.

참고문헌

노안영(2011), 『집단상담의 이론과 실제』, 학지사.

백현옥·한수연·이선희(2020), 『마음밭 성장을 위한 푸드아트테라피』, 광문각.

이정연·이경아·김경순(2019), 「푸드아트테라피 명상 프로그램의 개발 및 효과성 연구」, 한국푸드아트테라피학회지 8(1), 1-16.

이정연(2014), 『푸드아트테라피』, 신정.

[저자 소개]

백현옥

현) 송원대학교 상담심리학과 교수
전) 한국푸드아트테리피학회 회장
현) 한국푸드아트테리피학회 자격위원장
현) 한국청소년상담학회 인성분과 회장

한수연

현) 광주광역시 서구청소년상담복지센터 소장
현) 송원대학교 상담심리학과 겸임교수
현) 한국푸드아트테리피학회 광주지부장

이선희

현) 사) 청소년가족복지상담협회 교육국장
현) 송원대학교 상담심리학과 겸임교수
전) 광주광역시 서구학교밖청소년지원센터장

마음밭의 주인은 바로 나!

푸드아트테라피 집단상담

2021년 3월 19일 1판 1쇄 인 쇄
2021년 3월 25일 1판 1쇄 발 행

지 은 이 : 백현옥 · 한수연 · 이선희
펴 낸 이 : 박정태

펴 낸 곳 : **광 문 각**

10881
경기도 파주시 파주출판문화도시 광인사길 161
광문각 B/D 4층
등 록 : 1991. 5. 31 제12-484호
전 화(代) : 031) 955-8787
팩 스 : 031) 955-3730
E - mail : kwangmk7@hanmail.net
홈페이지 : www.kwangmoonkag.co.kr

ISBN : 978-89-7093-495-2 93180

값 : 27,000원

한국과학기술출판협회회원